Das Tao der neuen Zeit

D1728191

Dr. Jes T.Y. Lim
Julie A. Lim

Das Tao
der neuen Zeit

Vitalenergie und Harmonie
für Mensch und Erde

Aus dem Englischen übersetzt
von Daniela Schenker

Lotos

FSC

Mix
Produktgruppe aus vorbildlich
bewirtschafteten Wäldern und
anderen kontrollierten Herkünften

Zert.-Nr. SGS-COC-001940
www.fsc.org
© 1996 Forest Stewardship Council

Verlagsgruppe Random House FSC-DEU-0100
Das für dieses Buch verwendete
FSC-zertifizierte Papier *EOS*
liefert Salzer Papier, St. Pölten, Austria.

Lotos Verlag
Lotos ist ein Verlag der Verlagsgruppe Random House GmbH.

ISBN 978-3-7787-8226-2

Kalligrafien: Julie A. Lim
Illustrationen: Antonia Baginski
Redaktion: Katharina Roth
Einbandgestaltung: Christine Klell, Wien, unter Verwendung
einer Kalligrafie von Julie A. Lim und eines Motivs von KingWu
Gesetzt aus der 11,3/14,3 Punkt Minion
bei Christine Roithner Verlagsservice, Breitenaich
Druck und Bindung: GGP Media GmbH, Pößneck

Inhalt

Vorwort

Wir leben in einer besonderen und aufregenden Zeit eines facettenreichen Umbruchs auf dem Planeten Erde und in der Galaxie – was auch ein Privileg ist, das nur wenigen Generationen von Menschen zuteilwird. Neben meiner langjährigen Tätigkeit als Beamter und Geschäftsmann in Asien und Europa hat mein Interesse schon immer dem Heilen von Menschen, Tieren, Pflanzen und anderen Lebewesen gegolten. Als in meinem Familienkreis vor vielen Jahrzehnten mehrere Krebserkrankungen auftraten, war das für mich wie ein Weckruf, um mich noch eingehender in das Thema Gesundheit und Heilung zu vertiefen und die stressige Geschäftswelt hinter mir zu lassen. Jeder Mensch auf der Welt hat das Recht auf Gesundheit und eine gute bezahlbare medizinische Versorgung – ein Ziel, das die 1962 von der WHO/UNO gegründete *Medicina Alternativa Academy* mit ihrem aktuellen Sitz auf Sri Lanka, bei der ich seit vielen Jahren unentgeltlich als Professor der Akupunktur und Naturheilkunde wirke, in ihren Statuten verankert hat. In diesem Land wird die Praxis der Naturheilkunde auch staatlich unterstützt.

Gesundheit bezieht sich aber nicht nur auf Körper, Geist und Seele eines Menschen, sondern ebenfalls auf seine Umwelt, mit der er in ständiger Wechselwirkung steht. Das ist auch das Anliegen des Fengshui: Der Mensch sollte einen Ort finden, der mit ihm harmoniert und an dem er wachsen und gedeihen kann. Dieses grundlegende Harmonieprinzip des Fengshui gilt selbst für die Verstorbenen, die nach ihrer Bestattung durch ihre Knochen weiterhin eine starke energetische Verbindung zu ihren Nachfahren aufrechterhalten und damit deren Schicksal beeinflussen können. Aus diesem Grund wird in Asien auch besonderer Wert auf das positive Fengshui von Wohnhaus, Arbeitsplatz und Familiengrab gelegt.

Mein erster Lehrer auf diesem Gebiet war mein Vater, der mich später in den 50er- und 60er-Jahren mit weiteren sehr weisen und spirituellen Lehrern bekannt machte, die mich im Bereich Fengshui, Kampfkunst, Qigong, Akupunktur und Heilung unterwiesen. Zusätzlich gewährte mir mein Business-Studium in England zahlreiche Einblicke in die westliche Lebensphilosophie. Ich habe mit meiner Familie auch viele Jahre in Neuseeland und Australien gelebt und hier das westliche Geomantiewissen studiert. Dort habe ich nicht nur als Fengshui-Berater und -Meister gearbeitet, sondern auch begonnen, meine eigene Art der geomantischen Tao-Erdheilung und Umweltharmonisierung zu entwickeln.

Geblieben ist mir auch die Weisheit der Urbevölkerung und der alten Urwälder Borneos, wo ich aufgewachsen bin und gelernt habe, mich nicht nur in Dörfern und Städten, sondern auch in der Wildnis intelligent zurechtzufinden und eine intensive Nähe zur Natur zu entwickeln. Dies war eine Zeit, in der meine medialen Fähigkeiten besonders gefördert und gefestigt wurden und von der ich heute noch profitiere, denn dieses grundlegende Wissen vom Umgang mit dem puren Leben und den spirituellen Ebenen kann immer und überall angewendet werden, um die Menschheit ganzheitlich zu unterstützen und den Weltfrieden zu fördern.

Es ist mir ein tiefes Herzensanliegen, als Qi-Mag-Fengshui-Großmeister und Gesundheitsberater die Menschen, alle anderen Lebewesen sowie das Land und die Erde zu unterstützen und zu heilen, damit deren Vitalenergie gestärkt wird und sie eine harmonischere Existenz genießen können. Dies ist auch die

Botschaft meiner Frau Julie Lim, die in ihrer Arbeit als Taijiquan (Taichi)- und Tao-Kalligrafie- und Talisman-Meisterin ihren persönlichen Ausdruck findet.

Wie Sie erkennen können, ist unser Wirkungsbereich sehr weitreichend – es geht hier nicht nur um das selbstzentrierte Gesundheitsbedürfnis des Menschen, sondern auch um die Gesundheit und Harmonie von dem Land sowie der Erde mit allen ihren Lebewesen. In unserem Buch *Das Tao der neuen Zeit* möchten wir Ihnen, liebe Leser, einen Einblick in diese vielfältigen Aktivitäten gewähren, die auch über unsere Spezialgebiete Fengshui, Taijiquan und Kalligrafie hinausgehen. Wir möchten Sie dazu inspirieren und aktivieren, Ihren eigenen Bereich zu finden, in dem Sie sich persönlich für etwas engagieren möchten, das größer ist als Sie selbst und damit dem Allgemeinwohl und den zukünftigen Generationen auf diesem Planeten dient.

Möge das Höchste Tao-Bewusstsein Sie segnen und mit aller Kraft auf Ihrer Erdenreise unterstützen!

Mit den herzlichsten Wünschen für Liebe, Freude, Gesundheit, Erfolg und Wohlstand,

Großmeister Jes T. Y. Lim und *Meisterin Julie Lim*

Einleitung

Die Essenz dieses Buches liegt im heilenden Bewusstsein des Tao, das wir in dieser Form mit unseren Schülern, Freunden und Bürgern in aller Welt teilen möchten. Das Buch repräsentiert unsere lebenslange Forschungsarbeit zu den Lebensfragen des Alltags, auf die wir hier Antwort geben, um zur Heilung von Mensch, Natur und Erde beizutragen. Unsere Antworten haben vielen Menschen zu Inspiration, Erleichterung und innerem Frieden und vielleicht auch zu einem frischen, humorvollen Blick auf das Leben verholfen.

Wir haben uns sehr darum bemüht, die hier dargestellten Fakten und Sichtweisen über viele Jahre hinweg immer wieder zu prüfen. Als moderne Taoisten wenden wir zahlreiche Techniken aus Ost und West an und entdecken stets neue Aspekte des Lebens. Zu manchen Themen gibt es immer noch keine wissenschaftlichen Nachweise, obwohl hier in neuerer Zeit sicherlich eine Annäherung zwischen moderner Wissenschaft und den esoterischen Wissenschaften des Lebens stattfindet, die sich aus der Naturbeobachtung, Spürigkeit – eine Sensibilität für nicht sichtbare Energien – und Intuition der alten Meister heraus entwickelt haben. Es ist wohl nur noch eine Frage der Zeit, bevor es für viele esoterische Themen auch die entsprechenden wissenschaftlichen Beweise gibt.

Grundsätzlich betrachten die Taoisten die Erde als einen Planeten der Fülle, der harmonische Frequenzen mit heilender und ausgleichender Wirkung aussendet, so wie wir es in der Natur um uns herum beobachten können. Diese ursprüngliche Fülle kann mit dem Bild von Bäumen verglichen werden, die ihren Früchtereichtum ohne Vorbehalte an alle Lebewesen verteilen.

Um dieses Bild weiterzutragen, sollten wir alle zusammenarbeiten und die Menschheit, die Natur und unsere Umwelt schützen und Wohltätigkeitsorganisationen unterstützen, die dafür sorgen, dass es eine bessere Gesundheitsvorsorge und mehr Naturheilverfahren gibt und gleichzeitig weniger Armut, Leid und Analphabetentum, damit unsere Kinder und Kindeskinder eine friedvolle Welt erleben können, in der miteinander geteilt wird.

Da wir bei unseren in diesem Buch dargestellten Sichtweisen keinen Anspruch auf Perfektion erheben, schätzen wir auch die Rückmeldungen unserer werten Leser – zum Wohle von Mensch und Natur.

KAPITEL 1

Der Ursprung des Bewusstseins auf der Erde

Der Mensch folgt der Erde.
Die Erde folgt dem Himmel.
Der Himmel folgt dem Tao.
Das Tao folgt sich selbst.

LAOZI

Die grundlegenden Pfeiler der taoistischen Philosophie

Der Taoismus ist keine Religion, sondern eine Philosophie des idealen Alltagslebens, die sich entwickelt hat, seit menschliches Bewusstsein auf diesem Planeten existiert. Es geht darum, die Natur zu beobachten und mit dem Leben in Resonanz zu treten, wobei der Mensch gleichzeitig seinem persönlichen Entwicklungsweg gemäß des eigenen Potenzials folgt. Man könnte den Taoismus auch als Wissenschaft des Lebens bezeichnen. Die wichtigste Schriftensammlung der Taoisten, der *Taoistische*

Kanon oder *Daozang*, umfasst eine Vielzahl von Bänden sowie zahllose Kommentare und behandelt verschiedenste Aspekte des menschlichen Lebens, sei es Ernährung, Akupunktur, Astrologie, die Wechselwirkung von Mensch und Landschaft (Fengshui) oder das Gesichtslesen, bei dem das Schicksal einer Person auf der Ebene des Körpers exakt kartografiert wird.

Nachfolgend finden Sie einen Überblick über die Disziplinen, die bei den Taoisten seit je Bestandteil der philosophischen Ausbildung waren. Unser Buch bezieht viele Facetten dieser Disziplinen mit ein und möchte unsere persönlichen Erfahrungen auf diesen Gebieten vermitteln.

Die taoistischen Disziplinen

1. **Der Berg** (Der Hintergrund oder die Basis für die Bemühungen)
   Ernährung – Speisen mit therapeutischer Wirkung
   Meditation – Qi, Sonne, Mond und das Tao-Universum
   Studium – Ansammlung von Wissen und Weisheit
   Kung Fu – Übungen, Gesundheit und Schutz für den Körper
   Mandalas – Das Schreiben von Symbolen und Fu-Talismanen
2. **Die Heilung** (Vorsorge ist besser als Krankheitsbehandlung)
   Kräuterheilkunde – Kräuter und Homöopathie
   Akupunktur – Auflösen von energetischen Blockaden im Körper
   Tuina – Massage und Chiropraktik
   Qigong und Qi – Energieheilung für Körper, Geist und Seele
3. **Die Astrologie** (Die Tradition des Horoskops)
   Horoskop – die Einwirkung der Planetenkräfte auf Mensch
   und Natur
   Gesichts-, Hand- und Körperlesen – Interpretation von Körper
   und Vitalkraft
   Das spirituelle Geburtsgewicht – Wohlstands-Kalkulationen
4. **Das Energiebewusstsein** (Yin- und Yang-Energie und
   harmonisches Gleichgewicht)
   Fengshui – die Harmonie des Standortes (Wohnort, Arbeitsplatz
   und Grabstätte)
   Kalligrafie und Fu-Talismane – Harmoniewerkzeuge zur
   Manifestation von Wünschen oder Bitten
   Namensgebung – Interpretation der Schwingungen und
   Elemente der Person
5. **Vorhersagen und Wahrsagen** (der spirituelle Aspekt des
   Lebens und die Geheimnisse des Kosmos)
   Werkzeuge und Methoden:
   I-Ging, Trigramme und das magische Zahlenquadrat (Lo Shu)
   Der chinesische Kompass (Lo Pan)
   Kosmische Berechnungen, Wahrsagestäbchen und -münzen

Gute Kenntnisse der oben beschriebenen fünf taoistischen Disziplinen können das Leben eines Individuums, der Familie und der Bürger eines Landes verändern. Im alten wie auch im modernen China haben Kaiser und Regierungsoberhäupter häufig den Rat eines weisen taoistischen Meisters eingeholt. Dieser lebte oft zurückgezogen hoch in den Bergen und war in der Lage, die Geschehnisse zu interpretieren und geeignete Ratschläge bei größeren Staatsangelegenheiten geben.

Bevor wir bei einigen der oben beschriebenen Disziplinen des Taoistischen Kanons weiter ins Detail gehen, möchten wir im nachfolgenden Abschnitt die Entstehung des Bewusstseins der Lebewesen und der Kräfte von Yin und Yang aus unserer Sicht beschreiben.

Der Ursprung des Bewusstseins auf der Erde

Nachdem der Planet Erde durch eine galaktische Explosion vor 4.653 Millionen Jahren entstanden war, durchlief er eine Phase der langsamen Abkühlung. Dabei begann sich Wasserdampf in Vertiefungen und natürlichen Becken auf der Erdoberfläche zu sammeln. Mithilfe der Biophotonenkraft der Sonnenstrahlen, die auf dieses Wasser einwirkten, begannen sich Millionen von Zellorganismen und die ersten rudimentären Pflanzen zu entwickeln. Damit entstand auf der Erde das erste im Wasser existierende Bewusstsein des Lebens.

Diese ersten Lebewesen begannen, sich durch das universelle Tao-Füllebewusstsein immer weiter zu vermehren. Durch die einwirkenden Kräfte des vor 4,67 Milliarden Jahren entstandenen »Tao-Taizugong-Planeten«, der auch »kalter Kristallplanet« genannt wird und das Göttliche repräsentiert, bildete sich durch die Entwicklung der natürlichen Formationen auf der Erde das

»höchste irdische Tao-Harmoniebewusstsein«. Des Weiteren formten sich die Sonne und der Mond. Dieses höchste Tao-Harmoniebewusstsein kontrolliert bis heute die Lebenszyklen sämtlicher Erscheinungsformen auf der Erde, seien es Menschen, Tiere, Pflanzen oder scheinbar leblose Stoffe und Substanzen. Alles befindet sich in einem Zyklus, der Leben und Tod unterworfen ist, damit keine einzelne Spezies ausschließlich wachsen, sich zu stark ausbreiten und andere um sich herum dominieren kann.

Dieses höchste Tao-Harmoniebewusstsein ist fest im Tao-Taizugong-Planeten verankert, dem Träger des göttlichen Bewusstseins. Man kann sich diesen Seelenplaneten wie eine kosmische Festplatte oder einen Computer vorstellen, auf dem sämtliche Abläufe der Milchstraße und unserer Galaxie abgespeichert sind. Hier sind auch alle Reinkarnationen und Wiedergeburtsinformationen seit dem Anbeginn des Lebens abgelegt. Der Tao-Taizugong-Planet ist einige hundert Male größer als die Sonne, jedoch heutzutage weder für das menschliche Auge sichtbar noch mit modernen Instrumenten messbar. Die für die Taoisten bedeutenden Gestirne wie die Neun Planeten, das Sternbild des Großen Wagens, der Polarstern sowie die Erde und weitere zahllose Himmelskörper bewegen sich unterhalb des Tao-Taizugong-Planeten in vollkommener Harmonie und Balance. Die magnetische Kraft dieses Planeten bewirkt, dass sämtliche Aktivitäten und Interaktionen des Lebens auf der Erde sowie die Wetterabläufe in spiral- und wirbelförmigen Bewegungen ablaufen.

Das ist auch der Grund, weshalb von Menschen erzeugte schnurgerade Bewegungen oder künstliche Explosionen im Laufe der Zeit von der höchsten harmonischen Quantenkraft des Tao-Harmoniebewusstseins immer wieder ausgeglichen wurden. Innerhalb dieses größeren Rahmenbewusstseins kann jedes Lebewesen selbstständig und gemäß seines eigenen Potenzials auf Natur- und Umweltbedingungen reagieren und damit das Überleben seiner eigenen Spezies sichern.

Diese übergeordnete kontrollierende Harmoniekraft setzt sich aus zwei universellen Energien zusammen – Yin und Yang. Man kann diese Polaritäten auch als eine linksdrehende und eine rechtsdrehende Energie beschreiben, die auf die Erde wie auch auf die Gestirne einwirken. Über diese Kräfte manifestieren sich sämtliche Erscheinungsformen auf der Erde, die sich in ihrer individuellen Geschwindigkeit bewegen und entwickeln. Die alten Taoisten haben diese beiden grundlegenden Naturkräfte erkannt und nutzen dieses Wissen im Alltagsleben. Gerät eine dieser beiden Energien aus dem Gleichgewicht, dann setzt die andere Energie zu deren Regulierung ein. Wenn beispielsweise ein heftiger Sturm wütet, kann dies nicht von Dauer sein. Die starken linksdrehenden, aktiven Energien des Sturmes erschöpfen sich nach einiger Zeit, während die rechtsdrehenden, ruhigeren Energien wieder zunehmen und die Stille nach dem Sturm entstehen lassen.

Die taoistischen Meister begannen, dieses Kräftebewusstsein von Yin und Yang im großen kreisförmigen Taiji-Symbol darzustellen. Beide Energien sind ständig in Bewegung und lassen in ihren Endphasen immer wieder ein harmonisches Gleichgewicht entstehen. Bedingt durch die Interaktion und einen Überschuss von jeweils Yin oder Yang können Stürme, Krankheiten oder sogar Kriege entstehen. Haben diese ihren Höhepunkt erreicht, tritt Stille ein, und die Natur organisiert sich neu. Die starke, harmonische Magnetkraft des Tao-Taizugong-Planeten lässt jedoch nicht zu, dass beispielsweise nach einem schweren Sturm oder einer Atombombenexplosion eine völlige Zerstörung des Planeten oder Auslöschung allen Lebens erfolgt. Wir wissen zwar nicht, ob das Leben auf der Erde auch nach globalen Atombombenexplosionen oder Katastrophen gigantischen Ausmaßes fortbestehen würde, aber wir hören die alten Taoisten sagen:»Schlechte Zeiten dauern nie lange an – nur einem starrsinnigen Menschen gelingt es, sein schlechtes Verhalten über mehrere Leben hinweg zu bewahren.«

Das Tao des Höchsten Naturbewusstseins

Abb.1.1: Die Entwicklung des Großen Taiji

Alle menschlichen Handlungen werden von diesem heiligen Yin-Yang-Harmoniebewusstsein gesteuert, selbst wenn es dabei nur um menschliche Grundbedürfnisse wie Nahrung und Kleidung geht. Essen wir zu viel, dann nehmen wir zu – dies ist ein Yang-Körperzustand. Mangelt es jedoch dem Körper an Nahrung und Nährstoffen, entsteht ein Yin-Zustand. Ist es zu heiß, oder ziehen wir uns zu warm an, dann überhitzt sich der Körper, beginnt zu schwitzen und kann langsam austrocknen. Kühlend wirkende Getränke wie Melonen- oder Gurkensaft können diese Körperhitze wieder reduzieren. Sind wir andererseits im kalten Klima zu dünn angezogen, dann können Kältekrankheiten wie Erkältungen entstehen. In solchen Fällen helfen Akupunktur, warme Kräutermassagen oder heißes Ingwerwasser.

Letztendlich ist das Ideal für die Menschheit und ihre zukünftigen Generationen immer der sogenannte Mittelweg, auf dem die Harmonie von Yin und Yang erlebt und Extreme vermieden werden. Hierzu gehören auch die emotionalen Extreme des Menschen, die er in Zukunft unbedingt noch besser kontrollieren muss. Wie die Geschichte zeigt, haben Gier, Selbstsucht oder Aggressionen zahlreiche menschliche Konflikte und viel Leid entstehen lassen.

Das Gruppenbewusstsein der Lebewesen

Das ursprüngliche Bewusstseinsfeld der »zahllosen Wesen«, wie sie der Taoismus nennt, vermehrte sich immer weiter und spaltete sich in größere Gruppen auf. Je nach Klima, Landschaftsformation und Lebensbedingungen entwickelte sich bei den Lebewesen jeweils ein individuelles Gruppenenergiebewusstsein, das man auch als spezifisches Energiefeld wahrnehmen kann. Bei den für uns sichtbaren Lebewesen wie Menschen, Tieren oder Pflanzen wird deren grundlegende Lebensform von der Intelligenz ihres Höchsten Gruppenbewusstseins geschützt, um damit das Überleben der Spezies zu gewährleisten. Das Bewusstsein der Lebewesen, die sich neu entwickeln, ist weiterhin mit den ursprünglichen »unzähligen Wesen« verbunden. Auf diese Weise entsteht eine lebendige Verbindung zu den Vorfahren.

Wir nehmen diese Bewusstseinsfelder der einzelnen Gruppenspezies als »Energiewolke« oder »Cluster-Intelligenz« wahr, die sich bis in die schwerelose äußere Atmosphäre der Erde hinaus ausdehnen und dort mit dem Bewusstsein sämtlicher Spezies auf der Kollektivebene verbunden sind. So ist beispielsweise jeder einzelne Mensch über eine unsichtbare Bewusstseinsfrequenz mit der Intelligenz des Höchsten Menschenbewusstseins verknüpft, das gewährleistet, dass das grundlegende Überleben eines jeden Menschen gesichert ist.

Das ist auch der Grund, weshalb es für viele Menschen so schwierig ist zu sterben, wenn sie tödlich erkrankt sind. Lebensbedrohliche Erkrankungen sind Lektionen, die durchlebt und gelernt werden müssen, bevor ein Mensch stirbt. Ansonsten reinkarniert dieser Mensch nach dem Harmoniegesetz der Natur und dem Gesetz des Karma und muss erneut unter derselben Erkrankung leiden, bis er in der Lage ist, sich selbst zu heilen und damit nicht mehr an der gleichen Krankheit zu sterben. Moderne kranke Menschen sind jedoch häufig nicht in der Lage, die Vielschichtigkeit ihrer Krankheit zu erkennen und von ihr zu lernen und flüchten sich daher in die Sterbehilfe.

Die Entstehung der ersten Menschenseelen

Die jetzigen menschlichen Seelenenergien entstanden vor etwa sieben Millionen Jahren mit der ersten Menschengeneration auf der Erde. Nach 1,4 Millionen Jahren der Reinkarnationen und Interaktion mit den Seelen der irdischen Lebewesen wurden die Menschenseelen immer intelligenter und konnten rationale Entscheidungen treffen. Sie gingen in die unberührten Wälder und ließen sich dort in kleinen Stammesgruppen nieder. Auf diese Art und Weise entstand die menschliche Stammeskultur, wie sie noch heute besteht.

Das Bewusstsein des Lebens

In Sandwüsten kann es Trockenperioden von zehn bis zu hundert Jahren ohne nennenswertes Pflanzenleben geben. Wenn jedoch innerhalb von wenigen Wochen starke Regenfälle stattfinden, dann beginnen hier plötzlich Millionen von Pflanzen und Kleinstlebewesen ein neues Leben. Wissenschaftler sind oft überrascht, wie diese neue Lebensfülle ohne Samen und Vorlebensformen plötzlich in Erscheinung treten kann. Wir sind der Meinung, dass das »Höchste Lebensbewusstsein der Spezies« der abgestorbenen Pflanzen den neuen Pflanzen wiederum Leben schenken kann, ohne dass stoffliche Samen vorhanden sein müssen. Diese überraschende lebendige Transformation in einer ehemals trockenen und verlassenen Wüste ermöglicht neuen Pflanzen das Leben.

Die Botschaft der Natur lautet daher, dass der Planet Erde ein Planet der großen Fülle ist, sobald Wasser vorhanden ist. In wasserreichen Gegenden herrscht eine Fülle von Nahrung. Und Wasser gibt es überall – auf der Erdoberfläche und unter ihr. Beispielsweise haben Geologen im trockenen Westen Australiens einen unterirdischen See gefunden, der so groß ist wie Deutschland, Frankreich und Spanien zusammen. Solange wir nicht in Panik geraten und uns von der Angst überwältigen lassen, sind wir auch in der Lage, Wasser zu finden. So kann ein erfahrener Rutengänger unterirdische Wasserläufe orten und an diesen Stellen erfolgreich einen Brunnen bohren lassen.

Sich das Füllebewusstsein vor Augen führen

Wenn immer mehr Menschen wieder im positiven Füllebewusstsein denken, werden bald kosteneffektive Technologien weiterentwickelt werden können, die für eine umfassende Wasserversorgung der Bevölkerung sorgen. Mithilfe von ausgereiften Anlagen, die das Meerwasser effizient in brauchbares Trinkwasser umwandeln können, werden schließlich auch die Wüsten der Welt in üppig grüne Felder verwandelt werden, die günstige Lebensmittel liefern können. Denkt die Menschheit immer mehr im Füllebewusstsein, kann sie ihr selbstsüchtiges Denken verwerfen, ihre Angst vor dem Mangel beiseiteschieben und weitaus effektiver zusammenarbeiten. Es geht darum, dass wir uns erneut des ursprünglichen Füllebewusstseins der Erde bewusst werden, das die unendliche Vermehrung von Lebewesen fördert, die aus den ursprünglichen zahllosen Wesen hervorgegangen sind. Das taoistische Mantra für den Planeten Erde lautet: »Dort, wo Wasser vorhanden ist, existiert eine Fülle von Leben und Nahrung.«

Das Höchste Menschenbewusstsein

Wie können wir feststellen, dass es diese Schwingungen des Höchsten Menschenbewusstseins gibt, die uns alle miteinander verbinden?

Die taoistischen Meister, die seit Tausenden von Jahren in den hohen Bergen Chinas lebten, wussten schon immer von der Existenz komplexer Energiefelder, die Menschen, Tiere und Pflanzen umgeben. Diese Energiefelder enthalten Informationen und feinstoffliche Nährstoffe der jeweiligen Spezies, weshalb manche Taoisten auch keine feststoffliche Nahrung mehr zu sich nahmen, sondern sich nur noch von der Feuchtigkeit aus der Luft und den Biofrequenzen der Pflanzen ernährten. Sie erfreuten sich dabei bester Gesundheit.

Den ersten für das normale menschliche Auge sichtbaren Nachweis der Energiefelder, die alle Menschen oder lebenden Pflanzen umgeben, erbrachte das russische Ehepaar Semjon und Valentina Kirlian. Bei einem Experiment mit Hochfrequenzfeldern entstanden Bilder von Valentina, die von einem bunten Energiefeld umgeben war. Dieses war wiederum mit weiteren farbigen Feldern verbunden, die sich oberhalb von ihr befanden und den Energieringen ähneln, von denen auch die Erde umgeben ist.

Die harmonischsten und stärkendsten Frequenzen, die Menschen, Bäume oder Wasser umgeben können, besitzen die leuchtenden Farben des Regenbogenspektrums. Die moderne Aurafotografie nach Kirlian zeigt, dass jeder Mensch von einem eiförmigen Energiefeld umgeben ist. Auf manchen Aufnahmen kann man sehen, dass sich oberhalb des Kopfes eine ellipsenförmige »Energiekappe« befindet, die mit einem feinstofflichen Matrix-Energiefeld verbunden ist, das uns hoch im Himmel jenseits der Wolken mit den Frequenzen des Höchsten Menschenbewusstseins verbindet. Innerhalb der letzten Jahrzehnte ist die Kirlianfotografie immer weiter verbessert worden. Sie wird unter anderem für alternative Diagnosen bei Menschen, Tieren und Pflanzen eingesetzt.

Das Einstimmen in das Tao-Bewusstsein

Nach vielen Jahren der taoistischen Meditation über das Naturbewusstsein ist es uns gelungen, die Verbindung zum Höchsten Menschenbewusstsein, dem Höchsten Tierbewusstsein und dem Höchsten Pflanzenbewusstsein herzustellen und deren Eigenschaften und Emotionen lesen zu können. Bei diesen Bewusstseinsfeldern handelt es sich eigentlich um intelligente Wesenheiten, die ihre jeweilige Spezies auf der Erde lenken und schützen.

Bei unseren aktuellen Meditationen und Einstimmungen haben wir Folgendes festgestellt: Aufgrund der zahlreichen Naturkatastrophen wie Erdbeben, Stürme, Flutwellen sowie der menschengemachten Krisen wie der Finanzkrise der letzten zehn Jahre hat das Höchste Menschenbewusstsein seine Freude verloren. Die Freude des Höchsten Menschenbewusstseins lag in den Jahren 2008 und 2009 bei 40 %, während die Liebesenergie gerade einmal 38 % betrug. Ein Liebes- und Freudebewusstsein von unter 30 % könnte eine globale Selbstzerstörung bewirken, wie sie vor etwa 87 Millionen Jahren zu Zeiten der Dinosaurier oder im alten Atlantis stattgefunden hat. Natürlich könnte man durch die Verbesserung der Wirtschaftsbedingungen in verschiedenen Ländern die Vitalität und Liebe im Höchsten Menschenbewusstsein steigern. Dabei gilt, dass jeder einzelne Mensch zählt. Letztendlich kann ein einziger Mensch, dem es an Liebe und Freude mangelt, die Schwingungen des Höchsten Menschenbewusstseins und damit aller Menschen beeinträchtigen. Wir sollten uns daher unserer energetischen Selbstverantwortung noch bewusster werden. Da wir uns diese Erde als Wohnort teilen, ist es für uns alle sehr wichtig, uns gegenseitig zu unterstützen und damit für das Wohl des Planeten zu sorgen.

TAO-TIPP

Probieren Sie selbst einmal, zu diesen größeren Bewusstseinsfeldern Kontakt aufzunehmen. Gehen Sie in einen Entspannungs- oder Meditationszustand und versuchen Sie beispielsweise, sich in die Pflanzenwelt einzustimmen. Welche Farben, Symbole oder Stimmungen nehmen Sie wahr? Wie möchten Sie darauf reagieren? Welche Inspirationen empfangen Sie? Bevor Sie den Kontakt beenden, ist es wichtig, sich bei diesem Bewusstseinsfeld zu bedanken.

Die potenziellen Abläufe sind bereits vorprogrammiert

Eigentlich haben sich alle potenziellen zukünftigen Ereignisse der Menschheit bereits ereignet. Im Höchsten Tao-Bewusstsein selbst gibt es keine Zeit, denn sie ist eine menschliche Illusion und Fantasievorstellung. Alles ist innerhalb der Bewusstseinsfelder miteinander verknüpft und vorprogrammiert. Eigentlich gleicht das den Bedienungsschritten bei einem Computer oder

Mobiltelefon, die zu dem führen, was auf dem Bildschirm erscheint. Damit ähneln wir Menschen vorprogrammierten Wesen, die mehr oder weniger bewusst den Lebensabläufen folgen. Auch das *Yijing* (*I-Ging*) – *Das Buch der Wandlungen* – beschreibt diese gegenseitigen Bedingtheiten und Abhängigkeiten. Nur mit einem entsprechenden Bewusstsein und geistiger Schulung kann es uns gelingen, dieser komplexen karmischen Matrix zu entkommen. Momentan sind es weniger als fünf Prozent der Menschheit, die über eine besondere Willenskraft und Intelligenz verfügen, die wir hier als »Brainpower« bezeichnen, auf die in Kapitel 6 noch genauer eingegangen wird. Diese Kategorie von Menschen hat außerdem ein Seelenalter von über vier Millionen Jahren. Das bedeutet, dass etwa 95 Prozent der Menschheit starr von Programmen beherrscht werden, die auf unsere ursprünglichen menschlichen Vorfahren zurückzuführen sind.

Diese Programmierungen kann man sehr leicht bei sich selbst erkennen: Wenn Sie auf die früheren Ereignisse im Leben zurückblicken, dann können Sie feststellen, dass Ihre Lebensthemen wie z. B. Partnerschaft ein fixes Verhaltensmuster aufweisen. Andere fixe Muster können z. B. Angstmuster sein. Manche Menschen haben Angst vor Schlangen, Spinnen, Ratten, Hunden oder einer kleinen harmlosen Kakerlake. Wieder andere haben Höhenangst oder leiden unter Klaustrophobie. Warum haben wir bestimmte Ängste oder Verhaltensprobleme, die andere Menschen wiederum nicht haben? Sie sind auf diese Ängste programmiert, weil Sie in einem vergangenen Leben beispielsweise lebensbedrohliche Situationen mit bestimmten Tieren erlebt haben. Diese Ängste sind in unserem Reinkarnationsgedächtnis abgespeichert, das mithilfe von Rückführungstechniken und einer Neuprogrammierung des Gehirns geordnet und gelöscht werden kann.

Hierzu eine Geschichte über meine eigene Erfahrung:
Als Teenager kletterte ich gern auf hohe Bäume, um die Jungvögel in ihren Nestern zu beobachten. Das Klettern machte mir großen Spaß, und ich hatte keinerlei Höhenangst. Nach einem Treppensturz im Alter von 23 Jahren änderte sich diese Einstellung und ich litt 26 Jahre lang unter Höhenangst und konsultierte verschiedene Therapeuten und Psychologen in aller Welt. Ich griff sogar den Vorschlag eines Psychologen auf, den Flugschein zu machen, um meine Höhenangst zu überwinden, was aber kaum eine Wirkung hatte. Schließlich fand ich eine Therapeutin, die mit einer Reinkarnationstechnik arbeitete, bei der ich erlebte, wie ich im Grand Canyon in den USA während eines Indianerkrieges tödlich abstürzte. Es gelang mir, diese Blockadenprogrammierung aufzulösen, und am nächsten Tag stellte ich fest, dass über 90 Prozent meiner Höhenangst wie weggeblasen waren!

Wie suchen sich die Seelen ihre Eltern aus?

Nach dem Tod durchlaufen die meisten Menschenseelen noch einmal die wichtigsten Lebensereignisse. Dieser Prozess kann einige Tage bis zu einigen Wochen dauern. Auch wenn jede Seele bereits über die vollständige Erinnerung an ihr jetziges Erdenleben und an frühere Leben verfügt, besteht dennoch eine emotionale Anhaftung an Familienmitglieder, Freunde und Feinde, die mit einem Schuldgefühl verbunden ist. Aus diesem Grund werden alle Ereignisse in »Seelenzeit« nochmals durchlaufen, um diese Erinnerungen aufzufrischen. Viele Hinterbliebene, die medial veranlagt sind, sehen daher in diesem Zeitraum nach dem Tod des verstorbenen Verwandten dessen feinstofflichen Körper im Haus oder in der näheren Umgebung.

Schließlich entscheidet die Seele des Verstorbenen, was sie im nächsten Leben tun möchte. Mit den noch frischen Erinnerungen an die Taten und Erlebnisse ihres Erdenlebens reist sie dann zum Tao-Taizugong-Planeten zurück. Dort werden die Erinnerungen wie in einer Computerdatenbank verarbeitet, sortiert und in der Mastermatrix abgelegt. Nun wartet die Seele auf ihre nächste Reinkarnation, die sie sich nach der Beratung mit der geistigen Welt selbst aussucht.

Viele erleuchtetere Seelen verlassen die Erde jedoch innerhalb weniger Stunden nach dem körperlichen Tod, um zum Tao-Taizugong-Kristallplaneten zurückzukehren. Sie haben bereits zu Lebzeiten begonnen, Konflikte mit anderen zu bereinigen und ihre eigenen negativen Emotionen wie Aggression, Gier oder Selbstsucht aufzulösen. Je weniger Anhaftung an bestehende Personen oder Lebensthemen besteht, desto schneller können sie die Erde verlassen.

Wann tritt die Seele in den Körper eines Babys ein?

Unterschiedliche Kulturen und Religionen haben verschiedene Meinungen zu diesem Thema. Manche sagen, dass die Seele zum Zeitpunkt der Geburt eintritt, während andere der Meinung sind, dass der eigentliche Seeleneintritt erst im Kindesalter von sieben Jahren stattfindet. Wir sind der Meinung, dass die Seele bereits zum Zeitpunkt der Empfängnis in den Embryo eintritt, denn man kann bei einer schwangeren Frau ein kleines zusätzliches Aurafeld im unteren Bauchbereich wahrnehmen, das auch mithilfe der Kirlianfotografie gezeigt werden kann.

Eltern haben übrigens bei ihren Kindern keine Wahl. In der karmischen Matrix ist bereits festgelegt, welche Eltern und Kinder in einem bestimmten Leben aufeinandertreffen. Kinder werden in bestimmten Familien geboren, um deren gute oder schlechte Verhaltensmuster zu reaktivieren, die sie erneut erleben möchten, um sie im Laufe ihres Lebens so zu verändern, dass die Harmonie wiederhergestellt wird. Kinder, die in eine Familie hineingeboren werden, haben zumeist eine starke Verbindung zu ihren Eltern, die aus vergangenen Leben stammt. Ist bei einem Kind nur eine entfernte oder minimale Verbindung zu den Eltern vorhanden, findet häufig eine Fehlgeburt, Abtreibung oder Adoption statt. Bei Eltern, die sich in diesem Leben keine Kinder wünschen, sind dennoch Kinderseelen vorhanden, die darauf warten, bei ihnen in einem der nächsten Leben zu reinkarnieren, was vor allem dann gilt, wenn die Eltern ihr Verhalten und ihre emotionalen Reaktionen nicht verändert haben.

Auch Tiere können Menschenseelen haben

Wenn ein Mensch einen anderen Menschen schwer verletzt oder tötet, befindet er sich zu diesem Zeitpunkt in seinem Bewusstsein nicht mehr auf der Ebene der Menschen, sondern handelt in diesem Konfliktfall gemäß eines wilden animalischen Instinkts. Auf dieser Bewusstseinsebene ist er nicht mehr in der Lage, rational zu denken und richtiges vom falschen Handeln zu unterscheiden. Bei diesem Menschen besteht eine große Wahrscheinlichkeit, dass er im kommenden Leben als Tier inkarniert. Zumeist werden diese Menschen als Nutztiere wiedergeboren, weil sie anderen Menschen dienen sollen.

Bei unserer Tierkommunikation haben wir uns zu diesem Thema mit einigen Kühen in Neuseeland und in der Schweiz ausgetauscht. Als wir diese Tiere einmal auf der Weide beobachteten, kommentierten wir, dass es doch kein sehr glückliches Leben ist, dem Menschen zu dienen, indem man einige hundert Liter Milch am Tag gibt oder Kälbchen das Leben schenkt, die kurze Zeit später für die Menschen geschlachtet werden. Überrascht erhielten wir von den Tieren eine Rückmeldung, als wir sie neugierig fragten: »Habt Ihr Menschenseelen?« Dies wurde von den Kühen sogleich bestätigt. Die Tierkommunikation läuft übrigens ähnlich ab wie die in Kapitel 8 auf S. 232 beschriebene Pflanzenkommunikation.

Die Wiedergeburt als Tier

Traditionellerweise herrscht die Meinung, dass ein Mensch ein hoch entwickeltes Wesen ist und daher nicht mehr als »niederes« Tier wiedergeboren werden kann. Wir haben trotzdem festgestellt, dass zahlreiche Nutztiere menschliche Seelen haben. Andererseits gibt es auch viele Schlachttiere, die einer kollektiven Tierseele angehören und damit weniger emotional und intelligent als Menschen sind. Dazu gehören auch die Kälber, die nur eine kurze Lebensspanne haben, oder kleinere Tiere wie Schafe und Lämmer, wie sie beispielsweise in Neuseeland zu Millionen geschlachtet werden.

Einmal unterhielten wir uns spaßeshalber mit einem Stier auf einer Schweizer Weide, der direkt auf uns zugekommen war. Er hatte definitiv eine menschliche Seele, und wir fragten ihn, was er denn Schlimmes in der Vergangenheit angestellt hatte, um als Stier wiedergeboren zu werden. Auf diese Frage hin schnaubte und sabberte er nur in unsere Richtung und trollte sich wieder. Das nächste Mal werden wir ihn höflicher ansprechen! Andere Kühe, egal ob in Australien, Indonesien oder Amerika, gaben uns immer zur Antwort, dass sie im vergangenen Leben schwere Verbrechen begangen oder jemanden getötet hatten. Nach diesem Dienst am Menschen und einem guten Verhalten erhofften sie sich eine erneute menschliche Reinkarnation in Harmonie.

Aus unserer Sicht reinkarnieren die meisten Menschen, die ein schweres Verbrechen begangen haben, in einer Tierform, die zum damaligen Zeitpunkt ihrem Charakter und Emotionalkostüm ähnelten. Wenn jemand beispielsweise seine Gefangenen grausam unter schlimmsten Verhältnissen verhungern ließ oder sie ständig mit dem Tod bedrohte, dann könnte er als Ratte im Abwasserkanal wiedergeboren werden. Viele frühere brutale Herrscher sind sicherlich in Form solcher Tiere wiedergeboren worden.

Bei Rückführungen haben uns Menschen ebenfalls über ihre Erlebnisse aus Tierreinkarnationen berichtet. Eine diesen Dingen gegenüber skeptische Anwältin beschrieb uns, dass sie einen Mann tötete, um mit dessen Pferd ihre Reisegruppe schnell wieder einholen zu können. Schließlich wurde sie zu einer langsamen Schildkröte! Ein Geschäftsmann berichtete, dass er in einem vergangenen Leben gern Wölfe gejagt hatte und in einem nachfolgenden Leben vor 350 Jahren schließlich selbst zum sibirischen Wolf geworden war, der in ständiger Angst lebte, von den einheimischen Stämmen in einer Falle gefangen und getötet zu werden.

Auch Haustiere wie Katzen, Hunde, Pferde oder Zoo- und Zirkustiere wie Affen oder Elefanten haben meist eine Menschenseele. Und es gibt noch eine weitere Möglichkeit, warum ein Mensch als Tier geboren werden kann: Wenn er den starken Wunsch hat, ein so gutes Leben wie sein Haustier zu führen, und deshalb unbedingt ein Hund oder eine Katze werden will!

Die große Wandlungsphase

Wir leben momentan in einer Zeit, in der der Planet Erde besonders gefährdet ist. Zugleich haben wir das große Glück, uns in einer wesentlichen galaktischen Wandlungsphase zu befinden. Nach den Zeitrechnungssystemen der alten Traditionen befinden wir uns am Ende eines größeren 26.000-Jahre-Zyklus und zugleich in dessen fünftem und letztem Unterzyklus, der 5.200 Jahre andauert. In den 90er-Jahren des letzten Jahrhunderts waren diese galaktischen Veränderungen bereits sehr deutlich wahrnehmbar und haben sich seitdem immer weiter verstärkt.

Wissenschaftler, die in großer Tiefe Boden- und Eisproben entnommen haben, die uns Aufschluss über das Leben vor etwa

5.200 Jahren geben, haben festgestellt, dass der Planet Erde in größeren Zyklen zahlreiche Naturkatastrophen und Trockenperioden durchgemacht hat. Aktuell durchlaufen wir eine Phase, in der sich die Erde in ihrer Umlaufbahn näher an der Sonne vorbei bewegt, wodurch Schnee und Eis an den Polkappen und im Himalaja schneller schmelzen und vermehrt Süßwasser freigesetzt wird. Andererseits erleben wir schwere Dürrekatastrophen in Australien, Afrika, Indien, den USA und Südamerika. Bei den zukünftigen Menschheitskonflikten wird vor allem das Trinkwasser im Mittelpunkt stehen.

Man geht auch davon aus, dass unsere indianischen Vorfahren vor 5.000 Jahren den Weg von Nordamerika nach Europa in ihren Kanus und zu Fuß zurückgelegt haben. Auch in der damaligen Zeit stand die Erde der Sonne näher, was zu längeren Trockenperioden führte und es den Menschen ermöglichte, die Landbrücken zwischen den Kontinenten zu nutzen, die heutzutage wieder unter Wasser liegen. Interessanterweise sind wir auf zwei indianische Hopigräber im Schwarzwald gestoßen, die wir auf ein Alter von 4.000 bis 5.000 Jahren schätzen.

Das Yin-Yang-Symbol
beschreibt die Zeit

Die alten Taoisten haben diese Veränderungen bereits vor langer Zeit vorhergesagt – in Form des Yin-Yang-Symbols, das für die Harmonie in der Heilung und Bildung steht. Wenn wir das Yin-Yang-Symbol im Querschnitt betrachten, erkennen wir, dass 2008 das Jahr war, in dem diese beiden großen galaktischen Wellen der Veränderung gekreuzt haben und sich nun weiter beschleunigen.

Die Taoisten verwenden gern das Symbol einer arabischen Acht – 8 –, die das aufgefaltete Yin-Yang-Symbol darstellt und

Harmonie, Wohlstand und menschliche Ereignisse beschreibt. Eine stehende Acht versinnbildlicht das harmonische Gleichgewicht zwischen Himmel und Erde, wobei sich der Mensch in ihrer Mitte oder dem Schnittpunkt der beiden gleich großen Schlingen befindet, wo er fortwährende Harmonie, Wohlstand und Fülle genießt. Mit der liegenden ∞ kann wiederum der Aufstieg und Fall von Nationen und Gesellschaften beschrieben werden.

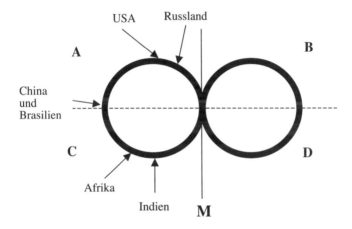

Abb.1.2: Die Evolution der verschiedenen Nationen im Wassermannzeitalter

Das »M« steht für die Menschen, die aus allen Richtungen miteinander in Wechselwirkung treten und positive Ziele setzen, damit jedes Land und jede Gesellschaft erfolgreich wirken und im folgenden Jahrhundert Wohlstand und Fülle genießen kann.

Hier eine kurze Beschreibung der aktuellen Situation: Im Hinblick auf ihre Gesellschaft, ihr tugendhaftes Verhalten und den allgemeinen Wohlstand der Bürger befinden sich die USA auf dem Abstieg. Wenn die USA im Laufe der Zeit das Zentrum

M erreichen, braucht die Bevölkerung neue Strategien, um sich weiter nach oben in Richtung B zu bewegen, oder das Land wird sich über einen längeren Zeitraum weiter nach unten in Richtung D bewegen. China hat sich in den letzten 500 Jahren auf dem Abstieg von A nach C befunden. Vor dreißig Jahren erklärte der chinesische Präsident Deng Xiaoping öffentlich: »Es ist großartig, reich zu sein.« Mit dieser Aussage verwandelte er das größte kommunistische Land in ein sozial-kapitalistisches Land. Das moderne China ist daher – abgesehen von der Parteienpolitik – ein kapitalistisch orientiertes Land. Es ist ein erwachter Riese, der innerhalb der nächsten hundert Jahre einen Boom erleben und die Wirtschaft und den Handel weltweit fördern wird.

Indien und Brasilien befinden sich aufgrund ihres Wachstums im Aufschwung in Richtung B. Indiens wirtschaftliches Wachstum wird jedoch nicht so schnell wie gewünscht verlaufen, da das Kastensystem und die extrem schwache Infrastruktur das Wachstum des Landes bremsen.

Russland befindet sich weiterhin auf der Seite A auf dem Weg nach unten. Es muss seine sozialen und politischen Strukturen verändern und für mehr Gleichberechtigung sorgen, damit es innerhalb der nächsten zehn Jahre den Weg nach oben zum progressiven Wachstum hin nehmen kann, oder es rutscht in Richtung D ab.

Afrika befindet sich insgesamt immer noch auf der Seite C. Viele afrikanische Länder mit einer guten Regierung können sich durch ihr Wachstum in Richtung B bewegen oder stagnieren und in der unteren Schlaufe von C verweilen. Südafrika folgt dicht hinter China und Brasilien.

Die liegende Acht symbolisiert eine Periode von Wachstum und Harmonie, die Industriegesellschaften und Nationen mit einer dynamischeren, fürsorglicheren und weniger korrupten Regierung die Gelegenheit bietet, sich vom Abschwung A zum Aufschwung B hinzubewegen, so wie das vielen osteuropäischen

Ländern gelungen ist. Wie in der Natur gibt es auch hier einmal ein schlechtes Jahr und eine schlechte Ernte, aber die kommenden Ernten könnten sich durch einen besseren Input und bessere Technologien dramatisch verbessern.

Weitere Visionen für die moderne Gesellschaft des Neuen Zeitalters werden wir in Kapitel 9 (ab S. 273) beschreiben.

KAPITEL 2

Qi-Mag-Fengshui und Gesundheit

Beim Wohnen zeigt sich die Güte am Platz.

LAOZI

Fengshui kann Ihr Leben verbessern

In diesem Kapitel möchten wir einige wichtige Grundlagen des Fengshui zusammenfassen. Wir gehen im Rahmen dieses Buches ausschließlich auf das Landschafts-Fengshui ein, das in unseren Augen die wichtigste und wirkungsvollste Disziplin darstellt, denn feinstoffliche Energie folgt der physischen Form und führt zu einer schnellen Manifestation auf der physischen Ebene. Das Fengshui unseres Wohn- und Arbeitsortes spiegelt unverkennbar unser Bewusstsein und unsere Lebenssituation wider. Deshalb wirken Veränderungen hier auch so tief greifend.

Viele von Ihnen haben es sicherlich schon erlebt, dass Sie ein Haus, ein Büro oder ein anderes Gebäude mit der Absicht betraten, es zu mieten oder zu kaufen, und sogleich gespürt haben, ob Ihnen das Gebäude zusagt oder nicht. Vielleicht haben Sie sogar sehr ungute Energien wahrgenommen oder im Gegenteil ein sofortiges Wohlgefühl, Leichtigkeit und gute Laune. Wahrscheinlich haben Sie sich auch gefragt: »Was stimmt mit diesem Platz nicht, und woher kommen diese Gefühlswahrnehmungen?«

Diejenigen, die klassisches und modernes Fengshui praktizieren, können Ihnen die Antworten darauf geben. Oft sind die Frauen in Bezug auf die Wahl eines Hauses oder Büros intuitiver, manchmal lassen sie sich aber auch irreführen und übersehen das grundsätzlich schlechte Fengshui eines Hauses, weil sie von einer schönen Küche geblendet werden. Meist spüren sie aber das schlechte Fengshui, wenn sie durch die Räume gehen. Wie bereits erwähnt vermitteln Gebäude mit gutem Fengshui auch ein gutes Gefühl, und man fühlt sich wohl, wenn man dort lebt oder arbeitet.

Wir haben jedoch im Laufe vieler Jahrzehnte im Rahmen von Beratungen und Turnaround-Aktivitäten in Unternehmen immer wieder feststellen müssen, dass in über 80 Prozent aller Fälle, in denen Firmen keinen Gewinn machen oder gar pleite gehen, die Hauptursache ein schlechtes Fengshui der Geschäftsräume ist. Ähnlich ist es bei Wohnhäusern: Wenn eine Familie unter mangelnder Vitalität oder schwersten Erkrankungen wie Krebs leidet, dann liegt der Grund meistens im schlechten Fengshui.

Was ist Fengshui?

»Fengshui« bedeutet wörtlich übersetzt »Wind und Wasser« und ist eine Wissenschaft des Lebens, bei der die Harmoniegesetze der Natur genutzt werden, um ein Gebäude ideal zu platzieren und zu gestalten. Der Standort sollte harmonisch und geschützt sein, um Gleichgewicht, Gesundheit, Wohlstand und

Erfolg der Bewohner zu gewährleisten und zu erhalten. Manchmal wird Fengshui auch als »Wissenschaft der Umwelt und des Wohnens« bezeichnet.

Fengshui wurde in den chinesischen Schriften schon vor Tausenden Jahren erwähnt: Taoistische Meister wählten für ihre Könige und Beamten ideale Standorte aus, um ihnen dort Paläste oder Wohnhäuser zu bauen. Schon damals war es das Ziel, Vitalität, ein langes Leben sowie die berufliche und gesellschaftliche Position sicherzustellen. Um einen geeigneten Platz zu finden, bewerteten die taoistischen Meister die Beschaffenheit des Bodens, die geschützte Lage, Höhenunterschiede in der Landschaft, vorhandene Gewässer, Grundwasser sowie die Aussicht vom Haupteingang aus. Nur symmetrisch geformte Grundstücke mit einer Erhebung auf der Rückseite wurden für die Paläste der Kaiserfamilie und die hohen Beamten ausgewählt. In den letzten 600 Jahren, seit der Ming-Dynastie, wurde Fengshui von den Chinesen im großen Rahmen praktiziert. Auch heute ist die positive Auswirkung der Fengshui-Praxis vielen bekannt, sodass dieses wertvolle Wissen über die Wahl eines Hauses oder Büros und den Grundstückskauf in ganz Asien geschätzt und praktiziert wird und überdies bei den asiatischen Immigranten, die sich in der westlichen Welt niedergelassen haben.

Die neun Ebenen der Fengshui-Praxis

Fengshui wird von Beratern, Meistern und Großmeistern auf folgenden neun Ebenen ausgeübt:

9 **Spirituelle Ebene:**

8 Abhilfen, die von sehr fortgeschrittenen Fengshui-Meistern auf

7 der nicht sichtbaren Ebene eingesetzt werden. Auch das fortgeschrittene Grab-Fengshui gehört in diesen Bereich.
Die meisten Abhilfen sind aktiviert, und die Wirkung ist meist
für das Auge unsichtbar.

6 **Mental-spirituelle Ebene:**

5 Die Abhilfen und Wirkungen erfolgen auf der mentalen und
teilweise auf der spirituellen Ebene. Manche Abhilfen und ihre
Wirkung sind nicht sichtbar, erfüllen aber den beabsichtigten
Zweck. Die positive Wirkung kann von sensitiven Menschen
erfasst werden.

4 **Mentale Ebene:**

Abhilfen, die sichtbar sind und mental für einen bestimmten
Zweck aktiviert wurden.

3 **Mental-physische Ebene:**

2 Abhilfen, die physisch und sichtbar sind, z. B. Aquarium,

1 Brunnen oder Raumteiler, um die Energie zu lenken.

Im Allgemeinen werden Fengshui-Praktiken weltweit auf der 1. bis 4. Ebene durchgeführt, wobei fast alle Abhilfen bei Fengshui-Defekten über physische Symbole und Gegenstände erfolgen. Nur wenige Fengshui-Meister, die inzwischen 80 oder 90 Jahre alt sind, arbeiten auf der 5. oder 6. Ebene. Selten findet man einen erfahrenen Meister, der mit Praktiken auf der 7. oder 9. Ebene vertraut ist. Nur die ganz alten Fengshui-Meister, die sich heute meist schon zur Ruhe gesetzt haben, kennen noch die Praktiken auf den höchsten Bewusstseinsstufen.

Das von uns begründete und praktizierte Qi-Mag-Fengshui

befasst sich mit den klassischen Disziplinen des Landschafts- und Kompass-Fengshui auf allen oben beschriebenen Bewusstseinsebenen. Darüber hinaus wird es durch die Fachbereiche Geobiologie und Tao-Geomantie ergänzt.

Fengshui und Schicksal

Wenn ein erfahrener Fengshui-Meister ein Grundstück, eine Landschaft, ein Gebäude und seine Räumlichkeiten untersucht, kann er mit über 90 Prozent Genauigkeit Auskunft über die Familie und ihre nächsten zwei Generationen geben, sofern diese anschließend auch im Haus wohnen werden. Faktoren wie die Gesundheit der einzelnen Familienmitglieder und deren Lebensspanne, die finanzielle Situation, die Sicherheit des Arbeitsplatzes, die internen und externen Beziehungen können auf diese Weise bestimmt werden. Normalerweise sucht sich der Mensch immer ein Gebäude, das ihn und die familiären Charaktere und Emotionen widerspiegelt. Mit Recht sagt der Taoist daher: »Das Zuhause ist eine Manifestation des Bewusstseins und der Emotionen seiner Bewohner.«

Unsere goldenen Regeln des Qi-Mag-Fengshui

Fengshui wirkt sich auf jeden Menschen und auf jedes andere Lebewesen aus, das sich in einem geschlossenen Raum aufhält, egal ob man an Fengshui glaubt oder nicht. Wir haben festgestellt, dass über 80 % der beruflich erfolgreichen und wohlhabenden Menschen auch einen guten Standort gewählt haben, der sie unterstützt. Ideal sind Häuser oder Wohnungen mit Blick auf ein ruhiges Gewässer. Aber es gibt noch andere wertvolle Grundregeln des Landschafts-Fengshui, die wir an dieser Stelle unbedingt erwähnen möchten.

Der Mingtang und die Rückendeckung

Die erste wichtige Regel im Qi-Mag-Fengshui ist die Bestimmung des sogenannten »Mingtang« des Gebäudes. Dieser chinesische Begriff bezeichnet den hellen, lichten, offenen Bereich vor einem Gebäude, womit eine gute, ungehinderte Aussicht gemeint ist. Aus diesem Grund sollte die Front eines Hauses mit gutem Fengshui die Aussicht auf eine Stadt, den Blick auf eine Straße oder einen großen Vorplatz haben. Im Idealfall sollte im Umkreis von hundert Metern kein Gebäude oder Hindernis zu sehen sein, das die Sicht einschränkt. Der offene Bereich auf der Frontseite sollte eine Fläche von einer Hauslänge haben. Dieses Prinzip entspricht dem Kernsatz: »Was man sieht, das bekommt man auch.« In diesem Zusammenhang bedeutet der Stadtblick, dass es einem leichter fällt, Arbeit zu finden und seine Geschäfte zu betreiben. Eine Bank oder Läden in Sichtweite haben ebenfalls eine entsprechende Symbolik. Die Bank bietet potenziell eine gute finanzielle Unterstützung und die Läden stehen für mögliche Arbeitsplätze und Geschäftskontakte.

Symmetrische Grundrisse

Das zweite Grundprinzip besagt, dass der Grundriss des Hauses möglichst symmetrisch und ohne Fehlbereiche gestaltet sein sollte. Fehlbereiche haben einen engen Bezug zu den einzelnen Körperteilen und Familienmitgliedern und können vor allem zu körperlichen Gesundheitsproblemen führen.

Im Beispiel 2.2 rechts weist der Einschnitt im Grundriss des Hauses darauf hin, dass die Bewohner verstärkt unter Schulterproblemen leiden können.

Abb. 2.1:
Das Haus entspricht dem
menschlichen Körper.

Abb. 2.2:
Ein unregelmäßiger
Grundriss
wirkt sich auf die
Gesundheit aus.

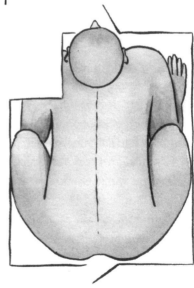

Die Hintertür sollte kleiner
sein als die Eingangstür

Besonders wichtig ist, dass die Eingangstür größer als die Hintertür ist. Wenn wir unseren Grundriss mit dem menschlichen Körper vergleichen, ist unser Mund (die Eingangstür), über den wir Nahrung und Energie aufnehmen, immer größer als unser Darmausgang (Hintertür). Nach unseren Erfahrungen bedeutet eine zu große Hintertür (das kann auch eine große Balkontür auf der Rückseite des Gebäudes sein) einen erhöhten Verlust an Lebenskraft und Geld.

Wenn wir uns beispielsweise amerikanische Häuser ansehen, so haben sie meist sehr große, mehrflügelige Hinter- oder Terrassentüren, was ein sichtbarer Hinweis ist, dass der Durchschnittsamerikaner mehr Geld ausgibt als er verdient und damit ständig seine Kreditkarten überziehen muss. Eine Hintertür sollte auch nie genau in der Mitte der Gebäuderückseite liegen, da sie an dieser Stelle den wichtigen und stabilisierenden Wirbelsäulenbereich und damit den materiellen Rückhalt für die Familie schwächt.

Eine starke Rückendeckung für das Haus

Der nächste äußerst wichtige Fengshui-Faktor für das Haus ist die Rückendeckung, d. h. dass die Gebäuderückwand möglichst durchgehend sein und so wenig Fenster wie möglich haben sollte. Hinter dem Haus sollte sich mindestens eine halbe bis ganze Gebäudelänge ebenes Land befinden, das idealerweise leicht ansteigt und einen Hügel hinter dem Haus bildet. Eine solche Erhebung unterstützt Nachkommenschaft, Arbeitsstelle und finanzielle Sicherheit.

Abb. 2.3: Haus mit ansteigender Rückendeckung

Abb. 2.4: Haus mit geschwächter Rückendeckung

Das Gegenteil kann passieren, wenn das Land mehr oder weniger stark nach hinten abfällt; dann geht es auch mit dem Geld und der Arbeitsstelle sprichwörtlich bergab. Genauso schwächt Wasser auf der Rückseite des Gebäudes die Rückendeckung. Ein hinter dem Gebäude abfallendes Gelände wirkt sich ebenfalls körperlich aus. Häufig sehen wir diese Situationen bei Häusern, die am Hang gebaut sind. Befindet sich der Hang auf der Rückseite des Hauses, dann hat auch das Gebäude keinen richtigen Halt, und die Bewohner können verstärkt unter Rücken- und Wirbelsäulenproblemen leiden.

Wenn der Rücken schwach ist, dann sind im übertragenen Sinne auch die Organe im Rückenbereich betroffen. Die Bewohner leiden möglicherweise unter Nierenschwäche oder haben einen Mangel an Fruchtbarkeitshormonen. Natürlich könnte man dies auch als eine Form der Geburtenkontrolle betrachten, aber falls die Frau doch schwanger wird, können die Kinder eine schwächere Konstitution haben oder die Frau wird nur Töchter zur Welt bringen.

Traditionelles Fengshui in China

Bei den traditionellen chinesischen Häusern mit gutem Fengshui fällt auf, dass sie keine Fenster auf der Rückseite haben, um der Familie eine starke Rückendeckung, einen stabilen Arbeitsplatz und eine gute finanzielle Situation zu gewährleisten. Außerdem sind dadurch die Kinder der Familie treu und unterstützen ihre Eltern gern. Allein an diesen Grundprinzipien des Fengshui ist erkennbar, dass sich der moderne Mensch mit seinem speziellen Gebäudedesign viele unnötige Gesundheitsprobleme und Existenzängste schafft.

Der Zusammenhang zwischen Grundstück, Erbe und Rente

Um Ihren Wohlstand, Ihre Pension und Ihr Erbe zu sichern, sollte auch die Grundstücksform möglichst symmetrisch sein. Das ideale Grundstück hat eine rechteckige Form, die sich nach hinten etwas verbreitert. Wie das Grundstück interpretiert wird, bestimmt die Lage des Gebäudes: Auf der Rückseite des Gebäudes befindet sich auch die Rückseite des Grundstücks, egal von welcher Seite der Zugang erfolgt. Würde sich das Grundstück nach hinten verjüngen, dann wäre das ein schlechtes Zeichen – es könnte Ihr Erbe oder Ihre Rentenzahlungen schmälern.

Das Fengshui von Wohnungen

Genauso wie bei Häusern spielt Fengshui auch bei Wohnungen oder Apartments eine Rolle. Das größte Hindernis bei Wohnungen ist die Eingangstür, die sich normalerweise zum Flur hin öffnet und damit nur einen Blick auf eine Wand oder die Tür des Nachbarn ermöglicht. Symbolisch bedeutet das, dass man ständig mit Alltagshindernissen konfrontiert wird. Die wenigsten Wohnungen haben eine Tür ins Freie mit einem Zugang über einen Außenbalkon, obwohl ein solches Fengshui viel günstiger wäre.

Hier haben wir einen wertvollen und effektiven Tipp für Sie, wenn Ihre Wohnung einen Balkon (mit möglichst guter Aussicht) hat: Definieren Sie diesen Balkon als Ihren neuen Mingtang, und Sie werden feststellen, dass sich Ihr Leben verändert. Der Balkon entspricht in etwa einem offenen Vorplatz und bietet Einlass für frische, vitale Qi-Energie. Außerdem bietet er zumeist eine hervorragende Aussicht auf eine Straße, einen Park oder die Stadt. Durch den freieren Blick haben Sie die Möglichkeit, größere Visionen zu verwirklichen, und sind offener für Neues. Der Balkon als neu definierte Front ermöglicht Ihnen im wahrsten Sinne des Wortes eine Horizonterweiterung und damit mehr Kontakte und Begegnungen mit Menschen, die Ihnen Chancen eröffnen. Wenn Sie Ihren Balkon zur neuen Wohnungsfront und zum Eingang gemacht haben, sollten Sie ihn auch regelmäßig nutzen, denn dadurch steigt Ihr Wohlstands- und Füllebewusstsein um 20 bis 30 Prozent.

Natürlich können Sie weiterhin über Ihre alte Wohnungstür ein- und ausgehen. Sie brauchen nicht über den Balkon in die Wohnung zu klettern, was in einem höheren Stockwerk auch unmöglich wäre. Halten Sie es wie die Bewohner von Hongkong, Singapur oder Sydney: Wer hier einen guten Ausblick genießt – optimal ist der Blick aufs Meer –, geht morgens zuerst auf den Balkon, um die freie Sicht zu genießen und frische Luft zu atmen. Was wir als Erstes morgens sehen, prägt entscheidend unser Alltagsbewusstsein.

Die Tür, über die Sie Ihre Wohnung betreten, wird durch diese bewusste Veränderung zur Hintertür, die durch die durchgehende Rückwand zum Hausflur nochmals verstärkt wird. Wenn der Balkon nun Ihr neuer Eingang (und im übertragenen Sinne Ihr Mund) ist, dann sollte er möglichst aufgeräumt sein. Wenn Sie ihn als Abstellplatz oder Trockenplatz für die Wäsche benutzen, stellen Sie sich in Ihrem Frontbereich Hindernisse in den Weg und verpassen die Gelegenheit, im Leben positive Veränderungen zu nutzen und die Wohnung mit mehr vitalem Qi zu versorgen.

Eine neu definierte Front wirkt Wunder

Diese Neudefinition der Wohnungsfront und der Balkontür als Haupteingang für die Qi-Energie praktizieren wir seit Jahrzehnten und haben sie auch unzähligen Seminar- und Vortragsteilnehmern empfohlen. Immer wieder wurden wir darin bestätigt, dass sich das Leben der Bewohner, deren finanzielle Situation und Lebensstil deutlich verbessert haben. Vor allem, wenn der Wohnungsbalkon zum Wasser zeigt, erhöht sich der Wohlstand. Die Neubestimmung der Front beeinflusst das Bewusstsein der Bewohner. Dadurch reagiert das feinstoffliche Qi, und die Energieflüsse in der Wohnung verändern und verbessern sich.

Auch die Wohnungspreise bestätigen diese Fengshui-Regel: Apartments mit Balkon sind in Hongkong, Singapur, Taiwan, Südchina, Australien oder Vancouver 30 bis 40 Prozent teurer – all dies sind Länder, in denen man Fengshui versteht und praktiziert. Die besten Wohnungen sind natürlich die mit einem großen umlaufenden Balkon auf drei Seiten und einer Aussicht von 270° auf das Wasser, z.B. das Meer. Sie sind im Schnitt mehr als doppelt so teuer wie ein vergleichbares Apartment mit Stadt- oder Landblick, da ihr Wohlstandsfaktor deutlich höher ist.

Hier noch einige Tipps zum Balkon: Normalerweise sollte der Balkon etwas größer sein als nach gängigem europäischem Standard. Er sollte mindestens zwei Meter tief, drei Meter lang und etwa einen Meter weit überdacht sein. Ein nach innen versetzter Balkon schränkt durch den »Scheuklappeneffekt« den Weitblick ein und ist daher nicht empfehlenswert. Wenn Sie selbst bauen, macht es auf jeden Fall Sinn, in einen größeren Balkon zu investieren.

TAO-TIPP

Nutzen auch Sie Ihre Intuition und stellen Sie sich die Frage: »Wie ist das Fengshui meines Hauses oder Büros auf einer Skala von 1 bis 10, wobei zehn Punkte für hervorragendes Fengshui und damit für ein harmonisches und erfolgreiches Leben stehen würden. Erste Hinweise zu wichtigen Grundlagen finden Sie in diesem Kapitel.

Geobiologische Faktoren

Im alten China waren die Ärzte verpflichtet, das Haus des Kranken aufzusuchen, wenn die medizinische Behandlung nicht anschlug. Besonders der Schlafplatz wurde untersucht. Oft legte sich der Arzt selbst aufs Krankenbett und prüfte weitere Feng-shui-Faktoren, die Hinweise auf die Erkrankung geben könnten. Der Kranke musste dann entweder woanders schlafen oder ihm wurde ein Aufenthalt an einem störfeldfreien Platz in der Natur in der Nähe des Waldes, eines Sees oder Wasserfalls mit viel frischer Luft verordnet.

Mehr als die Hälfte der Menschen sind weltweit von geopathischen Störfeldern betroffen, wobei diese Belastungen im Bereich von Erdbebengebieten und Gegenden mit vulkanischer Aktivität besonders stark sind und größere Gesundheitsprobleme als woanders auslösen können.

Zu den klassischen geopathischen Störfeldern gehören unterirdische Wasseradern, Erdverwerfungen oder Erdwirbelenergien, die von unterirdischen Höhlen aufsteigen. Auch bestimmte Felder im Erdnetzgitter wie Benker-Linien oder Hartmann-Gitter sollten untersucht werden. Wir raten unbedingt, diese Arten von Störfeldern vor allem im Schlaf- und Arbeitsplatzbereich zu meiden, denn sie können die Leistungs- und Regenerationsfähigkeit stark einschränken und langfristig zu schwerwiegenden Gesundheitsproblemen führen.

Hinweise auf ein geopathisches Störfeld wie eine Wasserader können Bettnässen, Konzentrationsschwierigkeiten oder ein allgemeiner Vitalitätsmangel sein. Falls Sie oder Ihr Kind schlecht schlafen oder am Morgen nicht ausgeruht aufwachen, sollten Sie unbedingt Ihren Schlafplatz überprüfen lassen und gegebenenfalls das Bett umstellen. Gerade bei sehr kritischen Erkrankungen wie Krebs sollte der Schlafplatz untersucht und gegebenenfalls sofort gewechselt werden.

Stärkende und schwächende
Sitz- und Schlafplätze

Auch in Schulen und Kindergärten sollte auf alle Arten von Störfeldern geachtet werden. Häufig ist es so, dass die Schüler im Klassenzimmer einen Sitzplatz zugewiesen bekommen, den sie ein Schuljahr lang nicht wechseln. Was passiert nun, wenn ein Schüler ständig auf einer Störzone wie einer Wasserader sitzt? Selbst wenn er intelligent ist, wird er schneller müde, verliert an Vitalität und kann sich schlecht konzentrieren. Daher ist es empfehlenswert, dass Schüler immer wieder ihre Plätze tauschen, was auch die sozialen Kontakte fördert. Ein neuer Sitzplatz fordert zudem Körper und Geist, denn die Perspektive auf den Lehrer und die Tafel verändert sich immer wieder, und der ganze Körper muss sich neu ausrichten. Das fördert nicht nur die Intelligenz und Anpassungsfähigkeit eines Kindes, sondern auch potenzielle Führungsqualitäten.

Weniger problematisch sind Störfelder in großen Hörsälen, in denen sich die Studenten immer wieder einen anderen Sitzplatz suchen. Wenn ein Student vorübergehend einen ungünstigen Platz hat und sich schlechter konzentrieren kann, ist der Körper in der Lage, sich innerhalb eines Tages wieder zu regenerieren, wenn der Mensch keiner weiteren Störzone wie z. B. im Schlafplatzbereich ausgesetzt ist.

Auch Leistungssportler reagieren sehr sensibel auf Störfelder. Im Laufe meiner beruflichen Karriere habe ich auch Leistungssportler trainiert und festgestellt, dass sie enorme Leistungseinbußen erlebten, wenn sie während des Wettkampfs im Hotel einen schlechten Schlafplatz hatten.

Nicht anders geht es Tieren wie zum Beispiel Turnierpferden. Nicht nur der Transport zum Wettkampfort kann eine Belastung darstellen, sondern auch eine Box, durch die eine starke Wasserader oder Erdverwerfung verläuft. Die Tiere sind dann nervöser, schneller erschöpft oder fressen schlecht. Auch der lokale Stallplatz sollte untersucht werden, wenn das Pferd keine guten Leistungen bringt oder ein anderes auffälliges Verhalten zeigt.

Die Reichweite von Störfeldern

Was die geopathischen Störfelder angeht, ist es auch wichtig zu wissen, dass deren Strahlung nicht nur meist senkrecht vom Boden aufsteigt, sondern dass sie zusätzlich durch Stahlbeton, Stahlarmierungen und technische Geräte verzerrt und noch mehr verstärkt werden können. Die Strahlung von geopathischen Störfeldern beeinträchtigt im Übrigen nicht nur die unteren Stockwerke eines Gebäudes, sondern kann auch bis in den 100. Stock oder noch höher gemessen werden, zum Beispiel kinesiologisch oder mit der Rute. Daher ist es möglicherweise ähnlich belastend, im Hochhaus zu wohnen wie im Einfamilienhaus. So haben wir die Strahlung einer Erdverwerfung noch im hundertsten Stockwerk des höchsten Wolkenkratzers in Taiwan messen können, wobei der Stressfaktor dort ähnlich hoch war wie unten.

Das bedeutet, dass eine Wasserader an einer bestimmten Stelle, an der sich in einem Hochhaus nach der stereotypen Anordnung das Schlafzimmer befindet, bei den meisten Bewohnern Gesundheitsprobleme auslösen könnte. In diesem Zusammenhang sind wir in Hamburg einmal auf ein typisches »Krebshaus« gestoßen. Das Schlafzimmer der zwölf Wohnungen befand sich jeweils im Bereich des gleichen starken Störfelds. In sieben Fällen hatten die Bewohner schwerere Gesundheitsprobleme bis hin zu Krebs, in den anderen fünf Fällen hatten die Bewohner Schlaf- und Vitalitätsprobleme. In einem solchen Fall ist es am besten, eine Abschirmung im Kellergeschoss vorzunehmen, damit alle darüber liegenden Wohnungen geschützt sind. Trotzdem ist ein Umstellen des Betts in eine störungsfreie Zone immer empfehlenswert. Sie können das Bett auch abschirmen, indem Sie eine dreifache Lage festen Seidenstoff unter die Matratze legen. Testen Sie auf jeden Fall zusätzlich (z. B. kinesiologisch) aus, ob die Abhilfe effektiv ist.

Die Tao-Geomantie

Im Rahmen unserer Arbeit als Lehrer und Berater für Qi-Mag-Fengshui und Tao-Geomantie in über 45 Ländern weltweit haben wir uns im Laufe der Zeit immer eingehender mit den verschiedensten, auch metaphysischen Bodenenergien befasst, die immer noch ein oft übersehener Faktor sind. Während im klassischen Fengshui bei einer Bodenanalyse unter anderem darauf geachtet wird, ob der Untergrund nass oder trocken ist und wie die Erdkrume oder das Gestein beschaffen sind, haben wir im Rahmen unserer Tao-Geomantie-Forschungen über 400 natürliche geologische und metaphysische Frequenzen identifiziert, die durch die Nutzung des Landes von vorangegangenen Zivilisationen entstanden sind und noch heute die Grundstücke und das Gebäudeinnere energetisch belasten können. Dieses »Gedächtnis« des Erdbodens kann körperliche und psychische Auswirkungen auf Mensch und Tier haben. Eine düstere Stimmung, unerklärliche Traurigkeit oder wiederholte Fehlschläge in einem bestimmten Bereich deuten möglicherweise auf eine energetische Bodenbelastung hin.

Gerade wenn Sie einen neuen Standort suchen, macht es Sinn, sich darüber zu informieren, welche geschichtliche Vergangenheit dieses Gebiet hat. Die Zeichnung auf der nächsten Seite zeigt, welche Vielfalt von Informationen aus der Vergangenheit im Boden abgespeichert sein können. Unserer Erfahrung nach können beispielsweise Energien von Schlachtfeldern oder Gräbern über sehr lange Zeiträume erhalten bleiben und die Bewohner dieses Gebietes belasten.

Abb. 2.5: Beispiel für das »Bodengedächtnis«

Günstige Standorte sind über die Jahrtausende hinweg immer wieder als Wohnort oder Grabstätten genutzt worden. Die kristallinen Strukturen im Boden wirken in solchen Fällen als hervorragende Speicher für die Energien der unterschiedlichen Ereignisse und Nutzungsformen. Im klassischen Fengshui wird beispielsweise immer wieder darauf hingewiesen, dass man unbedingt einen Standort vermeiden sollte, der in der Nähe eines Friedhofs oder gar auf dem Grundstück eines früheren Friedhofs liegt. Wir haben darüber hinaus festgestellt, dass es neben den alten Grabenergien auch noch diverse Fluchbelastungen geben kann, die ebenfalls auf dem Land oder im Gebäude abgespeichert sind. Diese Flüche können sich auf alle menschlichen Lebensthemen wie Beziehungen, Fruchtbarkeit, Gesundheit des Viehs usw. beziehen und eine starke Blockade bilden, die meistens übersehen wird.

Boden und Wände wirken hier durch den kristallinen Anteil des Bodens (Sand, Quarzsand usw.) wie eine Festplatte, die nie neu organisiert oder gelöscht worden ist. Im Laufe der Jahre haben wir in diesem Bereich Landreinigungstechniken nach den Prinzipien der Tao-Geomantie entwickelt, die solche metaphysischen Belastungen im Boden klären können. Nach einer Landreinigung berichten die Bewohner von einer neuen Leichtigkeit, Klarheit und Helligkeit des Grundstücks und Gebäudes und weniger Widerständen im Alltag.

Belastungen durch Energien der Vorbewohner

Ein weiterer Faktor sind die Energien, die Vorbewohner im Wohnhaus oder am Arbeitsplatz hinterlassen haben. Pleite- oder Krankheitsenergien auf der energetischen Ebene sollten unbedingt gereinigt werden, bevor ein neuer Bewohner einzieht, weil er diese alten Energien ansonsten mitträgt, was sich erschwerend auf die Familien- oder Firmensituation auswirken kann. So könnte ein Unternehmen durch nicht gereinigte Vorgängerenergien unter einen enormen und scheinbar unerklärlichen Arbeitsdruck geraten.

Auch wenn ein Vorbewohner an einer langwierigen Krankheit wie Diabetes oder Krebs gestorben ist, lassen sich die Krankheits- und Emotionalanker vor allem im Schlafzimmer und auf dem Lieblingsplatz des Verstorbenen identifizieren. In vielen Fällen haben sich Krankheit und Tod an einem Ort schon mehrfach wiederholt und können daher bis in eine Bodentiefe von 100 bis 150 Metern energetisch verankert sein.

In den meisten Teilen Südostasiens würde man solche Gebäude als »Tabugebäude« oder »Unglücksgebäude« bezeichnen, die dann nur schwer zu vermieten oder zu verkaufen sind. Eine energetische Gebäudereinigung sowie eine Landrevitalisierung nach den Prinzipien der Tao-Geomantie können dabei helfen, diese alten und tief verankerten negativen Metamorphoseenergien zu reinigen.

Ein weiteres häufiges Problem, das die Beziehungsenergien in der Familie und im Unternehmen beeinträchtigt, sind die alten Beziehungsenergien oder auch vor Ort verankerte Scheidungskräfte der Vorbewohner. Seien Sie also achtsam, wenn Sie in ein Haus oder eine Wohnung einziehen, in dem sich die Partner zuvor getrennt oder scheiden lassen haben. Wenn diese alten Anker nicht energetisch gereinigt werden, dann werden die neuen Bewohner im Laufe der Zeit ähnliche Beziehungsprobleme haben.

Ein Hinweis auf eine solche metaphysische Belastung könnte auch folgendermaßen aussehen: Ihre Partnerschaft oder Vitalität verbessert sich z. B. im Urlaub ausgesprochen deutlich, wenn Sie sich über einen längeren Zeitraum nicht zu Hause aufhalten. Falls Sie solche prägnanten Unterschiede feststellen, dann sollten Sie einen erfahrenen Fengshui-Berater konsultieren, der auch die Faktoren gemäß der Tao-Geomantie prüft. Ein normales »Space Clearing« mit ätherischen Ölen, Trommeln oder Mantragesängen hat in diesen Fällen nur eine oberflächliche oder kurzzeitige Wirkung und geht nicht tief genug, um die schwerwiegenderen Emotionalanker in den tiefer liegenden Erdschichten zu lösen.

Belastungen in Hotelzimmern

Den Großteil des Jahres verbringen wir beide in Hotelzimmern, weshalb wir uns diesem Thema an dieser Stelle kurz widmen möchten. Häufig klagen Reisende über schlechten Schlaf, woraufhin das Hotelpersonal meist argumentiert, daran seien der Jetlag oder das Heimweh schuld. Gerade nach einem Langstreckenflug ist der Jetlag vor allem in der ersten Nacht deutlich spürbar. Wenn man aber einige Tage im Hotelzimmer verbringt und weiterhin nicht gut schläft, dann ist meist das Fengshui im Hotelzimmer nicht in Ordnung.

Wir haben festgestellt, dass ausgerechnet in den Hotels gehobener Kategorien die Strom- und Funkbelastungen meist deutlich höher sind. Zahlreiche elektrische Geräte, drahtlose Computernetzwerke oder die Beleuchtungsschaltstation neben dem Bett im Luxushotel verursachen eine starke Strahlenbelastung. Wenn sich Steckdosen nur wenige Zentimeter vom Kopf entfernt befinden (der Mindestabstand sollte eigentlich einen Meter betragen), klagen die Hotelgäste oft über Schlafstörungen oder einen dicken Kopf beim Aufwachen. Nach den Kriterien der Baubiologie sollte ein gesundes Schlafzimmer eine Strombelastung von nicht mehr als 150 mV (Millivolt) aufweisen. Gerade im Bettbereich haben wir häufig Strombelastungen von 1500–3800 mV gemessen. Elektrosmog kann zu Verklebungen der roten Blutkörperchen führen und damit Durchblutungsstörungen bis hin zu Schlaganfällen auslösen.

Die Strom- und Funkbelastungen könnten auch ein Grund dafür sein, weshalb sich der Gast versucht, mit diversen Drinks oder Wellnessbehandlungen wieder zu entspannen. Manchmal hat man im Dreisternehotel mehr Glück, denn hier fehlt es an der stromgesteuerten Luxusausstattung. Wenn das Bett dann nicht gerade im Bereich einer Wasserader steht, schläft man wahrscheinlich besser.

Hier ist sicherlich noch eine große Marktlücke für die »Grünen Hotels«, die nicht nur nach Prinzipien der Nachhaltigkeit gebaut sind, sondern auch noch den baubiologischen Vorschriften entsprechen. Dass dies möglich ist, zeigt ein Hotel in der Nähe des Münchner Flughafens, das strenge Fengshui- und baubiologische Richtlinien erfüllt und ohne Weiteres als »Schlafgut«-Hotel bezeichnet werden kann.

TAO-TIPP

Wenn Sie unterwegs sind, wäre es natürlich am besten, diese Art von Hotelzimmern zu vermeiden, was aber nicht immer möglich ist. Nehmen Sie auf Ihre Reisen entweder entsprechende Energie- und Abschirm-Accessoires mit oder bitten Sie freundlich, aber nachdrücklich um ein neues Zimmer, das Ihren Harmoniekriterien eher entspricht, wenn Sie auf zu viele Probleme stoßen. Nehmen Sie auf jeden Fall auch Ihr eigenes Kopfkissen mit, dann werden Sie deutlich besser schlafen.

Der Schlafplatz im eigenen Haus

Was Ihr privates Schlafzimmer angeht, so ist eine geobiologische Untersuchung zu empfehlen, um entsprechende Strom- und Funkbelastungen zu identifizieren. Netzfreischalter sowie Lampen mit geschirmten Kabeln sind eine sehr gute Möglichkeit, die Strombelastung zu reduzieren oder auszuschalten. Diese Art von Ausstattung sollte in modernen Gebäuden eigentlich eine Selbstverständlichkeit sein.

Interessant dürften auch die neuen LED-Lampen sind, die nur 2–3 Watt Strom verbrauchen und mit einem geschirmten Kabel kombiniert keine nennenswerte Belastung für den menschlichen Körper darstellen. Diese Beleuchtungsart gehört sicherlich zu den Technologien der Zukunft, die nicht nur den Strombedarf senkt, sondern auch »gesünderes« Licht erzeugt als herkömmliche Lampen.

Achten Sie vor allem auch auf einen entsprechenden Abstand zwischen Ihrem Wohnhaus und den Starkstromleitungen. Dieser sollte mindestens 100 Meter betragen, denn eine elektrische und elektromagnetische Strahlung in nächster Nähe ist besonders stark und kann langfristig zu Ermüdung, Erschöpfung und sogar zu Leukämie- und Krebserkrankungen führen. Unterdessen wurde auch nachgewiesen, dass Weidetiere, die sich längere Zeit im Bereich von Starkstromleitungen aufhalten, gesundheitlich Schaden nehmen können.

TAO-TIPP

Zu guter Letzt möchten wir Ihnen noch eine ganz klassische Fengshui-Empfehlung geben: Räumen Sie wieder einmal auf! Da Sie nun mit dem Prinzip des Haus- und Wohnungsgrundrisses und den Entsprechungen des menschlichen Körpers vertraut sind, dürfte es auch einleuchtend sein, dass unaufgeräumte Ecken auch einen Stau in den jeweiligen Körperorganen oder den Gliedmaßen bedeuten. Sorgen Sie beispielsweise für eine Leberentlastung, indem Sie wieder einmal Ihre Abstellkammer entrümpeln. Beseitigen Sie Blockaden im Eingangsbereich, der den Mund darstellt, damit Sie wieder freier atmen können. Wir wünschen hierbei viel Spaß und guten Erfolg!

KAPITEL 3

福
禄 福

Taoistische Prinzipien für Reichtum und Fülle

Was man hat, darüber spricht man nicht.
Worüber man spricht, das hat man nicht.

LAOZI

Die zwölf Tao-Schlüssel für langfristigen Wohlstand

Die taoistischen Meister und alten chinesischen Gelehrten haben mehr als hundert verschiedene Schreibweisen für das Wort »Wohlstand« entwickelt. Drei Versionen davon sind auf der Eingangskalligrafie zu diesem Kapitel zu sehen. Die dazugehörige Symbolik ist sehr schlicht und kraftvoll: Die Wohlstands-Schriftzeichen zeigen rechts die Sonne und Felder oder manchmal auch Fische, und links daneben entweder das vom Himmel strömende Wasser oder einen vor Freude tanzenden Menschen. Dies war die ursprüngliche Art und Weise, zu Wohlstand zu gelangen: Wenn man im Einklang mit den Naturkräften Sonne und Wasser arbeitete und seine Felder bestellte, hatte man eine gute Ernte und genug zu essen.

Wie man Wohlstand und Reichtum erlangt

Es gibt drei bewährte Wege, um den eigenen Wohlstand und einen guten Lebensstil zu sichern:

Als Erstes sollte man für eine gute höhere Ausbildung sorgen, um in einem besser bezahlten Beruf zu arbeiten. Dann sollte man in der Lage sein, das nicht sofort benötigte Geld zu investieren, um ausreichende Rücklagen zu bilden und so die Ausbildung der Kinder und den gewünschten Ruhestand zu finanzieren.

Die zweite Möglichkeit ist, selbst Unternehmer zu werden und Nischenmärkte zu nutzen, um zu mehr Wohlstand zu gelangen.

Der dritte Weg besteht darin, dass man kreativ genug ist für neue Ideen und Produkte. Neue Ideen lassen sich schneller entwickeln, indem man vorhandene Produkte kopiert und dann das Produkt weiterentwickelt, denn das verkürzt die Produktentwicklungszeit. So verfahren die Japaner, Südkoreaner und Chinesen seit 45 Jahren.

Ein weiterer Weg zu größerem Wohlstand besteht darin, Investor zu werden, aber in diesem Beruf sollte man wirklich versiert sein, denn weniger als zehn Prozent der Investoren arbeiten wirklich erfolgreich.

Die ersten drei genannten Wohlstandsmethoden können von 70 Prozent der Bevölkerung genutzt werden, wenn diese Menschen durchschnittlich intelligent sind, sich voll engagieren und hart arbeiten. Am reichsten können die freien Unternehmer werden.

Von Unternehmern werden große Opfer hinsichtlich ihres Familienlebens und der persönlichen Freizeit gefordert. Sie müssen bereit sein, viele kalkulierbare Risiken auf sich zu nehmen, denn hier herrscht das Motto »Wer nicht wagt, der nicht gewinnt«. Ebenfalls muss ein erfolgreicher Unternehmer Fehler und Pleiten in Kauf nehmen und in der Lage sein, schnell wieder auf die Beine zu kommen. Ein Land sollte es seinen Unternehmern vom Gesetz her auch ermöglichen, nach einer Firmenpleite weiterhin als Unternehmer tätig zu sein. Alle Unternehmer, Millionäre und Milliardäre, die jetzt ganz oben stehen, haben zahlreiche Pleiten erlebt, bevor sie erfolgreich wurden. Häufig wird eine Pleite durch lokale Gesetzesänderungen oder die weltweite Finanzkrise ausgelöst.

Um Wohlstand und finanzielle Freiheit zu erlangen, ist es unserer Erfahrung nach besonders wichtig, dass sich der Mensch ehrgeizigere Lebens- und Finanzziele setzt und verschiedene Visionen formuliert, um ein großes finanzielles Füllebewusstsein zu schaffen und die erforderlichen universellen Schwingungen zu erzeugen, damit er die gewünschten Projekte und Finanzziele anzieht.

An dieser Stelle wollen wir nicht auf Renten eingehen. Eine Rente sollte, falls vorhanden, nur als zusätzlicher Ruhestandsbonus und nicht als Haupteinkommensquelle im Alter betrachtet werden, von der man ausschließlich lebt. Bei der steigenden Inflation und der ungewissen globalen Finanzsituation, die weltweit herrscht, erleben wir nun, dass Unternehmen und sogar Regierungen nicht in der Lage sind, die Renten zu garantieren. Viele Rentenfonds sind bankrott oder haben beträchtliche Verluste gemacht. Zukünftige Renten können vielleicht nicht einmal die grundlegenden Bedürfnisse decken, und Rentner zählen heute schon zu der ärmsten Bevölkerungsschicht.

Aus unserer Sicht wird der Wohlstand der Menschen, die sich von ihrer Rente als einziger Geldquelle abhängig machen, im Alter begrenzt. Damit entsteht ein Armutsbewusstsein. Sie verbinden sich nicht mehr mit dem freien universellen Wohlstands- und Reichtumsbewusstsein, um neue Gelegenheiten und mehr Einkommen anzuziehen. Die Reichen und Erfolgreichen sagen oft: »Auf was du dich konzentrierst und was du denkst, ist das, was du anziehst.« Wenn Wohlstand und

Reichtum zu Ihren Lebensthemen gehören, dann sollten Sie sich genauer damit befassen, wie Sie dieses Bewusstsein anziehen können.

Hier ist eine meiner vielen Geschichten zum Thema Armutsbewusstsein:

Vor dreißig Jahren lebte ich in Malaysia und teilte mir beim Kaffeetrinken den Tisch mit einem armen Verwaltungsbeamten namens Mohammed. Er erzählte mir, dass er aufgrund seines schlecht bezahlten Jobs fast kein Geld hatte, um seine fünf Kinder zu ernähren und sie in die Schule zu schicken. Es bereitete ihm Sorgen, dass er seine Kinder nicht aufs Gymnasium schicken konnte, denn ohne eine höhere Schulbildung hatten sie nur Aussicht auf ein Leben in Armut.

Ich erzählte ihm vom Naturgesetz der Anziehung und Fülle, so wie er es bei den Bäumen in der Natur beobachten konnte. Dieses Bild übertrug er auf seine Arbeit, um den Füllefaktor erkennen zu können. Durch seine Arbeit als Beamter hatte er täglich mit Hunderten von Geschäftsleuten und Bürgern zu tun und besaß natürlicherweise eine große Anzahl Kontakte, die er nur mehr nutzen musste.

Dreißig Jahre später traf ich den ehemaligen Beamten Mohammed wieder, der sich inzwischen im Ruhestand befand. Er erzählte mir, dass er innerhalb eines Jahres, nachdem er sich von seiner mentalen Abhängigkeit von der Sicherheit der Beamtenrente befreit und auf die Bedürfnisse seiner Kinder konzentriert hatte, sie sogar alle studieren lassen konnte, weil er für ein zusätzliches Einkommen sorgte. Er schilderte mir, dass er mindestens sechs Monate gebraucht hatte, seine eigenen Blockaden zu überwinden, um schließlich mithilfe eines zusätzlichen Einkommens seine Kinder auf teure Universitäten schicken zu können. Vier seiner Kinder machten einen Universitätsabschluss und leben heute in guten finanziellen Verhältnissen. Die andere Tochter erfüllte ihr Wohlstandsbewusstsein auf andere Weise und heiratete einen reichen

Mann. *Mohammed lud mich zu einem großen Abendessen ein, um mir für das Gespräch beim Kaffeetrinken zu danken, bei dem ich ihn so inspiriert hatte und seine auf Armut ausgerichtete Einstellung verändert hatte.*

Mehr Wohlstand mit dem selbst erschaffenen Wohlstandsbewusstsein

Wir haben eine Arbeiterfamilie mit zwei Söhnen in Malaysia begleitet. Die Eltern ermutigten beide Kinder, zu studieren und ihren Abschluss zu machen, was ihnen auch gelang. Der jüngere Sohn hatte schließlich selbst eine Familie und wollte alle sechs Kinder auf internationale Universitäten schicken, obwohl die Investitionen dafür jenseits seines damaligen Einkommens lagen. Der älteste Sohn überließ seinen drei Kindern die Entscheidung bezüglich ihres Ausbildungsweges.

Der jüngere Sohn blieb bei seinem ehrgeizigen Vorhaben und setzte sich ein außergewöhnlich hohes finanzielles Ziel. Durch seine Entschlossenheit und Selbstmotivation gelang es ihm, eine besser bezahlte Arbeit und eine gute Finanzberatung zu finden. So konnte er alle sechs Kinder zum Studium ins Ausland schicken. Durch den geschickten Kauf mehrerer Immobilien und die daraus entstehenden Mieteinnahmen konnte er später mit seiner Frau in Rente gehen und gut leben. Sein älterer Bruder war in Bezug auf sich und seine Kinder nicht so ehrgeizig, sondern setzte seine Arbeit als einfacher Manager fort. Keines seiner Kinder studierte, und seine Rente fiel auch nur mäßig aus.

Das eigene Füllebewusstsein stärken

Es ist wichtig, dass wir uns immer wieder das echte Füllebewusstsein der Natur vor Augen führen, das keinerlei Grenzen kennt. Wenn der Standort und die Wetterbedingungen förderlich sind, dann tragen die Pflanzen und Bäume reiche Früchte und die Tiere vermehren sich stärker. Dies ist die grundlegende Fülleregel der Natur. Auf den Menschen angewendet bedeutet das, dass es letztendlich keinerlei Begrenzung für unsere Einnahmen gibt. Unser persönliches Glaubenssystem und unser Respekt vor Geld und Reichtum stellen an dieser Stelle das größte Hindernis dar.

Die zusätzlichen Anstrengungen, um 50.000 oder 200.000 Euro zu verdienen, sind eher minimal, denn es geht viel mehr um die eingebrachte Energie, die Gedanken und das Bewusstsein. Letztendlich arbeiten die meisten Menschen mindestens fünf Tage in der Woche und erbringen daher einen sehr ähnlichen Arbeitseinsatz. Wenn Sie ein höheres Einkommen und mehr Reichtum anstreben, dann verbinden Sie sich mit dem Füllebewusstsein der Natur, um diesem Ihr größeres Füllebedürfnis mitzuteilen. Wenn man größere Bedürfnisse hat, muss man die entsprechend größere Energie und den Raum schaffen. Es ist so, als würden Sie sich eine größere Tasche anschaffen, um zusätzliche gute Dinge darin aufzunehmen.

Stellen Sie sich vor, wir lebten in einer Welt, in der die Menschen keinerlei Ambitionen hätten, reich zu sein. Wahrscheinlich würden wir immer noch in den Wäldern hausen. Viele Arbeitsplätze und Tätigkeiten gäbe es überhaupt nicht, und die meisten Bauern wären nur Selbstversorger. Wenn Sie nicht von reiner Profitgier getrieben sind, sondern ehrlich und kreativ arbeiten und dabei gut verdienen, dann haben Sie einfach mehr Möglichkeiten. Sie können beispielsweise weitere Arbeitsplätze schaffen, Bedürftige unterstützen oder in Umweltprojekte investieren. Prüfen Sie für sich nach, ob Sie immer noch das Konzept in sich tragen, dass Geld etwas Schlechtes ist. Diese Wahrnehmung lässt bei Ihnen eine mehr oder weniger starke magnetische Anziehungskraft und Resonanz für den Reichtum entstehen. Entscheiden Sie ganz kraftvoll und mit Nachdruck für sich und Ihre Familie, welches Wohlstandsbewusstsein Sie dauerhaft verfolgen möchten. Ihren starken Fokus können Sie mit den entsprechenden Bildern und Kollagen verstärken. Gehen Sie davon aus, dass diese Dinge für Sie bereits passiert sind, vertiefen Sie bei sich das gute Gefühl, das damit verbunden ist, und bedanken Sie sich für die Fülle, als wäre sie bereits bei Ihnen eingetroffen.

Fengshui-Aktivierung für den Wohlstand

Der Südosten ist im klassischen Fengshui die Himmelsrichtung für die Aktivierung des Wohlstandes. Hier ist die Sonne bereits kraftvoll, aber immer noch im Aufstieg, was ein stetiges Wachstum bedeutet. Falls Sie am Wasser wohnen, bildet sich zusammen mit dem Sonnenlicht eine besondere Wohlstandsenergie, die Ihnen die Energie schenkt, das Gewünschte zu erreichen. Wählen Sie den Bereich in Haus und Wohnung, der im Südosten liegt und eine feste Wand oder eine Ecke mit zwei festen Wänden bildet. Auf diese Weise kann sich die Energie Ihrer geistigen Kräfte stärker sammeln. Sie können dort einen klassischen Geldbaum oder eine andere kräftige und gesunde Pflanze aufstellen. An dieser Stelle können Sie weiterhin Ihre Wünsche in Bildern präsentieren. Zur Verstärkung nehmen Sie einige Minuten lang einen Bergkristall in die Hand (es sollte ein größerer, möglichst klarer Trommelstein sein) und denken dabei fest an Ihr Ziel. Dann legen Sie den Stein neben die Pflanze. Bergkristall hat eine verstärkende Wirkung, weshalb er auch in Computern und Lautsprecheranlagen zu finden ist. In diesem Fall dehnt sich seine Energie mit Ihren Wünschen immer weiter aus und erreicht Ihren persönlichen Planeten im Kosmos, der Ihnen individuell zugeordnet ist. Außerdem wird die Verbindung zum Tao-Taizugong-Planeten hergestellt. Auf diese Art und Weise haben Sie eine weitere Möglichkeit, Ihr Ziel genauer zu formulieren und verschiedenste Arten von Kräften wirken zu lassen.

Wenn Sie die Offenheit besitzen, dass Sie all die Fülle und den Wohlstand im Rahmen des Naturgesetzes verdienen, dann haben Sie ein immerwährendes Fülle- und Wohlstandsbewusstsein entwickelt und gleichen einem Baum, der eine Fülle von Blüten und Früchten trägt, an dem alle teilhaben können. Es wirkt wie ein Sender, der Sie mit den richtigen Kontakten, Mentoren und der richtigen Arbeitsstelle in Verbindung bringt. Dies entspricht auch der alten taoistischen Weisheit: »Was Sie denken, das bekommen Sie auch.« Ein Multimillionär denkt in größeren Projekten, während ein kleiner Rentner nur seine monatlichen Zahlungen im Kopf hat und sich dadurch stärker begrenzt.

TAO-TIPP

Genießen Sie auch den bereits vorhandenen öffentlichen Wohlstand und Reichtum, um eventuelle persönliche Wohlstandsblockaden anzugehen. Suchen Sie Orte auf, an denen Wohlstand herrscht. Vor allem größere Städte bieten eine wunderbare Gelegenheit, gute Hotels aufzusuchen und dort im schönen Foyer einen Kaffee zu trinken, oder in ein berühmtes Museum zu gehen und den großzügigen Bau und die dort ausgestellten, hochpreisigen Kunstwerke zu betrachten. Besuchen Sie Orte, an denen sich wohlhabende Menschen aufhalten, und atmen Sie das Füllebewusstsein. Oder gehen Sie in einen schönen Park oder großen Garten, wo Sie das Überflussbewusstsein der Natur unmittelbar erleben können.

Wohlstandsblockaden aus vergangenen Leben

Bei unserer Arbeit mit Menschen, die von ständigen Geldproblemen geplagt sind, haben wir festgestellt, dass viele größere Blockaden mit schlechten Erfahrungen aus vergangenen Leben gekoppelt waren. Daraus erfolgte ein falscher Umkehrschluss: Wohlstand und Reichtum wurden mit lebensbedrohlichen Situationen verknüpft und waren nicht länger selbstverständlich oder erstrebenswert. Mithilfe von Rückführungstechniken oder einer Ahnenklärung können solche alten Blockaden effektiv aufgelöst werden, und der Mensch kann sich für die Fülle im Leben neu öffnen.

Die Arbeitsplätze der Zukunft

Was die Arbeitsplätze angeht, so ist in Zukunft noch mehr Flexibilität erforderlich. Wir gehen davon aus, dass immer mehr Menschen freiberuflich oder in kleinen Teams arbeiten werden, die sich auf einen speziellen Fachbereich spezialisiert haben. Auch große Firmen werden in diesen wirtschaftlich schwierigeren Zeiten vorzugsweise projektbezogene Freiberufler einstellen. Von diesen Arbeitskräften können sie sich auch leichter trennen, wenn die Aufgabe beendet ist. Viele handwerklichen Routinearbeiten werden zukünftig auch immer mehr von Robotern und Computern übernommen werden. Daher werden technische und Computer-Berufe verstärkt gefragt sein. Das Outsourcing und die billigere Herstellung von Waren im Ausland werden sich weiter fortsetzen und langfristig viele Arbeitsplätze in den Industrieländern hinfällig werden lassen. Im Wachstum befindliche asiatische Wirtschaftsländer wie China oder Indien werden immer mehr billige Gebrauchsgegenstände und Kleidung liefern, wodurch das Alltagsleben günstiger gestaltet werden kann. Großunternehmen, die heute noch erfolgreich zu sein scheinen, werden wie alte Dinosaurier nach und nach einbrechen, weil ihre Betriebskosten zu hoch sind und sie auf die schnelleren und flexibleren Märkte zu langsam reagieren.

Gehen Sie auch davon aus, dass Sie in Zukunft möglicherweise keine Rente erhalten werden. Das bedeutet umso mehr, dass Sie sich darauf einstellen sollten, in den nächsten zehn oder fünfzehn Jahren als freier Unternehmer zu arbeiten, der dem Markt seine Fähigkeiten zur Verfügung stellt. Jetzt ist der Zeitpunkt gekommen, für sich ein neues »Wohlstandsbewusstsein der Unternehmer« zu schaffen, um dem modernen Markt zu begegnen und für seine persönliche Freiheit zu sorgen.

Wie haben es die Superreichen geschafft?

Wirft man einen Blick in die Zeitschrift *Fortune Magazine*, die jedes Jahr die Reichsten der Welt und die neuen Milliardäre listet, dann fällt auf, dass diese Positionen nicht von Dauer sind. Viele der Superreichen sind fünf Jahre später nicht mehr auf der Liste zu finden, vor allem diejenigen, die sehr schnell zu Reichtum gelangt sind. Natürlich fragt man sich immer wieder, warum diese Superreichen mit ihren hervorragenden Geschäftsverbindungen ihren Wohlstand nicht lange aufrechterhalten konnten. Um dem Grund auf die Spur zu kommen, muss man sich ansehen, auf welche Art und Weise dieser Wohlstand erlangt wurde.

Diese Menschen haben

- eine Erfindung gemacht, die viele Unternehmen mehr oder weniger überflüssig gemacht und damit verdrängt hat. Beispiel: Internettelefonie oder wiederaufladbare Batterien.
- eine neue Industrie der sozialen Netzwerke geschaffen, z.B. durch Facebook oder Twitter.

- politische Verbindungen genutzt und bankrott gegangene staatliche Unternehmen mit entsprechenden Grundstücken und Gebäuden erworben.
- neue Marktnischen ausgebaut, z. B. Computerchips mit größerer Speicherkapazität oder leistungsfähigere Telefone entwickelt.
- neue Wege und Abläufe gefunden, die professionell eingesetzt werden, z. B. medizinische Geräte auf dem Gebiet der Nanotechnologie.
- neue Investitionspapiere und -produkte entwickelt.
- neue Ressourcen wie neue Gas-, Öl- und Mineralvorkommen entdeckt.

Die Liste ließe sich beliebig fortsetzen.

Unserer Erfahrung nach sind der Wohlstand einer Person und deren Kapazität für einen längerfristigen Reichtum im Leben eng mit den folgenden Wohlstands- und Reichtumsfaktoren verknüpft:

1. Wohlstand aus vergangenen Leben
   Wohlstand und Reichtum gehören zu den Grundrechten des Menschen. Er bringt dieses Potenzial zum Zeitpunkt seiner Geburt in dieses Leben mit ein. Sein Reichtumspotenzial entsteht auch aufgrund wohltätiger Handlungen für Menschen und andere Lebewesen sowie eines klaren und sauberen spirituellen Weges im gegenwärtigen Leben.
   Der Reichtum spiegelt sich auch im Horoskop einer Person wider. Der Verdienst durch harte Arbeit, geschickte Unternehmertätigkeit und ein gutes moralisches Verhalten können hier in den einzelnen Zeitabschnitten des Lebens bestimmt werden.
   Der Milliardär Bill Gates ist hierfür ein prägnantes Beispiel. Eines seiner Leben verbrachte er als Herrscher in China, der einen Großteil seiner Staatsreserven in Form von Lebensmit-

teln an die hungernde Bevölkerung verteilte. In diesem Leben genießt er beträchtlichen Reichtum. Auch Oprah Winfrey ist eine alte Seele, die in vergangenen Leben sehr viele Menschenleben gerettet hat. In diesem Leben hilft sie ebenfalls vielen Menschen, mit ihren Ideen und Projekten an die Öffentlichkeit zu treten.

2. Wohlstand durch Kooperationen

Der Reichtum kann positiv beeinflusst werden, wenn man mit erfolgreichen Menschen zusammenarbeitet. Wenn Milliardäre wie Bill Gates, Warren Buffett und Li Ka-shing mit guten und engagierten Teams zusammenarbeiten und über einen längeren Zeitraum auf einem bestimmten Gebiet aktiv sind, dann ist es wahrscheinlicher, von den entsprechenden Geschäften, Erfindungen und Ressourcen zu profitieren. Der eigentliche Reichtum, den sie mithilfe ihrer Arbeit, ihres Teams und ihren Mentoren erworben haben, zeigt sich dann nach einigen Jahrzehnten.

Dieser »Wohlstands-Akkumulationsfaktor« bezieht sich entweder auf den Reichtum in einer bestimmten Lebensphase oder auf den Reichtum des gesamten Lebens. Die meisten Reichen haben diesen Faktor durch die Unterstützung ihres Teams steigern können. Würden sie allein arbeiten, dann würde ihr Wohlstandsfaktor absinken. Ein solcher Niedergang ist auch zu beobachten, wenn ein Unternehmer sein ursprüngliches Kernteam wechselt.

Nach dem Naturgesetz kann kein einzelner Mensch ganz allein arbeiten und dadurch sehr reich werden. Um wirklich expandieren zu können, benötigt er immer die Hilfe von weiteren Personen. Auf diese Weise ist keine exklusive Monopolisierung des Reichtums möglich, sondern der Reichtum wird mit anderen geteilt – genau wie wir es in der Natur beobachten können.

3. Wohlstand mithilfe von Mentoren
   Der Wohlstand begründet sich auch auf das Verhältnis zu
   den Mentoren. Starke Einbrüche kann es geben, wenn sich
   ein reicher und erfolgreicher Mensch mit seinen Mentoren
   streitet, ihnen keinen Respekt mehr erweist und sie verlässt.
   Mentoren unterstützen einen Menschen und geben ihm Ratschläge. Eine Trennung bedeutet daher oft auch einen Verlust
   des Wohlstands. Daher sagt der Taoist auch: »Wenn du Wasser trinkst, solltest du dich immer an die Quelle erinnern.«

4. Wohlstand durch den Standort
   Ein weiterer Wohlstandsfaktor ist die Harmonie mit dem
   Standort. Hier kann ein Horoskop oder ein kinesiologischer
   Test Hinweise geben. Wir haben immer wieder festgestellt,
   dass viele Menschen keine große Harmonie mit ihrem Wohnort oder dem Land haben, in dem sie leben. Selbst wenn wir
   einen guten Standort gefunden haben, bedeutet das nicht,
   dass wir mit diesem unbedingt unser Leben lang in Harmonie sind. Prüfen Sie gelegentlich einmal für sich, ob Ihr
   Standort weiter stimmig ist. Auch ein »Spaziergang« auf einer Landkarte hat schon vielen geholfen, einen neuen Wohnort und Wirkungskreis zu finden. Idealerweise sollten Sie in
   einer Stadt und in einem Land leben, mit dem Sie zu 90 bis
   100 Prozent harmonieren.

5. Wohlstand durch die individuelle Kapazität
   Weitere taoistische Werkzeuge, um das Wohlstandspotenzial
   eines Menschen zu bestimmen, sind die Berechnung des spirituellen Geburtsgewichts und das Gesichtslesen nach den
   100 Zeitpunkten. Wir können im Rahmen dieses Buches auf
   diese Techniken leider nicht weiter eingehen, sie seien aber
   hier erwähnt, um darauf hinzuweisen, dass es weitere Möglichkeiten gibt, das Wohlstandspotenzial eines Menschen
   auf der Zeitachse zu beschreiben. Die Berechnungen des

spirituellen Geburtsgewichts geben allgemeine Hinweise auf den Wohlstand im Leben. Astrologie und Gesichtslesen können die Phasen im Leben eines jeden Menschen beschreiben, in denen der Reichtum größer ist oder abnimmt. Allein das Gesichtslesen nach den 100 Zeitpunkten ist spannend: Wie ein Horoskop gibt es nicht nur Hinweise auf den Wohlstand, sondern auch auf weitere einschneidende Lebensereignisse.

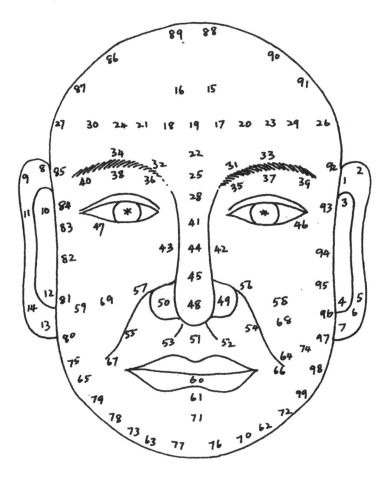

Abb. 3.1: Die 100 Zeitpunkte im Gesicht

TAO-TIPP

Grundsätzlich gilt immer: Wenn Sie dauerhaft ein harmonisches, freundliches und tugendhaftes Verhalten anstreben und sich selbst und der Gesellschaft gegenüber eine großzügige Haltung einnehmen, dann spiegelt der Körper diese innere geistige Haltung wider. Bestimmte Gesichtsmerkmale können sich positiv verändern. Auch ein gepflegtes Äußeres, ein passender Haarschnitt oder gut gerichtete Zähne können Ihren Werdegang günstig beeinflussen.

Die zwölf taoistischen Schlüssel für gesicherten Wohlstand

Viele Mentaltrainer und -experten haben in ihren Büchern und teuren Seminaren beschrieben, wie man zu Wohlstand und Reichtum gelangt. Die meisten Techniken haben, wenn sie getreu befolgt werden, vielen Menschen dabei geholfen, zu Wohlstand und Reichtum zu gelangen. Diese Menschen haben sich aus unserer Sicht mithilfe ihrer mentalen Kraft erfolgreich in das Universelle Tao-Füllebewusstsein eingeklinkt. Manchen Menschen ist es aber nie gelungen, ihren ersehnten Wohlstand zu genießen. Das kann an einem mangelhaften Fokus oder an einem weniger tief greifenden Verständnis der Spiritualität des Geldes liegen. Allerdings konnten auch die meisten »Erfolgreichen« ihren Reichtum ausschließlich mithilfe ihrer Mentalkräfte nie über einen längeren Zeitraum bewahren.

Eigentlich ist es gar nicht schwer, mehr Geld zu verdienen, Karriere zu machen und Erfolge zu erzielen, indem man entsprechend stark fokussiert, plant und in einem Team arbeitet, das zusammenhält. Weitere hochgesteckte Ziele und die Bewahrung des Reichtums sind jedoch das Schwerste. Den klassischen Erfolgs- und Wohlstandslehren fehlen hierzu jedoch einige Schlüssel.

Taoistische Wege zu Wohlstand und Fülle

Sie sollten sich immer vor Augen halten, dass das »Universelle Tao-Einkaufszentrum« im Himmel keinen fixen Wert und kein fixes Preisschild mit den Dingen verbindet, die wir uns wünschen. Das taoistische universelle Gesetz der Fülle manifestiert Dinge und Ereignisse ohne jegliches Preisetikett. Im Grunde genommen besteht kein Unterschied zwischen einem Wunsch nach einem Einzimmerappartment und einem Anwesen mit fünf Schlafzimmern. Es kommt nur darauf an, in welchem Umfang Sie das gewünschte Bewusstsein entstehen lassen können. Deshalb ist es wichtig, dass Sie nicht einfach um etwas bitten, das Ihre Erwartungen auf der Menschenebene übersteigt. Sicherlich haben Sie aber einen großen Traum und tiefen Wunsch, bei dem Sie ein emotionales Engagement und einen starken Fokus verspüren. An diesem Punkt ist es Ihnen möglich, größere Ziele zu akzeptieren und zu erschaffen. Meist ist das erste Ziel am schwierigsten und erfordert mehr Zeit, bis es erreicht wird, denn Sie erschaffen dabei ein neues und beträchtliches Wohlstandsbewusstsein. Wenn Sie aber einmal den Erfolgsfluss erreicht haben, werden Sie erleben, wie Sie dahingleiten.

In der taoistischen Praxis des Füllebewusstseins gibt es zwölf Schlüssel:

1. Selbstanalyse
   Analysieren Sie Ihre aktuellen Fähigkeiten und Kapazitäten in Bezug auf Ihre Arbeit, Ihre Projekte und Ziele. Wie engagiert sind Sie im Bereich Partnerschaft, Finanzen, Bildung,

Beziehungen und Kommunikation? Haben Sie einen Mentor für Ihr Projekt oder Ziel?

Notieren Sie Ihre Stärken und Schwächen und arbeiten Sie an beiden Punkten, um Ihr Projekt oder Ziel schneller zu erreichen. Denken Sie daran, dass Sie immer um Hilfe von außen bitten können und eine oder mehrere Personen Sie in den Bereichen unterstützen können, in denen Sie zusätzliche Hilfe benötigen. Nach dem Naturgesetz braucht jeder erfolgreiche Mensch immer die Hilfe von anderen, um erfolgreich zu sein. Möglicherweise entscheiden Sie auch, ein neues Ziel zu formulieren und mit mehreren Menschen im Team zu arbeiten.

2. Legen Sie Ihr Ziel fest

Notieren Sie Ihr Projekt oder Ziel, das Sie erreichen wollen, und schreiben Sie auch auf, wie dieses Projekt der Menschheit nutzen kann. Es ist in Ordnung, ein größeres oder höheres Ziel zu haben, aber es ist andererseits auch wichtig, in Bezug auf die aktuelle Situation und die Bedingungen realistisch zu sein.

3. Planen Sie die Details

Notieren Sie die genauen Projektdetails, d. h. Budget, Einkommen und Gewinn. Bitten Sie Ihre Familie, gute Freunde und Ihr Team darum, Sie bei Ihrem Ziel zu unterstützen.

4. Erschaffen Sie ein greifbares Bild Ihres Ziels

Stellen Sie Ihr Projekt in seiner endgültig manifestierten Form dar. Das tun Sie am besten in Form eines handgemalten Bildes oder einer Kollage, denn »ein Bild ist mehr wert als tausend Worte«. Um ein Haus, ein Auto oder ein Projekt zu manifestieren, müssen Sie ein Foto oder Bild sichtbar aufstellen, das genau Ihr Auto oder die Details Ihres neuen

Hauses zeigt. Wichtig ist, dass Sie auf diesem Bild ebenfalls zu sehen sind. Stellen Sie sich fröhlich dar, wie Sie Ihre Errungenschaften feiern. Machen Sie sich in dieser Phase keine Sorgen darum, wie das Geld manifestiert wird, denn das Geschenk des universellen Reichtums- und Wohlstandsbewusstseins des Tao kann nicht durch menschliches Geld dargestellt werden. Die Kräfte des Tao manifestieren von Natur aus die Dinge und Ereignisse ungeachtet der Kosten.

5. Täglicher mentaler Fokus und Affirmationen
Um den Manifestationsprozess zu beschleunigen, sollten Sie mindestens dreimal am Tag still in Meditation sitzen und sich vorstellen, wie sich Ihr Traumprojekt bereits erfolgreich manifestiert hat. Bedanken Sie sich dafür, dass es so gut geklappt hat, und nehmen Sie dieses Gefühl der Dankbarkeit genau wahr. Auf diese Weise sorgen Sie dafür, dass sich Ihr Glaubenssystem und sogar Ihr Körper verändern und Sie auch wirklich bereit sind, den Erfolg anzunehmen. Wenn Sie sich ein Haus wünschen, dann sehen Sie sich und Ihre Familie glücklich im neuen Haus. Bleiben Sie übrigens bitte bei den Farben, die Sie sich am Anfang vorstellen, und wechseln Sie sie nicht ständig, denn dann haben Sie keinen einsgerichteten Fokus mehr, was den sanften Energiefluss zum universellen Wohlstands- und Füllebewusstsein des Tao beeinflusst. Kleine Details lassen sich später leicht verändern.
Seien Sie auch für vergangene Erfolge dankbar und pflegen Sie Ihre positiven Erinnerungen an diese Errungenschaften. Danken Sie Ihren Mentoren, die Ihnen dabei geholfen haben, Ihr Ziel zu erreichen.
Dies sind Beispiele für Erfolge im Leben: Führerschein bestanden. Wunderbare Kinder großgezogen. Habe mich selbstständig gemacht.

Wenn Sie an diese größeren Erfolge und an kleinere Erfolge im Alltag denken, dann versetzen Sie Ihr Bewusstsein in einen Erfolgsmodus, über den Sie sich in das Füllebewusstsein des Tao einklinken können, um die Manifestation Ihres gewünschten Zieles weiter zu beschleunigen.

6. **Schaffen Sie eine positive Stimmung nach Rückschlägen**
Jedes Mal wenn ein negativer Gedanke in Bezug auf Ihr Ziel auftaucht, Sie einen negativen Menschen treffen, etwas Negatives erleben oder Ihr Projekt einen Rückschlag erleidet, sollten Sie die positive Energie mit den folgenden Schritten wiederherstellen:

a) Wiederholen Sie die Sätze: »Ich bin so in Ordnung wie ich bin.« »Ich liebe mich bedingungslos.«
(Auf diese Art und Weise stärken Sie Ihr Immunsystem, das durch die Negativität gerade geschwächt worden ist.)

b) »Ich bin dankbar für diese Erfahrung. Sie ist eine Gelegenheit, um positive Veränderungen in meinem Leben noch schneller vorzunehmen.«
(Wandeln Sie die negative Energie in Treibstoff um, der Ihre positive Entwicklung noch weiter beschleunigt.)

c) Sagen Sie mental zu den beteiligten Personen: »Vielen Dank.« »Ich liebe dich, ich liebe dich, ich liebe dich«.
(Senden Sie Ihrer Seele, den betroffenen Personen und dem Ort des Geschehnisses liebevolle Energie.)

d) »Es tut mir leid.«
(… dass ich an diesem Ereignis beteiligt war. Sagen Sie das, auch wenn Sie körperlich nicht involviert waren, denn allein Ihre Anwesenheit ist ein Hinweis darauf, dass Sie damit etwas zu tun haben.)

e) »Danke, danke, danke.«
(Ein Hinweis an das Bewusstsein, das an allem beteiligt ist)

f) Strahlen Sie, lächeln Sie und spüren Sie Ihr inneres Glücksgefühl.
Danach können Sie mit mentalen Bildern das Negativereignis mehrmals in einen positiven Ablauf umwandeln, bis es sich für Sie stimmig anfühlt. Eine Verletzung oder ein Unfall können in einen kleinen Kratzer umgewandelt werden. Schwere Verletzungen oder Tod können in weniger schwere Verletzungen umgewandelt werden.

Denken Sie daran: Energie kann nicht beseitigt oder zerstört, sondern nur umgewandelt werden. Linksdrehende Frequenzen können in positive rechtsdrehende Frequenzen transformiert werden. So können das innere Gleichgewicht und das Immunsystem wiederhergestellt werden, damit Sie mehr Kraft haben, um sich in das Höhere Bewusstsein einzustimmen.

7. Nutzen Sie einen guten Mingtang nach Fengshui
Sie sollten von Ihrer Haustür oder Ihrem Balkon aus freie Sicht und möglichst einen Panoramablick über die Stadt haben (siehe auch S. 42).

8. Nutzen Sie eine starke Rückendeckung nach Fengshui
Die zweitwichtigste Fengshui-Regel lautet: »Stärken Sie Ihren Rücken, denn dadurch erhalten Sie Unterstützung von Menschen und Finanzen.«
Die Rückwand von Haus oder Wohnung sollte möglichst durchgehend sein und möglichst wenige Fenster haben. Hintertüren sollten sich nie genau in der Mitte, sondern diagonal rechts oder links hinten oder an der Seite befinden. Einige unserer Klienten haben auch schon fest entschlossen eine überflüssige Fensteröffnung auf der Rückseite zugemauert oder mit einer Platte zugenagelt und sich danach definitiv stabiler gefühlt und mehr Unterstützung

bei ihren Projekten erhalten. Achten Sie des Weiteren auf die äußere Rückendeckung – hinter dem Gebäude sollte das Grundstück mindestens zwei Meter ansteigen (siehe auch S. 44).

9. Nutzen Sie die Kommandoposition nach Fengshui
   a) Der Arbeitsplatz
   Sitzen Sie an Ihrem Arbeitsplatz so, dass sich die Zimmertür diagonal zu ihrem Schreibtisch befindet. Das Arbeitszimmer sollte sich im hinteren Bereich des Gebäudes befinden und diagonal zur Haupteingangstür liegen. Auf diese Weise haben Sie einen geschützten Sitzplatz mit Blick zur Tür und stärken damit Ihre »Kommandoposition«. Sie werden dadurch auch zum Leiter oder Chef Ihres Lebens und können sich müheloser auf die schnelle Manifestation Ihres Traumprojektes konzentrieren.
   b) Gutes Fengshui im Schlafzimmer
   Ein tiefer, erholsamer Schlaf bringt Ihnen mehr Energie, und dadurch erreichen Sie Ihre Ziele leichter. Sorgen Sie dafür, dass Ihr Bett weder auf einem geopathischen Störfeld noch direkt in einer Linie mit der Schlafzimmertür steht. Im Gegensatz zum Arbeitsplatz sollten Sie vom Bett aus nicht direkt die Tür einsehen können, um gut schlafen zu können.

10. Praktizieren Sie Wasserdrachen-Fengshui
    Wenn Sie unbedingt Millionär oder Milliardär werden wollen, dann sollte sich vor Ihrem Haus oder Büro Wasser befinden. Das kann ein Teich oder ein Brunnen mit klarem, sauberem Wasser sein, der sich im Bereich der Gebäudefront befindet. Damit kommt Ihr Reichtum »ins Fließen«. Eine Fülle von Wasser, die auf das Gebäude zuströmt, ist nach dieser Fengshui-Disziplin die beste Wohlstandsmaß-

nahme und beschleunigt ebenfalls die Manifestation Ihres Projekts.

Wenn Sie nur in den Innenräumen Wasser einsetzen können, dann sollten Sie ganz zentral entweder einen Brunnen oder noch besser ein Aquarium aufstellen. Grundsätzlich sollte das Wasser hier nie in Richtung Eingang, sondern immer zum wichtigsten Arbeitsraum fließen.

Setzen Sie acht bis zwölf Goldfische ins Aquarium ein. Sie gelten in Asien als klassisches Wohlstandssymbol und sind zudem sehr pflegeleicht. Kaufen Sie keine fleischfressenden Fische wie einen Arowana, der in Asien eines der beliebtesten Wohlstandssymbole ist. Dieser Fisch ist sehr teuer und frisst bevorzugt Lebendfutter, was eine negative Aggressionsenergie in Ihrem Haus oder Büro entstehen lässt. Solche Energien können verhindern, dass sich Ihre Traumprojekte manifestieren. Stellen Sie auch nie einen Brunnen oder ein Aquarium im Schlafzimmer aus, da diese die Schlafqualität beeinflussen.

Die zweitbeste Wassermaßnahme in Innenräumen ist ein Brunnen mit Kugelkopf, über den das Wasser in alle Richtungen ausströmt. Auch eine Wasserwand, bei der das Wasser wie bei einem Wasserfall über eine gewellte Oberfläche strömt, ist ein wirksames Hilfsmittel, um den Wohlstand anzuregen. Diese Wasserwand sollte mindestens einen Meter hoch sein und zentral in Haus und Wohnung installiert werden.

11. Erzeugen Sie den »Honig der Anziehung«
Ein weiterer wesentlicher Schritt besteht darin zu lernen, sich bedingungslos zu lieben und dadurch die eigene Herzenergie auszuweiten. Visualisieren Sie, wie Sie glücklich und bereit sind, die Fülle anzunehmen und Ihre Träume zu verwirklichen. Nur die Selbstliebe lässt einen wie eine Blüte wirken, die »Bienen« und damit die Fülle der Natur anzie-

hen kann. Wenn Sie keine oder nur wenig Selbstliebe haben, dann haben Sie auch keinen »Honig«, der andere Menschen anzieht. Selbst wenn Sie mit einem starken mentalen Fokus bereits viel erreichen können, gehen Ihnen die Dinge ohne Selbstliebe leichter verloren. Pflegen Sie ein großes Herz und seien Sie sich selbst gegenüber sowie Ihrer Familie und anderen Menschen gegenüber großzügig. Nur mit positiven Emotionen können Sie die Fülle und eine erfolgreiche Verwirklichung Ihrer Projekte anziehen. Vermeiden Sie Ärger und Aggressionen, denn dies beeinträchtigt Ihre Attraktivität ebenfalls.

12. Konzentrieren Sie sich auf das Jetzt

Lassen Sie Ihren Fokus auf dem jetzigen Augenblick ruhen. Dann gehen Sie die Dinge so an, als hätten Sie bereits Ihren gewünschten Erfolg erreicht. Vermeiden Sie es, zu lange über Vergangenes nachzudenken. Seien Sie sich dessen bewusst, dass Ihnen negative Erlebnisse zu Lebenserfahrung und Weisheit im Jetzt verholfen haben. Die Vergangenheit kann nicht mehr geändert werden. Dann entspannen Sie einfach und lassen Ihre Gedanken frei schweifen, um positive Schwingungen aufnehmen zu können. Wenn Sie loslassen, bewegen sich Ihr Göttliches Ich und das Göttliche der Natur zum Füllebewusstsein des Tao, das die Sendestation für die Manifestation Ihres Projekts ist.

Konzentrieren Sie sich nochmals verstärkt auf das Jetzt und sagen Sie: »Ich bin jetzt bereit, das Füllebewusstsein der Natur zu einem Bestandteil meines Lebens zu machen, und erlebe Liebe, Freude und Spaß dabei.« Dann entspannen Sie wieder und lassen das Geschenk der Natur und des Tao auf sich zukommen.

TAO-TIPP

Wenn Sie Ihr Ziel schließlich erreicht haben, dann denken Sie immer daran, dass Sie Ihre Fülle feiern und teilen sollten. In vielen Traditionen ist es üblich, zehn Prozent des Wohlstandes für wohltätige Zwecke zu spenden. Sie haben die Wahl, wen Sie unterstützen möchten – ob Waisenkinder, Schulkinder, Tierheime oder Wiederaufforstungsprojekte. Auf diese Art und Weise können auch andere an Ihrem Erfolg teilhaben und vermehren dadurch das Fülle- und Wohlstandsbewusstsein weiter. Erinnern Sie sich immer wieder an das Bild des Baumes, der eine unermessliche Anzahl von Früchten trägt, die von allen geerntet werden können. Gleichmäßig verteilter Wohlstand kann damit auch zum Weltfrieden beitragen.

KAPITEL 4

Taoistische Geheimnisse des langen Lebens

Es gibt nichts Schöneres in dieser Welt als einen gesunden, weisen alten Menschen.

LAOZI

Die Wege der Taoisten

Die taoistische Lebenspraxis begann vor mehr als einer halben Million Jahren am Ufer des Gelben Flusses im Nordosten von China. Sie ähnelte in ihren Anfängen den schamanischen Praktiken der Eingeborenenkulturen mit dem Ziel, Praktiken mit Struktur zu erschaffen, um die Lebensweise zu verbessern und den Umweltbedingungen und feindlichen Einflüssen besser die Stirn bieten zu können.

Die Taoisten studierten eingehend die Gesetze und Rhythmen der Natur, lernten Pflanzen als Heilmittel einzusetzen und sich landwirtschaftlich zu betätigen. Mit vor Ort verfügbaren Materialien bauten sie passende Unterkünfte, um sich vor extremen Wetterbedingungen zu schützen, und erfanden die Herstellung von Kleidung aus Pflanzenfasern und Seide. Darüber hinaus erfanden sie viele Dinge, die noch heute im modernen Leben Verwendung finden wie das Rad, den Kompass, Bücher, das binäre Prinzip, das heute die Grundlage für die Computerfunktion bildet usw.

Das Rad wurde im alten China vor etwa dreitausend Jahren erfunden. Es heißt, dass ein taoistischer Meister einige Hundert Menschen dabei beobachtete, wie sie die schweren Haushaltsgegenstände des chinesischen Königs transportierten. Er überlegte, ob es nicht einen besseren Weg gab, um die schweren Dinge von einem Ort zum anderen zu bewegen. In diesem Augenblick fiel eine runde Frucht von einem Baum und rollte an ihm vorbei den Hügel hinab. Davon inspiriert erfand er das erste rudimentäre Rad und den ersten Schubkarren.

Die taoistische Lebensphilosophie legt den Menschen nahe, in Harmonie mit der Natur zu leben und Wege zu finden, wie man das Wissen und die Weisheit der Natur einsetzt, um sich vor ihren Unwägbarkeiten und Extremen zu schützen. Es geht darum, von der Natur zu lernen und Wege zu finden, Veränderungen vorzunehmen, um die Lebensqualität zu verbessern und ein gesundes, glückliches und langes Leben zu führen. Der Taoist versucht immer, die einfachen Grundmechanismen der Natur zu entdecken und umzusetzen, damit alle Menschen harmonisch wirken können und der Natur und Umwelt den geringstmöglichen Schaden zuzufügen.

Die Natur verändern und Harmonie schaffen

Die alten taoistischen Meister experimentierten, um zu beweisen, dass nur der Mensch mithilfe seines Verstands und des fokussierten Atems die acht natürlichen Zyklen von der Geburt bis zum Tod verändern konnte: Kindheit, Jugend, Erwachsenenalter, Fortpflanzung, Alter, Tod sowie Reinkarnation und Wiedergeburt.

Sie waren beispielsweise in der Lage, das Leben eines 5.000 Jahre alten Baumes zu verlängern, indem sie ihn mit einem jungen Baum veredelten. Dadurch konnte der alte Baum die Essenz und Vitalität des jungen Baumes nutzen, sich regenerieren und Hunderte oder Tausende von Jahren alt werden. Wir Menschen haben eine höhere Gehirn- und Kreativitätskraft und können daher umso mehr Einfluss auf unser Leben und unsere Lebensspanne nehmen. Wenn wir uns immer wieder aus dem modernen hektischen Leben zurückziehen, intensiv meditieren und unseren Atem besser kontrollieren, dann können sich unsere Organe und Körperzellen durch die regelmäßige Reaktivierung der Zirbeldrüse und des Sakrums regenerieren, um mehr Stammzellen zu produzieren, um alternde Zellen zu ersetzen und die Lebensspanne der Zellen allgemein zu verlängern. In alten Zeiten war es für die in den Bergen lebenden Tao-Meister üblich, ein Lebensalter von 250 bis 500 Jahren zu erreichen.

Die Samen des langen Lebens

Man geht im Allgemeinen davon aus, dass Menschen, die das Glück haben, in Industrieländern mit guter Gesundheits- und Kinderversorgung, einem guten Bildungssystem und in Harmonie lebenden Eltern aufzuwachsen, ein längeres und gesünderes Leben führen können als Menschen, die diese Vorteile nicht haben. Die Schulmedizin hat nun auch akzeptiert, dass die Lebensspanne unserer Eltern und deren Dispositionen für Krankheiten sich ebenfalls auf unsere Gesundheit und Lebensdauer auswirken.

Es gibt aber auch noch ein »Gen für ein langes Leben«, das weitgehend unbekannt ist. Die taoistischen Meister bezeichneten es als »natürliches spirituelles Samen-Qi für ein langes Leben«. Es sind die »Meistersamen« für jede Spezies. Nach dem

Naturgesetz des Tao werden etwa drei Prozent einer höheren Spezies mit höherwertigen Kerngenen und einer stärkeren Konstitution geboren. Diese wenigen, die über höhere Qualitäten verfügen, sind in der Lage, das Überleben der Spezies zu sichern, selbst wenn sie harten, naturbedingten oder von Menschen erzeugten Umweltbedingungen ausgesetzt sind. Wie kann man diese Menschen in einer Gesellschaft aufspüren?

Wenn wir die Natur beobachten und verstehen, dann sind nur die Pflanzen, Tiere und Menschen mit höherwertigen spirituellen Qi-Genen und körperlichen Eigenschaften in der Lage, schwierigste Bedingungen zu überleben. Die meisten Menschen mit diesen Genen finden wir in der modernen Welt unter den Olympiateilnehmern und anderen Hochleistungssportlern. Aufgrund dieses extrem anstrengenden Trainings kann sich bei diesen Olympiasportlern jedoch die Lebensspanne verkürzen, weil sich das spirituelle Kern-Qi ihrer Zellen erschöpft, das für ein langes Leben verantwortlich ist. Trotzdem haben alle diese Medaillengewinner der obersten Riege eine größere Anzahl an Langlebensgenen als der normale Mensch, nämlich dreieinhalb sogenannte ZYZA-Gene.

Diese Gene spielen auch eine große Rolle bei Hundertjährigen, die wie die Topsportler ebenfalls drei bis dreieinhalb Langlebensgene haben. Das kann nicht nur gentechnisch, sondern auch mithilfe der kineorhythmischen Pulsdiagnose und der angewandten Kinesiologie nachgewiesen werden.

In alten taoistischen Texten wird beispielsweise darüber berichtet, dass taoistische Meister in den hohen Bergen der chinesischen Provinz Sichuan 150 bis 250 Jahre alt wurden. Abraham soll über 900 Jahre und Moses über 500 Jahre lang gelebt haben. Diese alten Patriarchen hatten wahrscheinlich mindestens sechs ZYZA-Gene.

Wir gehen davon aus, dass ein Mensch bis zu zwölf solcher ZYZA-Gene haben kann, Bäume sogar bis zu 24. Ein berühmter alter Ginkgobaum in Südchina ist etwa 5.000 Jahre alt und besitzt 22 dieser Gene, über die eine schnellere Zellregeneration und Stammzellenproduktion erfolgen, die geschwächte, kranke und abgestorbene Zellen so rasch ersetzen können, dass der Körper praktisch ewig lebt.

Die Qigong-Atmung

Die alten taoistischen Meister haben erkannt, dass wir unseren Langlebensfaktor durch eine konzentrierte Qigong-Atmung verändern können, bei der die Atmung über die Zirbeldrüse und das Sakrum stattfindet. Auf diese Art und Weise findet eine schnellere Zellregeneration statt. Außerdem legen die Taoisten auf eine entsprechende Ernährung Wert (siehe auch S. 100). Auf den fortgeschrittenen Stufen dieser Praxis kann man sich sogar ausschließlich von Qi oder Prana ernähren, weil man in der Lage ist, die hochvitalen feinstofflichen Nährstoffe der frischen und lebendigen Wald- und Bergluft direkt zu entnehmen. Diese Art von Qi- oder Pranaernährung funktioniert jedoch langfristig nur, wenn der Mensch nicht vom Stress des modernen Lebens betroffen ist.

Wie die ältesten Menschen leben

Die ältesten Menschen der heutigen Zeit leben im Hunzatal in Nordpakistan. Hier ist es normal, Dorfbewohner zu treffen, die 90 oder 100 Jahre alt sind und unter sehr einfachen Bedingungen leben. Die lange Lebensspanne schreibt man der frischen Bergluft, der Vollkornernährung und der Ziegenmilch zu. Diese Menschen arbeiten über 300 Tage im Jahr auf dem Feld oder im Haushalt, gehen nie in den Ruhestand und bleiben dadurch auch körperlich fit. Sie sind bis zum letzten Atemzug aktiv.

Die Bürger der modernen reichen Entwicklungsländer mit einer durchschnittlich längeren Lebenserwartung sind die Japaner auf Okinawa. Hier geht man davon aus, dass der Konsum von Meeresfrüchten, Sojaprodukten und sehr viel täglicher körperlicher Aktivität lebensverlängernd wirkt. Auch diese Menschen kennen keinen Ruhestand, vielmehr werden die Arbeitszeiten dem Alter entsprechend angepasst.

Die älteste Europäerin war eine Französin, die 2007 mit 134 Jahren starb. 1997 wurde in China nach den zehn ältesten Menschen gesucht. Bemerkenswert war ein Mann namens Ehmed, der behauptete, 147 Jahre alt zu sein, allerdings keine Geburtsurkunde nachweisen konnte und deshalb auch nicht in das Guinness-Buch der Rekorde kam. Ehmed hatte angeblich 54 Frauen und über 1000 Kinder und Enkel, die entlang der Seidenstraße von Peking nach Pakistan lebten. Er war ein Händler gewesen, der ständig auf der Seidenstraße unterwegs war und kommentierte, dass er 500 Jahre alt werden müsse, um für alle seine Kinder und Enkel zu sorgen.

Moderne Hundertjährige schreiben ihr langes Leben einem aktiven Lebensstil im eigenen Zuhause sowie zahlreichen sozialen Kontakten zu. Wenn es ihnen körperlich möglich ist, nehmen sie möglichst wenig Hilfe von außen in Anspruch. Oft erledigen sie die Hausarbeiten ohne Maschineneinsatz. Sie essen moderat, sehen die Dinge bodenständig und nehmen das Leben leicht, ohne sich über die laufenden Ereignisse groß zu sorgen, wodurch viel weniger Stress entsteht. Was die Ernährung angeht, so hilft eine gemäßigte Ernährung mit vielen Ballaststoffen und Antioxidantien, Alterserkrankungen zu vermeiden. Übrigens leben Laborratten, die nur die Hälfte der normalen Tagesration zu fressen kriegen, nachweislich doppelt so lange. Auch der Taoist sagt: »Fülle deinen Magen zu zwei Dritteln, und dein Geist wird klar sein.«

Die taoistische Praxis
für ein langes Leben

Die moderne Wissenschaft bestätigt in vielerlei Hinsicht die alte Sichtweise der Taoisten. Ein geistig und körperlich aktives Leben mit einfacher, ballaststoffreicher Ernährung, Ruhepausen, heiterer Gelassenheit und wenig emotionalem Aufruhr ist erstrebenswert. Die taoistischen Meister betonten auch, wie wichtig es ist, eine saubere Umwelt mit viel frischer Luft sowie einen Aufenthaltsort zu haben, der nicht durch geopathische Störfelder belastet ist (siehe auch S. 50). Dieser letzte Faktor gehört seit Tausenden von Jahren zur taoistischen Disziplin des Fengshui und der geomantischen Landrevitalisierung.

Für unsere taoistische Praxis des langen Lebens haben wir sechs Schlüsselfaktoren zusammengestellt:

1. Umwelt und Bekleidung
2. Qigong-Poweratmung
3. Ernährung
4. Körperliche Aktivität
5. Meditation
6. Geistige Kräfte

1. Umwelt und Bekleidung

Hierzu gehört die Praxis des Qi-Mag-Fengshui. Wohnhaus und Arbeitsplatz sollten ausreichend Schutz vor den Naturelementen bieten. In allen Räumen sollte die Frischluft gleichmäßig zirkulieren können. Lärm-, Strom-, Funk- und Geopathiebelastungen sollten so geringfügig wie möglich ausfallen. Gute Luft und harmonische Frequenzen in der Luft in unseren Privat- und

Arbeitsräumen sowie draußen im Freien sind ein wesentlicher Faktor. Die Luft, die über elektrisch betriebene Klimaanlagen eingespeist wird, ist einem langen Leben nicht förderlich, da sie mit Elektrosmog und Keimen belastet ist.

Neben dem Gebäude als äußerer Hülle haben wir die Kleidung, die unserem Körper am nächsten ist. Sie sollte aus Naturfasern gefertigt sein, denn Kleidung aus synthetischen Fasern führt zu elektrostatischer Aufladung, was das Energiefeld des Körpers beeinträchtigt. Außerdem hat sie eine ungesunde Schwingungsenergie und behindert die natürliche Atmung des Körpers. Die Alltagskleidung sollte außerdem nicht zu tief ausgeschnitten sein, damit der Bereich des Brustbeins, hinter dem sich die Thymusdrüse befindet, sowie der Nackenbereich ausreichend warm gehalten und geschützt werden. Die Thymusdrüse sowie ein wichtiger Akupunkturpunkt im Halswirbelbereich sind für ein starkes Immunsystem verantwortlich.

2. Qigong-Poweratmung

Alle Lebewesen, ob Mensch, Tier oder Pflanze, benötigen Sauerstoff zur Zelloxidation, um Vitalenergie zu erzeugen sowie den Zellstoffwechsel und den Lymphfluss aufrechtzuerhalten.

Vor einigen Millionen Jahren war die Erde von großen Bäumen und Riesenpflanzen bedeckt, die zu einem höheren Luftsauerstoffgehalt von über 20 % beitrugen, der bei allen Lebewesen ein schnelleres Wachstum förderte. Daher hat es in früheren Zeiten wohl auch Riesenmenschen gegeben, die wahrscheinlich bis zu drei Meter groß waren. Ein Beleg dafür kann das zwei Meter lange Schwert sein, das in China gefunden wurde.

Im Laufe der Zeit wurde der Großteil des unberührten Urwalds zerstört und die heutige Luft hat nur noch einen Sauerstoffgehalt von etwa 4 %. In den überbevölkerten Großstädten mit ihrem starken Verkehr und ihren Industrieanlagen beträgt der Sauerstoffgehalt nur noch 3 % oder sogar noch weniger. Daher haben viele Großstadtmenschen eine geringere Lebensspanne und häufiger Atemwegserkrankungen.

Die alte taoistische Praxis des Qigong

Die alten chinesischen Meister, die in den Bergen lebten, entdeckten die Praxis des Qigong, mit der sie ihren Körper selbst in den eisigen Temperaturen des Hochgebirges warm halten konnten. Die späteren Shaolin-Mönche praktizierten übrigens sehr ähnliche Methoden. Zum Qigong gehört eine Poweratmung, bei der langsam und tief in den Bauch geatmet wird. Diese Bauchatmung gleicht der eines Babys und regelt auch die Körpertemperatur. Auf diese Weise kann der Körper mehr Sauerstoff aufnehmen, den Stoffwechsel regulieren und sich gleichzeitig an die wechselnden Jahreszeiten anpassen. Insgesamt gibt es weltweit mehr als 50 verschiedene Arten der Qigong-Praxis.

Atmen wie ein Baby

Die östliche wie auch die westliche Medizin weiß, dass ein Mangel an Sauerstoff und Frischluft zur Organ- und Zelldegeneration und damit zu Erkrankungen führt. Wir sollten alle wieder wie die Babys atmen – verstärkt in den Bauch, denn nur deshalb können sie innerhalb der ersten zwei Jahre so schnell wachsen.

Babys, die bei Geburt nur langsam atmen, laufen blau an. Erst wenn die Atmung gleichmäßig erfolgt, bekommen sie ihren natürlichen rosigen Teint. Diese rosige Energie in der Aura ist selbst bei dunkelhäutigen Babys wahrnehmbar.

Wenn Kinder nicht mehr in den Bauch, sondern nur noch flach in die Brust atmen, verzögert sich ihr Wachstum und sie werden häufiger krank. Um die Bauchatmung nicht einzuschränken, sollte man deshalb darauf achten, dass die Kinder keine zu engen Hosen tragen.

Die Qi-Ernährung über die Atemluft

Die alten Taoisten entwickelten auch verschiedene Atemübungen, mit denen sie den Zellstoffwechsel und den Energiebedarf des Körpers verlangsamen und verstärkt Nährstoffe und Wasserdampf über die Luft aufnehmen konnten. Auf diese Art und Weise waren sie nicht mehr auf regelmäßige Mahlzeiten oder Getränke angewiesen, die normalerweise den Verdauungstrakt sehr stark belasten können. Viele Taoisten, die fernab der Städte lebten, ernährten sich deshalb nur noch von Qi und meditierten, weshalb sie mehrere Hundert Jahre alt werden konnten.

Man geht davon aus, dass über 70 % der aufgenommenen Nahrungsenergie eingesetzt werden muss, um die Leistung des Verdauungstraktes aufrechtzuerhalten. Moderne Wissenschaftler glauben allerdings nicht an die Nährstoff- und Wasseraufnahme über die Luft. Es gibt jedoch eine Australierin namens Jasmuheen, die bereits seit mehr als 25 Jahren ohne Nahrungsaufnahme lebt und auch ihr Buch *Lichtnahrung* darüber geschrieben hat. Nach ihren Angaben ist ein 21-Tage-Prozess erforderlich, um sich auf die Pranaernährung einzustellen.

Eine gute Freundin und Heilpraktikerin von uns hatte sich mit den Informationen von Jasmuheen befasst und eine Umstellung auf die Pranaernährung beschlossen, die ihr dauerhaft gelungen ist. Auch mithilfe von Qigong-Techniken kann der Praktizierende die Bewegung der Vitalenergie im Körper steuern und damit die Zellgewebe stärken, um die Selbstheilungskräfte anzuregen.

Mehr Sauerstoff

Die erste Voraussetzung für ein langes Leben ist die Aufnahme von mindestens doppelt so viel Sauerstoff, was einem Sauerstoffgehalt der Luft von 8–10 % entsprechen würde. Wenn wir tiefer atmen und mehr Sauerstoff aufnehmen können, füllen sich auch die beiden Lungenflügel vollständig mit Luft und die Zellen können mehr Sauerstoff aufnehmen. Es ist nicht überraschend, dass der Sauerstoffgehalt in unseren Körperzellen mit der richtigen Atmung 40 bis 60 Prozent betragen kann. Das bedeutet mehr Vitalität und Regenerationskraft für die Zellen. Wenn wir darüber hinaus immer wieder für Entspannung sorgen und im Großen und Ganzen glückliche Lebensumstände genießen, dann ist es sicherlich möglich, 150 bis 200 Jahre lang zu leben.

Anleitung für die Qi-Mag-Qigong-Poweratmung

VORBEREITUNG

Die erste Stufe der Qi-Mag-Qigong-Poweratmung besteht darin, die Bauchatmung eines Babys zu praktizieren. Qi-Mag steht dabei für die magnetisierte Qi-Lebenskraft.

Das ist leichter gesagt als getan. Wir haben festgestellt, dass bei den Menschen im Westen als auch in der modernen asiatischen Gesellschaft die Kleidung im Bauchbereich meist zu eng ist und durch Gürtel noch weiter eingeschränkt wird. Hinzu kommen ein stressiges Leben und Umweltbelastungen, weshalb viele Menschen ihre Atmung reduzieren und nur noch flach in den oberen Lungenbereich atmen. Die dritte Ursache sind negative Emotionen.

Wenn jemand ständig wütend, unglücklich oder depressiv ist, verspannt sich das Zwerchfell und schränkt die Tiefenatmung ein. Gerade bei Menschen, die sofort aufbrausen, ist die emotionale und dadurch auch die körperliche Blockade sehr groß.

Ist das Zwerchfell verspannt, wandert es nach oben und schränkt die Lungenkapazität um ein Drittel ein, was zu einem chronischen Sauerstoffmangel führt. Wenn ein Mensch unter schweren Gesundheitsproblemen wie Herzbeschwerden, Diabetes, Impotenz, chronischer Müdigkeit, Krebs oder Aids leidet, dann hat er auch ein verspanntes Zwerchfell. Die Frage, die sich hier stellt, lautet: Wie kann man das Zwerchfell wieder lockern, um besser atmen zu können?

DAS ZWERCHFELL ENTBLOCKEN

Der erste Schritt besteht darin, im Stehen tief einzuatmen und dann den kräftigen Zischlaut »Qi-Qi-Qi-Qi-Qi« ertönen zu lassen, wodurch das Zwerchfell wieder mehr nach unten sinkt. Danach sollte man freier und tiefer atmen können. Atmen Sie nun nach unten bis zum zentralen Qi-Energiepunkt, der sich zwei Fingerbreit unterhalb des Bauchnabels im Körperinneren befindet und *Dantian* (»Zinnoberfeld«) genannt wird. Legen Sie Ihren Finger auf den Dantian-Punkt, um den Atem noch konzentrierter in diesen Bereich lenken zu können. Wiederholen Sie den »Qi-Qi-Qi-Qi-Qi«-Zischlaut noch einige Male, um das Zwerchfell noch nachhaltiger zu lockern.

Praktizieren Sie die Zwerchfelllockerung in den nächsten Tagen mehrmals täglich. Wiederholen Sie diese Technik auch immer dann, wenn Sie unglücklich, aggressiv oder deprimiert sind, denn durch diese Emotionen könnte sich das Zwerchfell erneut verspannen. Eine gedrückte Stimmung nährt eigentlich einen »Todeswunsch«: Der Mensch würde am liebsten aufhören zu atmen. Daher ziehen sich die Zwerchfellmuskeln zusammen und behindern die Atmung.

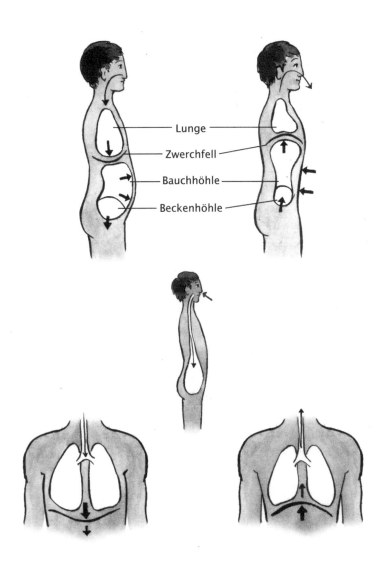

Lunge

Zwerchfell

Bauchhöhle

Beckenhöhle

Abb.4.1: Der Ablauf der Poweratmung

DAS QI-MAG-QIGONG-POWERATMUNGS-RITUAL

Praktizieren Sie diese Atmung wie folgt:

1. Legen Sie sich hin und lockern Sie gegebenenfalls den Gürtel oder öffnen Sie den Hosenknopf.

2. Atmen Sie langsam und tief ein und halten Sie Ihren Atem einige Sekunden lang an. Dann machen Sie den Zischlaut »Qi-Qi-Qi-Qi-Qi« und bringen damit Ihr Zwerchfell weiter nach unten.

3. Jetzt können Sie freier atmen. Beim langsamen und tiefen Einatmen spüren und sehen Sie, wie sich Ihre Bauchdecke langsam hebt. Beim langsamen Ausatmen senkt sich die Bauchdecke wieder.
Falls sich beim Atmen der obere Brustbereich hebt, bedeutet das, dass Ihr Zwerchfell weiterhin verspannt ist und die Atmung immer noch einen Defekt hat. Lockern und senken Sie dann mit dem Laut »Qi-Qi-Qi« erneut einige Male Ihr Zwerchfell. Wenn sich beim Atmen die Bauchdecke mitbewegt, ist das die richtige »Babyatmung«, bei der sich die Lungenflügel komplett mit Luft füllen.

4. Praktizieren Sie nun die 6-6-5-Poweratmung wie eine Meditation. Atmen Sie langsam und tief ein und zählen Sie dabei bis 6. Atmen Sie danach tief aus und zählen Sie dabei bis 6. Schließlich halten Sie die Luft an und zählen bis 5. Atmen Sie 10 bis 20 Minuten lang auf diese Art und Weise, am besten frühmorgens nach dem Aufwachen. Bei dieser 6-6-5-Poweratmung können Ihre Körperzellen doppelt so viel Sauerstoff aufnehmen. Auf diese Art und Weise sind Sie entspannter und können Stress reduzieren.

5. Wenn Sie diese Poweratmung praktizieren, stellen Sie Ihren Körper langsam von einer ungesunden flachen Brustatmung auf eine gesunde Bauchatmung um und sichern sich dadurch körperliche wie emotionale Ausgewogenheit.

Anmerkung: Es gibt viele Lehrer, die die sogenannte 4-6-4-Atmung unterrichten. Bei dieser Atmung zählt man beim Einatmen bis 4, hält die Luft an und zählt bis 6 und zählt dann beim Ausatmen wiederum bis 4. Wir haben jedoch festgestellt, dass der Körper bei dieser Atemtechnik weniger Sauerstoff aufnimmt. Natürlich gibt es noch zahlreiche weitere Atemmethoden, die weltweit gelehrt werden. Unserer Meinung nach gilt: Je mehr die Atemtechnik der natürlichen Atmung ähnelt, desto wirkungsvoller ist sie.

Die langsame Atmung

Wenn es einem Menschen leichtfällt, auf 6-6-5 oder sogar 6-6-15 zu atmen, also lange Atempausen zu machen, dann ist das ein Zeichen, dass seine Atemwege und Lungenzellen entspannt sind und viel Sauerstoff aufnehmen können. Genau das ist die richtige Atmung für ein langes Leben.

Im Gegensatz dazu atmen Schwerkranke viel angestrengter, flacher und schneller, was eine starke Belastung für Herz und Lunge bedeutet. Patienten auf der Intensiv- oder Krebsstation atmen schneller und schwerer, weil der Körper versucht, mehr Sauerstoff aufzunehmen, um gegen die Erkrankung anzukämpfen und die giftstoffbeladenen Zellen und das Blut zu reinigen. Diese Menschen machen normalerweise 20 bis 25 Atemzüge pro Minute, wobei das Einatmen und Ausatmen als ein Atemzug gerechnet werden.

Würde ein Atemtherapeut oder Arzt diesen Schwerkranken helfen, die Atmung zu verlangsamen und dabei gleichzeitig tiefer in den Bauch zu atmen, dann könnte der Stress im Brust-

und Lungenbereich sowie der Adrenalinausstoß der Nieren beträchtlich reduziert werden. Dadurch könnten das Immunsystem und die Selbstheilungskräfte angeregt und der Allgemeinzustand verbessert werden.

Je langsamer und tiefer man atmet, desto mehr kann man seine Lebensspanne verlängern. Wer nur zwischen fünf- und siebenmal in der Minute atmet, kann ein Alter von 100–120 Jahren erreichen. Wer langsam drei- bis viermal in der Minute atmet, kann eine Lebensdauer von 120–150 Jahren erreichen. Es ist bekannt, dass die Bergschildkröten in China sogar über 1000 Jahre alt werden. Diese Schildkröten werden über 1,5 Meter lang und atmen nur zwei- bis dreimal pro Minute die frische kühle und nährstoffreiche Luft der Urwälder ein. Im Gegensatz dazu atmen Hunde sehr schnell; sie leben bekanntermaßen auch nur 12 bis 15 Jahre.

Eigentlich sollte eine langsame und tiefe Bauchatmung Ihr normales tägliches Atemmuster sein. Wenn Sie 15–30 Minuten lang bewusst die 6-6-15-Qi-Mag-Qigong-Poweratmung praktizieren, dann befinden Sie sich auf einem guten Weg zu einem hohen Alter mit weniger Schmerzen.

3. Nahrung ist Ihre tägliche Medizin

Ein weiterer wichtiger Tao-Faktor für ein langes Leben ist eine ausgewogene Nährstoffaufnahme. Auch hier im Westen gilt die alte Philosophie: »Du bist, was du isst.« Essen und Verdauung sind grundlegende Körperfunktionen und unterstützen die Gesundheit und Selbstheilung des Körpers. Daher sollte die Ernährung als »Präventivmedizin« eingesetzt werden, damit Körper und Geist effektiv funktionieren und gegen widrige Umweltbedingungen und extreme Temperaturen oder Temperaturschwankungen geschützt sind.

Dabei ist es wichtig, sich nie satt zu essen, sondern mit dem Essen aufzuhören, wenn der Magen zu zwei Dritteln gefüllt ist. Ist die Nahrung naturbelassen, dann enthält sie auch ausreichend Ballaststoffe und regt die Verdauung und Ausscheidung an. Es ist grundsätzlich besser, mehrere kleinere Mahlzeiten als ein oder zwei große Mahlzeiten zu sich zu nehmen, die nur das Verdauungssystem und damit den Geist belasten würden und zu Schweregefühlen und Zerstreutheit führen. Gerade bei älteren Menschen ist die Verdauungskraft so stark geschwächt, dass nur etwa die Hälfte einer großen Mahlzeit verdaut wird. Die andere Hälfte wird nur langsam verdaut, beginnt zu gären und verursacht Probleme wie eine hohe Toxizität im Körper. Menschen, die unter diesem Problem leiden, sollten weniger essen und länger kauen.

Das Yin und Yang der Ernährung

Bei der taoistischen Ernährung werden Nahrungsmittel als Yin, Yang oder neutral eingestuft. Sie können der Konstitution eines Menschen und dem Klima entsprechend ausgewählt werden, um einem eventuellen Ungleichgewicht gegenzusteuern. Das Grundprinzip ist sehr einfach: Wenn es beispielsweise sehr kalt ist, dann ist eine wärmende (Yang) Suppe für den Körper förderlicher. Andererseits sollten bei heißem Wetter kühlende (Yin) Speisen wie Salat, Gurken oder Melonen konsumiert werden, um die Hitzereaktion des Körpers auszugleichen.

Hat ein Mensch mehr Kälteenergie (Yin) im Körper und zusätzlich eine zarte Konstitution, dann kann er schnell unter einer Erkältung, Infektion oder Nährstoffmangel leiden. Zum Ausgleich werden wärmende, gewürzte und reichhaltigere Speisen empfohlen. Wenn eine starke Hitze im Körper vorhanden ist und der Mensch unter Fieber, einer Halsentzündung oder trockenem Husten leidet, dann sollte er Speisen mit kühlender Yin-Energie bevorzugen.

Im Allgemeinen ist es nicht empfehlenswert, vor allem nicht in der kalten Jahreszeit, sehr viele kühlende Yin-Nahrungsmittel zu sich zu nehmen. Sie verstärken das Yin-Syndrom im Körper noch weiter und führen zu kalten Füßen, Händen und einem kalten Körper. Im Sommer ist es übrigens nicht ratsam, Gegrilltes und Gebratenes zu konsumieren, weil diese Speisen die Hitzesymptome im Körper verstärken. Wenn Sie ein fröhliches Grillfest feiern, sollten Sie zusätzlich kühlende Speisen wie Gurkensalat oder Melone essen.

Kraftsuppen

In Asien ist es Tradition, Kraftsuppen zuzubereiten, die auf niedriger Flamme und über viele Stunden hinweg geköchelt werden. Diese langsam vor sich hinbrodelnde Suppe enthält auch homöopathische Essenzen der Zutaten und ist leicht verdaulich. Die berühmte Hühnersuppe für die Seele macht wirklich Sinn, denn sie wirkt stärkend. Das in ihr enthaltene Zink ist zudem ein hervorragender Schutz bei Erkältungen. Falls Sie beim nachfolgenden Rezept Knoblauch und Zwiebeln weglassen möchten, sollten Sie aber unbedingt eine großzügige Menge an Ingwer zufügen, da diese Wurzel die Verdauungskräfte unterstützt.

TAO-TIPP

REZEPT FÜR EINE STÄRKENDE HÜHNERSUPPE
Ein großer und ein kleinerer Topf werden ineinandergestellt und der große Topf knapp zu einem Drittel mit Wasser gefüllt. Geben Sie klein geschnittenes Hühnerfleisch (auch mit Knochen), etwas Knoblauch, Zwiebeln, Ingwer, Kohl und Reis in den inneren Topf und gießen Sie die Zutaten mit Wasser auf. Wenn vorhanden können Sie noch

etwas Ginseng- oder Tianchi-Wurzel dazugeben. Die Töpfe werden mit Deckeln verschlossen und der Inhalt langsam auf sehr niedriger Flamme mindestens zwei bis drei Stunden lang geköchelt.

Diese Hühnersuppe ist nicht nur bei einer schwachen Konstitution und bei Erkältungen hilfreich, sondern auch für Kranke oder Operierte empfehlenswert, die möglichst wenig Ballaststoffe verzehren sollten, um den Verdauungstrakt zu entlasten. Gießen Sie die Suppe dazu durch ein grobes Sieb und servieren Sie nur die Brühe. Die Brühe wird in kleinen Schlucken genossen, die man langsam im Mund zergehen lässt.

Essen Sie saisonale Lebensmittel

Kaufen Sie die Nahrungsmittel, die gerade Saison haben, denn zu ihrer entsprechenden Jahreszeit und Reifezeit haben die Pflanzen die stärkste Heilkraft. Bevorzugen Sie vor allem Nahrungsmittel, die aus dem Umkreis Ihres Wohnortes stammen und ähnlichen Wetter- und Umweltbedingungen ausgesetzt sind. Sie enthalten die passendsten Nährstoffe und können Ihr Immunsystem am besten stärken. Nahrungsmittel aus dem Ausland mit ganz anderen Wetter- und Umweltbedingungen haben nur die halbe Wirkung.

Hier einige Beispiele für saisonales Obst und Gemüse: Im Frühling, wenn es noch kalt ist, gibt es wärmenden Bärlauch und Knoblauch. Spargel ist ebenfalls ein Frühlingsgemüse und sollte häufig gegessen werden, denn er hilft, Nieren- und Blasengrieß auszuleiten, der sich in der kalten Jahreszeit durch den Bewegungsmangel im Körper angesammelt hat. Dadurch wird verhindert, dass sich langfristig Nieren- und Blasensteine bilden, die operiert werden müssten.

Wie sollte gekocht werden?

Feuerholz, Holzkohle und Gas sind optimale Brennstoffe, denn das gekochte Essen besitzt mehr Vitalität. Stromherde und Mikrowellen erzeugen eine unerwünschte Strahlung und zerstören die feinstoffliche Essenz des Essens, was es dann auch schwerer verdaulich macht.

Man hat Experimente durchgeführt, bei denen Samen zum Quellen in verschiedene Arten von Wasser gelegt wurden. Das Wasser wurde jeweils auf dem Feuer, dem Gasherd, dem Elektroherd und in der Mikrowelle erhitzt und dann wieder abgekühlt. Am schnellsten keimten die Samen im Wasser, das über dem Feuer und auf dem Gasherd erhitzt worden war. Die anderen Samen keimten erst Tage später. Wenn Sie gesundheitliche Probleme haben, empfehlen wir Ihnen, keinen Elektroherd und vor allem keine Mikrowelle zu benutzen.

Das Schneiden von Obst und Gemüse

Früchte und Gemüse sollten nach harmonischen Gesichtspunkten zerlegt werden, um die Nährstoffe optimal zu erhalten und Toxine zu vermeiden. Grundsätzlich haben Früchte und Gemüse auch noch nach der Ernte einen eigenen Überlebensinstinkt. Wie die lebenden Pflanzen und Bäume scheiden sie zur Verteidigung Giftstoffe aus, wenn sie geerntet werden. Geerntete Früchte und Gemüse mit mehr als 70 % Wassergehalt scheiden unter der Schale weiterhin toxische Gase aus, um sich zu schützen. Daher ist es wichtig, beim Zerschneiden darauf zu achten, dass die Früchte und Gemüse vom unteren Ende (Schwanz oder Füße) aus zerteilt werden und der »Kopf« bis zum Ende intakt bleibt (siehe Abbildungen S. 105). Kopf oder Strunk können theoretisch wieder zu einer neuen Pflanze heranwachsen und damit das Überleben der Art sichern. Bei den Früchten befindet sich der »Kopf« im Bereich des Stielansatzes. Bei Blattgemüse beginnt man bei den oberen Blattspitzen und zerkleinert zum Schluss den Stielansatz.

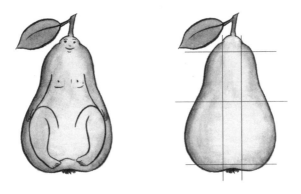

Abb. 4.2: Alle Früchte oder Gemüse mit Stiel sollten nach dem Muster der Birne geschnitten werden.

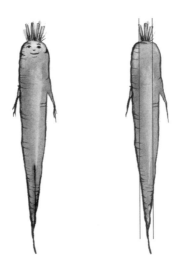

Abb. 4.3: Wurzelgemüse mit Knolle sollten wie die Karotte unten geschnitten werden.

Bei Experimenten haben wir auch festgestellt, dass die mentale Kommunikation mit den Pflanzen vor dem Zerkleinern einen wichtigen harmonisierenden Effekt hat. Probieren Sie es aus: Halten Sie Obst und Gemüse kurz in der Hand oder berühren Sie eine größere Menge und bedanken Sie sich für deren gute Energie. Versichern Sie den Pflanzen, dass deren Energie erhalten bleiben wird. Das reduziert den Kampf- und Überlebensinstinkt und macht die Speisen noch bekömmlicher.

Das Einweichen von Samen und Nüssen

Alle getrockneten Samen und Nüsse sollten vor dem Verzehr gründlich abgespült werden, um Insektizide und Begasungen zu beseitigen. Dann werden sie mindestens drei bis sechs Stunden lang knapp mit Wasser bedeckt und eingeweicht. Am besten geschieht das über Nacht. Das Wasser wird dann abgegossen und die Samen und Nüsse nochmals gründlich gespült.

Um das Überleben der Spezies zu sichern, enthält das Häutchen unter der Schale besondere Toxine, die als Abwehrstoffe gegen Insekten- und Pilzbefall dienen. Wenn Samen und Nüsse quellen, dann beginnen sie zu keimen, und die Toxine werden langsam abgebaut. Nun bildet sich auch frisches Vitamin C. Probieren Sie einmal eingeweichte Mandeln – sie sind ein Fest!

Eingeweichte Nüsse wie Mandeln, Walnüsse, Erdnüsse, Kürbiskerne und Pinienkerne sind sehr gesund. Sie enthalten viele Mineralien und Enzyme, die den Körper gesund erhalten. Sie sollten übrigens nicht zusammen mit Obst gegessen werden, denn die Fruchtsäuren zerstören häufig die Mineralien und Enzyme der Samen und Nüsse. Wenn überhaupt, sollte säurearmes Obst verwendet werden.

Es ist nicht empfehlenswert, geröstete Nüsse zu essen, da sie viele Toxine enthalten. Sie belasten das Verdauungssystem und vor allem Leber und Niere und können auch Allergien auslösen.

Vor allem gesalzene Erdnüsse beeinträchtigen den Wasserhaushalt und das Lymphsystem des Körpers. In Bars werden oft kostenlos gesalzene Erdnüsse oder Mandeln gereicht, damit die Gäste mehr Alkohol trinken, was die Leber noch stärker belastet.

4. Körperliche Aktivität

Viele ältere Menschen und die berühmten Hundertjährigen führen ein aktives Alltagsleben. Entweder haben sie viel Bewegung oder erledigen die Hausarbeit, was den Körper voll fordert. Die meisten Hundertjährigen in östlichen Ländern wie Pakistan, China und Russland sind Bauern, die bis kurz vor ihrem Tod noch körperlich tätig sind.

Wenn der Körper regelmäßig bewegt und mit ausreichend frischer Luft versorgt wird, dann kann man auch im Alter die Muskelmasse und Gewebeelastizität erhalten. Das Sprichwort »Wer rastet, der rostet« ist hier absolut zutreffend. Leichte Gartenarbeit oder moderate Hausarbeit sind gut, denn vielfältige Bewegungsabläufe fordern den ganzen Körper. Extremsport oder starke körperliche Belastungen sollten vermieden werden, denn sie können die Vitalkräfte des Körpers langfristig erschöpfen. Verletzungen machen sich vor allem im höheren Alter bemerkbar und können sogar zu einem verfrühten Tod führen.

Gerade für ältere Menschen sind sanfte Bewegungsübungen oft von Vorteil, bei denen der gesamte Körper beteiligt ist. Im Osten ist Taijiquan ein fester Bestandteil der Langlebenspraxis – der Chen- oder Yang-Stil sind beispielsweise modernisierte Formen des alten taoistischen Körpertrainings. Am besten machen Sie diese Übungen im Freien oder bei weit geöffnetem Fenster. Taijiquan ist übrigens die verlangsamte und weiche Form der chinesischen Kampfkunstbewegungen.

Auch das mittlerweile wohlbekannte Nordic Walking ist sehr gesund. Der ganze Körper wird bewegt und die durch die Stöcke unterstützte Armbewegung fördert einen verbesserten Lymphfluss im oberen Körperbereich. Vor allem ältere Menschen sollten bei vereisten Wegen im Winter jedoch vorsichtig sein und besser auf die Taijiquan- und Qigong-Praxis in geschlossenen Räumen umsteigen, um Verletzungen zu vermeiden.

5. Meditation

Meditation ist eine bewährte Praxis, um Körper, Geist und Seele zu beruhigen. Sie ist in Indien, Thailand, Japan, Südkorea und in einigen Teilen Chinas seit Jahrtausenden verbreitet. Traditionell nutzen taoistische, buddhistische Meister und Meister aus allen spirituellen Traditionen die Meditation innerhalb spezieller Rituale und um das Leben zu verlängern.

Durch Meditation kann der Geist zur Ruhe kommen und pausieren. Der Mensch wird zentrierter und klarer, und die Seele kann effektiver mit den Geistführern (siehe Kapitel 6, S. 199) und dem Höchsten Göttlichen Tao kommunizieren. Diese Bewusstseinsübung hilft dabei, gute Entscheidungen zu treffen, kreativ zu wirken und die Selbstheilungsprozesse des Körpers einzuleiten. Alle Wissenschaftler, Führungskräfte und letztendlich alle Weltbürger sind dazu aufgerufen, täglich eine halbe bis zu zwei Stunden zu meditieren. Gerade in den turbulenten und angespannten modernen Zeiten brauchen wir Führungskräfte, die Ruhe ausstrahlen und für ihre Bürger und Mitarbeiter die richtigen Entscheidungen treffen. Eine Morgen- und eine Abendmeditation sind empfehlenswert. Wenn der Geist zur Ruhe kommt, können Sie sogar Schlaf sparen. Die Zeit, die Sie mit Meditation verbringen, fällt daher nicht ins Gewicht. Wenn sie beispielsweise 20 bis 30 Minuten meditieren, erhöhen Sie Ihr

»Shen Qi« oder »spirituelles Qi« und sparen dadurch mindestens zwei Stunden Schlaf.

In Asien ist es bei den Führungskräften in Wirtschaft und Politik gang und gäbe, ein bis zweimal täglich zu meditieren, um die Intuition zu schärfen und die richtigen geschäftlichen Entscheidungen zu treffen. Wir haben herausgefunden, dass fast alle höheren Führungskräfte erfolgreicher Unternehmen meditieren, und zwar ihr Leben lang.

Im Westen wird Meditation in vielen Fällen leider kritisch beäugt. Eigentlich sollte sie aber als Methode der Gesunderhaltung noch viel weiter verbreitet werden. Glücklicherweise gibt es inzwischen viele Schulen und Institutionen, die östliche Traditionen unterrichten. Auch die christliche Kontemplation ist ein sehr wertvoller Beitrag zur Geistesschulung und regt ebenfalls die Selbstheilungskräfte an.

6. Geistige Kräfte

Menschen, die lange leben, sind normalerweise geistig sehr aktiv. Häufig sind sie begeisterte Leser und haben zahlreiche Interessengebiete. Regelmäßige geistige Aktivitäten wie Lesen, Schachspielen oder das chinesische Majong-Spiel halten den Geist und das Gedächtnis aktiv.

Sehr gut sind auch Gehirnjogging und die Gehirntrainings, die heutzutage in Form von Computerspielen angeboten werden.

Traditionell essen die Chinesen gekochte Ginkgofrüchte in der Suppe und in den Nachspeisen, weshalb Demenzerkrankungen weniger häufig auftreten. Auch im Westen ist *Ginkgo biloba* heute ein bekanntes Naturheilmittel zur Anregung der Gehirndurchblutung. Eingeweichte Nüsse und vor allem Walnüsse nähren ebenfalls das Gehirn.

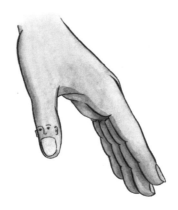

Massieren Sie immer wieder einmal gründlich alle Ihre Fingerkuppen und drücken Sie mit dem Fingernagel fester oben in die Kuppe hinein. Sie werden feststellen, dass Sie wieder wacher und aufnahmebereiter werden.

Abb. 4.4: Alle Fingerspitzen sind die Entsprechungszonen für den Kopf.

Die vorhin genannten sechs Faktoren für ein langes Leben sind leicht umzusetzen. Eigentlich braucht der Mensch nur ein wenig Disziplin im Alltag, um langfristig für gute Gesundheit zu sorgen.

Unser Tao-Fitnessprogramm

Und hier noch unser tägliches präventives Fitnessprogramm, das Sie täglich durchführen können.

1. Nachdem Sie aufgestanden sind und die Toilette aufgesucht haben, spülen Sie Ihren Mund gründlich mit Wasser. Nehmen Sie ein bis zwei Esslöffel Oliven- oder Sonnenblumenöl in den Mund und gurgeln Sie damit, bewegen und ziehen Sie das Öl zwischen den Zähnen hin und her. So entfernen Sie Bakterien und Toxine im Mundraum. Schlucken Sie dieses Öl auf keinen Fall, da es viele Giftstoffe enthält, sondern spucken Sie es wieder aus.

2. Trinken Sie ein Glas warmes Wasser mit einer oder zwei Scheiben Zitrone und zwei Teelöffeln rohem, kaltgeschleudertem Honig.

3. Reinigen Sie Ihre Nase und Nebenhöhen, indem Sie einige Male tief und kräftig atmen und sich schnäuzen.

4. Atmen Sie einige Male tief und machen Sie dann nach weiteren tiefen Atemzügen den Zischlaut »Qi-Qi-Qi-Qi«, damit Ihr Zwerchfell nach unten sinkt und Sie wie ein Baby die Bauchatmung praktizieren können, um mehr Sauerstoff aufzunehmen.

5. Praktizieren Sie 5 bis 15 Minuten lang wie oben beschrieben die Poweratmung 6-6-5 bis hin zur 6-6-15 zur Revitalisierung, um Ihre Körperzellen durch die erhöhte Sauerstoffzufuhr zu reinigen.

6. Massieren Sie zügig Kopf, Ohren, Gesicht, Hals und Nacken mit kreisförmigen Bewegungen.

7. Reiben Sie die Hände 12–15-mal und massieren Sie Ihren Unterleib und die Geschlechtsorgane mit kreisförmigen Bewegungen. Männer reiben die Hände dann nochmals kräftig aneinander und pressen mit den warmen Händen den Penis und die Hoden einige Male zusammen, um die Durchblutung zu fördern und die Hormonproduktion anzuregen.

8. Handmassagen: Massieren Sie die Handflächen, Handrücken und Finger kräftig durch. Massieren Sie die oberen Fingerglieder inklusive Nägeln mit dem Daumen einige Minuten lang, um die mentale Klarheit, die Durchblutung und den Lymphfluss zu verbessern.

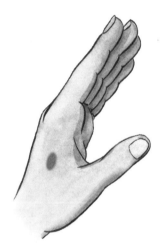

Abb. 4.5: Massagezone unterhalb des Mittelhandknochens bei Verdauungsproblemen

9. Massieren Sie die Hände, Beine und Oberschenkel einige Minuten lang kräftig, um die Durchblutung anzuregen und Cellulitis vorzubeugen.

10. Armschwingen: Stehen Sie aufrecht und schwingen Sie die Arme bis auf etwa Schulterhöhe wie ein Pendel seitlich am Körper entlang. Wenn Sie die Arme nach hinten bewegen, ziehen Sie diese noch ein Stück weiter zurück und spannen Sie gleichzeitig die Bauchmuskeln an. Machen Sie diese Schwingübung zwei- bis dreimal täglich etwa 10 bis 20 Minuten lang, um die Arm- und Beinmuskeln zu stärken und die gesamte Durchblutung anzuregen.

11. Joggen Sie auf der Stelle: Stellen Sie sich auf einen Teppich und traben Sie einige Minuten auf der Stelle, bis Sie ins Schnaufen kommen. Setzen Sie sich danach auf keinen Fall hin, sondern gehen Sie langsam umher, bis sich Ihre Atmung wieder beruhigt hat.

12. Trainieren Sie Ihre Armmuskeln ohne Gewichte: Stehen Sie aufrecht und legen Sie die Handflächen auf Höhe des Brustbeins zusammen. Nehmen Sie einen tiefen Atemzug und pressen Sie die Handflächen fest zusammen. Dann schieben Sie die Hände mit Druck in Richtung Ihrer linken und dann in Richtung Ihrer rechten Schulter. Danach drücken Sie beide Handflächen zusammen und schieben die Arme dabei nach vorne, zur Seite und nach oben und unten, um sie zu kräftigen und mehr Muskelmasse aufzubauen.

Sie können die oben genannten zwölf Punkte nacheinander oder getrennt im Laufe des Tages durchführen. Die Schwingübung und das Joggen auf der Stelle können Sie beispielsweise mehrmals am Tag praktizieren. Die Hand- und Fingermassage können Sie durchführen, wenn Sie im Zug oder vor dem Fernseher sitzen. Praktizieren Sie unser taoistisches Fitnessprogramm einige Tage lang, Sie werden feststellen, dass diese anregenden und reinigenden Übungen süchtig machen, weil Sie sich viel wohler fühlen! Wir wünschen Ihnen weiterhin eine gute Gesundheit, ein langes Leben und viel Spaß!

Die heilende Kraft der Familie

Beim Thema Langlebigkeit blickt Asien auf eine lange Geschichte zurück. Schon immer strebten die Menschen dort ein hohes Alter voller geistiger Frische und ohne Schmerzen an, damit sie eine glückliche Zeit mit ihren Kindern, Enkeln und Urenkeln verbringen konnten.

In früheren Zeiten lebte man zumeist mit fünf oder sechs Generationen unter einem Dach. Menschen, die ihren achtzigsten, neunzigsten oder hundertsten Geburtstag im Kreise der Großfamilie feiern konnten, wurden als besonderes Geschenk des Tao-Universums angesehen und brachten dem Clan hundert Generationen Glück, Freude und Wohlstand.

Traditionell wurden alte Menschen nicht ins Altersheim abgeschoben, sondern genossen das tägliche Glück, mit den Enkeln und Urgroßenkeln zu spielen und sie aufwachsen zu sehen. Die Fürsorge, Liebe und große Ehrerweisung des Clans stärkte das Immunsystem der Alten, harmonisierte ihre negativen Emotionen und förderte ihr langes Leben.

An dieser Stelle muss man sich jedoch auch den Generationenwandel vor Augen führen. In früheren Zeiten wurde im Alter von etwa 15 Jahren geheiratet, weshalb ein Mensch im Alter von 60 oder 70 schon Urenkel haben konnte. Heutzutage wird erst spät geheiratet, und die Kinder kommen später zur Welt, weshalb man seine Urenkel meist erst erleben kann, wenn man 85 oder älter ist.

Spiritualität und ein langes Leben

Ein anderer Grund, weshalb in den asiatischen Ländern ein langes Leben angestrebt wurde, lag darin, dass es die Möglichkeit für eine längere tiefe spirituelle Praxis bot.

Nachdem der Mensch seine gesellschaftlichen Aufgaben erfüllt hatte und die Kinder erwachsen geworden waren, konnte er sich zurückziehen und sich verstärkt der Meditation und anderen spirituellen Praktiken widmen, sofern er den Wunsch danach verspürte.

Die Suche nach der Unsterblichkeitspille

Berühmt sind auch die asiatischen Unsterblichkeitselixiere und -pillen, von denen zahlreiche Legenden berichten. So entsandte der chinesische Kaiser Qin Shihuang, der die damals ungefähr 4000 Kilometer lange Große Mauer bauen ließ, vor etwa 2200 Jahren 500 gut aussehende junge Männer und Jungfrauen an die Kriegsherren nach Japan, um sie gegen eine Kräutermedizin einzutauschen, die angeblich zur Unsterblichkeit führen sollte. Dieses Elixier hat er jedoch nie erhalten. Er starb an einer Vergiftung durch Quecksilberarzneien, die seinem kranken Körper eigentlich ein längeres Leben schenken sollten.

Globale Bioenergie-Medizin

Das sogenannte Wassermannzeitalter, das am 5. Februar 2008 begonnen hat, ist das neue Zeitalter, in dem der Mensch zurück zu seinen Wurzeln – zu Mutter Natur – geht, um Antworten auf die täglichen Gesundheitsprobleme und erschwingliche Naturheilmittel zur Prävention zu finden. Im Laufe der letzten zehn Jahre haben asiatische, afrikanische und südamerikanische Regierungen ihre Bürger ermutigt, bewährte lokale Kräuterrezepte aufzuspüren und zu sammeln, um Therapien zu ermöglichen, die sich jeder Bürger leisten kann. In diesen Ländern ist es üblich, einen lokalen Kräuterexperten oder Schamanen aufzusuchen und Naturheilmittel zu kaufen. Den Rat eines westlichen Arztes würden die Menschen nur bei schwerwiegenden Gesundheitsproblemen suchen.

Im Laufe der letzten zwanzig Jahre haben bei uns die Natur- und Kräuterheilkunde, die Homöopathie und traditionelle Therapien wie Akupunktur, Fußreflexzonenmassage oder Ayurveda einen enormen Aufschwung erfahren. In Asien gibt es derzeit Hunderte von Pharmakonzernen finanzierte biomedizinische Labors zur Erforschung bewährter lokaler Heilmittel. Man möchte deren Zutaten identifizieren, um diese Naturheilmittel dann auch in größeren Mengen für den Weltmarkt herstellen zu können. Die biologischen Systeme von Mensch und Tier können komplexe Natursubstanzen leichter absorbieren als chemisch hergestellte Medikamente, wobei lokale und möglichst frisch geerntete und verarbeitete Kräuter zumeist am wirkungsvollsten sind.

Global erfasste Krankheiten

Gesundheitsorganisationen erwähnen weltweit über 15.000 Arten diagnostizierter Krankheiten. In Wirklichkeit sind die meisten dieser Erkrankungen auf die gleichen Ursachen zurückzuführen. Sekundäre Komplikationen ergeben sich durch das individuelle Immunsystem einer Person sowie deren medikamentöse Behandlung. Westliche Schulmediziner befassen sich weniger mit den ursprünglichen Ursachen der Erkrankung oder dem persönlichen Konstitutionstyp des Patienten, sondern stellen normalerweise eine Diagnose der aktuellen Symptome und verordnen dann Medikamente oder eine Behandlung. Sie behandeln nur die Symptome, jedoch nicht die Ursache oder den Körper aus ganzheitlicher Sicht.

Die grundlegenden Ursachen von Erkrankungen

Die taoistische Medizin bildet die Wurzel der Traditionellen Chinesischen Medizin (TCM) und befasst sich mit der Konstitution und den primären Krankheitsursachen. Eine ganzheitliche Therapieverordnung zielt auf die ursprüngliche Ursache, die aktuellen Symptome sowie die Stärkung des Patienten ab. Die Hauptursachen der unzähligen Krankheiten können in fünfzehn Kategorien zusammengefasst werden:

1. Stress am Arbeitsplatz und im Privatleben
2. Negative Gedanken und Emotionen
3. Unzureichende oder unausgeglichene Ernährung
4. Körperliche Verschlackung und Verstopfung
5. Bewegungsmangel
6. Belastungen durch Schwermetalle und Chemikalien
7. Parasitenbefall
8. Belastungen durch geopathische Störfelder

9. Belastungen durch Elektrosmog und Funk
10. Infektionen oder pathogene Erkrankungen
11. Unfälle und Verletzungen
12. Traumata
13. Erbkrankheiten
14. Geistesstörungen und Besetzungen durch Geistwesen oder Fremdenergien
15. Karmische Erkrankungen

Die ersten sechs genannten Ursachen schwächen häufig das Immunsystem so stark, dass sich Infektionen und pathogene Keime ausbreiten können. Aufgrund der Nebensymptome werden manchmal die falschen Medikamente verordnet, wodurch sich der Gesundheitszustand noch weiter verschlechtern kann.

TAO-TIPP

Durch unsere evolutionsbedingte Nähe zu den Pflanzen kann der menschliche Körper pflanzliche Substanzen leichter verwerten. Ein Mensch, der länger als drei Jahre (72 Mondzyklen) in einem Haus mit Garten wohnt, kann meist im Umkreis von hundert Metern Kräuter finden, die ihm bei seinen Gesundheitsproblemen hilfreich sind.

Heilung mit Bioenergie

Ein weiterer wichtiger Beitrag in unserer modernen Zeit ist die sogenannte Bioenergie-Heilung, bei der meist über die Hände Bio-Vitalenergie von einer Person zur anderen weitergegeben wird. Hier gibt es, wenn überhaupt, nur minimale Nebenwirkungen. Der Körper und das Immunsystem des Empfängers können sich revitalisieren und den Selbstheilungsmechanismus des Körpers anregen. Die Heilung mit Bioenergie existiert in allen nativen Kulturen der Welt. Bioenergie-Heiler wie Schamanen tragen außerdem speziell aufgeladene Kraftobjekte, zum Beispiel Kristallperlen oder Zähne von Krafttieren wie Wildschwein, Bär oder Tiger, um mit zusätzlichen vitalenergetischen Schwingungen ihre Heilungsaktivitäten zu stärken.

Chinesische Meister des Taijiquan und Qigong setzen seit Jahrtausenden ähnlich kraftvolle Atmungstechniken ein, um die Heilenergie durch die Hände zu lenken. Um eine größere Effektivität zu erzielen, lenken die meisten Qigong-Heiler ihre Bioenergie bewusst auf einen entsprechenden Körperteil. Wir haben Krankenhäuser in China besucht, die zur Heilung ihrer Patienten ausschließlich sanfte Taijiquan-Übungen und fokussierte Qigong-Atmung verordnen. Mit diesen Übungen werden dort auch verbreitete Erkrankungen wie Krebs erfolgreich behandelt. Qigong-Praktiken finden weltweit eine immer größere Verbreitung.

Der Tao-Heiler

Das taoistische Heilwissen bildete ursprünglich die Grundlage für den größten Teil der modernen TCM. Dazu gehören das Prinzip von Yin und Yang der Organe, deren Vitalität und der ganzheitliche Heilungsansatz. Ob nun ein Mensch, ein Tier oder eine Pflanze erkrankt ist: Die taoistische Medizin versucht, minimalinvasive und möglichst schmerzlose Methoden einzusetzen, um eine Störung zu behandeln.

Alle Erkrankungen beginnen mit einer Disharmonie von Yin und Yang in einem Organ oder in wichtigen Geweben, die ihren Grund in körperlichem, mentalem oder emotionalem Stress oder Verletzungen hat. Ein Energieungleichgewicht im Kontrollmeridian eines Organs kann mit einer Störung in einer elektrischen Leitung verglichen werden. Alle mit dem Kontrollmeridian verbundenen Organe, Gewebe und schließlich der gesamte Körper beginnen, Vitalenergie zu verlieren. Zumeist verliert das Verdauungssystem zuerst an Kraft und kann die Nährstoffe nicht mehr richtig aufnehmen und verstoffwechseln.

Die taoistische Medizin betrachtet pathologische Bedingungen nicht als Ursache für Gesundheitsprobleme, sondern als Hinweise für eine Disharmonie. In den erkrankten Organ- oder Gewebebereich können dann Keime, Viren oder Bakterien eindringen. Aus dieser Sicht betrachtet der taoistische Heiler einen Befall oder eine Infektion als Symptom des Ungleichgewichts und nicht als seine Ursache. Das Vorbild ist die Natur. Wenn an einem Baum ein Ast erkrankt oder abstirbt, dann wird der Ast oder Baum nicht unbedingt entfernt, sondern es wird nach der Wurzel der Ursache gesucht, um die Gesundheit des Baumes wiederherzustellen.

Um die Energieflüsse in den Meridianen des menschlichen Körpers sowie die Durchblutung und den Lymphfluss anzuregen, arbeitet man oft noch mit Massage und Akupunktur. Erschöpfungszustände oder geschwächte Organe werden mit Kräutern oder Mineralien behandelt.

Bevor ein taoistischer Heiler Kräutermedizin oder Mineralien verschreibt oder wenn die Behandlung nicht nach kurzer Zeit anschlägt, sucht er die kranke Person zu Hause auf und untersucht Schlaf- und Wohnraum auf mögliche Fengshui-Probleme, die entweder der Auslöser oder ein weiterer Faktor für den Körperstress oder die Stagnation der Energien sein könnten.

Heilmethoden mit Bioenergie

Alle ernsthaften Tao-Heiler haben weiterhin die Kunst der Kraftatmung oder Qigong-Praxis nach vielen Jahren disziplinierter Atemmeditation gemeistert. Mithilfe von Qigong kann ein taoistischer Heiler die Vitalenergie seines Körpers um ein Vielfaches steigern, um beim Heilen harmonisierende Frequenzen zu übertragen, die ein erster effektiver Schritt sind, um die Körpervitalität und das Immunsystem eines kranken Menschen zu verstärken.

Diese Bioenergie sendet er normalerweise einige Minuten lang über die Hände aus, um das Yin und Yang des Körpers wieder ins Gleichgewicht zu bringen. Beim zweiten Schritt geht es darum, die Heilenergie auf ein spezifisches Organ oder einen verletzten Bereich zu konzentrieren, um dessen Vitalität zu stärken, stagnierende Energie in Gang zu setzen und die Durchblutung und den Lymphfluss in Schwung zu bringen, damit das Immunsystem und die Selbstheilungskraft der kranken Person wieder angeregt werden. Einige Tao-Heiler sind sogar in der Lage, die heilenden Frequenzen von Kräutern direkt auf eine erkrankte Person zu übertragen. Gerade wenn diese eine geschwächte Verdauungskraft hat, kann diese Methode der feinstofflichen Übertragung dazu beitragen, dass sie sich schneller erholt, als wenn sie diese Kräuter physisch einnehmen würde.

Auf dem Gebiet der Bioenergie unterscheiden wir sieben verschiedene Ebenen:

1. Bioelektrische oder magnetische Heilung durch die Eltern

Am häufigsten, aber meist unerkannt findet bei Kindern die Heilung über die Liebe, das Mitgefühl und die Fürsorge von Vater oder Mutter statt, wenn sie ein krankes oder traumatisiertes Kind halten und an die Brust oder an ihr Herz drücken.

Damit übertragen sie bioelektrische oder magnetische Heilung sowie bedingungslose elterliche Liebe. Babys und Kinder sind besonders gut in der Lage, diese schnell pulsierenden Liebesfrequenzen aufzunehmen, vor allem von der Mutter, die bereits während der Schwangerschaft eine nährende und emotionale Verbindung zum Kind aufgebaut hat. Die Heilung über die Eltern hat die stärkste Wirkung, wenn die Eltern emotional ausgeglichen sind und ihre liebevolle Energie auf das Kind übertragen, während sie es mindestens 15 Minuten lang an ihr Herz drücken. Die besten Familienheiler sind damit liebevolle, ausgeglichene und glückliche Eltern.

TAO-TIPP

Bei stärkeren körperlichen Verletzungen wie z. B. Prellungen ist es wichtig, dass die Eltern die Hand oder die Hände auf den verletzten Bereich legen, um Traumata und interne Blutgerinnsel zu reduzieren. Am besten geschieht das innerhalb von neun Sekunden, nachdem die Verletzung stattgefunden hat.

Letztendlich besitzen wir alle die natürliche Gabe zur Heilung, wenn wir nicht in Panik und damit aus dem Gleichgewicht geraten. Bei Stößen oder Prellungen ohne offene Wunden streicht man etwa 20–30-mal sanft über den Bereich und legt dann einige Minuten lang die Hände auf, um Entzündungen oder innere Blutgerinnsel zu vermeiden und die Selbstheilungskräfte anzuregen. Als Nächstes kann man einige Minuten lang einen Eisbeutel auflegen. Auch in den kommenden Tagen sollten im Verletzungsbereich immer wieder die Hände aufgelegt werden.

Bei Prellungen im Kopfbereich ist es wichtig, möglichst schnell nach der Verletzung sanft über den verletzten Bereich zu streichen und einige Minuten lang die Hände aufzulegen, um Traumata oder innere Blutungen zu verringern und zukünftige Kopfschmerzen zu verhindern, die als Folge von Blutgerinnseln entstehen können. In den nächsten Tagen sollte der Bereich, wenn es sich nicht um eine offene Wunde handelt, immer wieder sanft massiert werden, um Stauungen aufzulösen.

Gerade Kinder erleiden immer wieder Stoßverletzungen. In der östlichen Medizin werden bei dieser Art von Verletzungen sofort Maßnahmen ergriffen, um Stauungen und Entzündungen vorzubeugen, denn hierbei entstehende Blutgerinnsel können in späteren Jahren zu Kopfschmerzen oder Migräne führen. Im Westen wiederum macht man sich weniger Sorgen, wenn sich ein Kind beim Spielen den Kopf anschlägt, denn dies wird als Teil seines Aufwachsens betrachtet. Gerade bei Prellungen im Kopfbereich kann es aber durch unentdeckte und unaufgelöste Blutgerinnsel dazu kommen, dass die Durchblutung im Gehirn behindert wird und in Armen oder Beinen, die von dem entsprechenden Gehirnbereich gesteuert werden, Taubheitsgefühle oder Lähmungserscheinungen entstehen. Wir sind der Meinung, dass gerade unbehandelte Prellungen im Kopfbereich in jüngeren Jahren ein weiterer Faktor sind, der im Alter bei Erkrankungen im Kopfbereich wie Gedächtnisschwäche, Alzheimer oder Parkinson eine Rolle spielt. Leicht vorstellbar ist auch, wie schädlich der Kopfball beim Fußballspielen sein kann. Benehmen Sie sich also nicht wie ein Held, wenn Sie sich gestoßen haben, sondern reiben Sie die Handflächen aneinander, um die Hände aufzuladen und legen Sie diese auf den betroffenen Bereich am Kopf auf.

In der chinesischen Medizin verwendet man unter anderem in der Sportmedizin den Pseudoginseng (Tianqi), der in Pulverform eingenommen innere Blutgerinnsel auflösen kann. Auch wird in Asien in vielen Speisen die schwarze Morchel (Mu-Err-Pilz) eingesetzt, die ebenfalls blutverdünnend und durchblutungsfördernd wirkt.

2. Spirituelles Heilen und Pranaheilung

Durch die Rezitation spezieller Heilgebete und Mantras kann ein Mensch die Bioenergie seines Körpers um ein Vielfaches erhöhen. Die Schlüsselbegriffe hierbei sind Liebe und Mitgefühl. Wer diese Gebete und Mantras regelmäßig praktiziert und seine Absicht fokussiert, kann seine Körperenergie schnell verstärken und vor allem über die Hände heilende Energie auf den Körper eines Menschen übertragen.

Auch Schamanen bedienen sich dieser Methode, um die Dorfbevölkerung zu heilen. Viele arbeiten jedoch zusätzlich mit Geistwesen als Assistenten oder haben ein Geistwesen im Körper, das ihnen zusätzliche Heilkräfte verleiht.

Während des spirituellen Heilens oder Pranaheilens bezieht der Heiler Bioenergie aus der Umgebung und überträgt sie auf den Patienten. In diesem Fall muss der Heiler gesund und im Gleichgewicht sein, weil er sonst Negativenergien von der zu heilenden Person aufnehmen könnte. Aus diesem Grund kann er auch nicht täglich arbeiten, denn kein Mensch ist jeden Tag gesund und vollkommen in Balance.

3. Heilung durch teilweise Aktivierung der Kundalini

Eine spezielle Yoga-Atmung, das Singen von Heilmantras und der Einsatz von heilenden Symbolen können die Kundalinienergie im Sakrum (Kreuzbein) und damit die Bioenergie im Körper des Heilers ansteigen lassen. Techniken wie Reiki und andere Methoden des Handauflegens fallen in diese Kategorie. Reiki wirkt aufgrund der verwendeten Symbole am schnellsten, denn durch sie werden die Körperchakras aktiviert, um so die Selbstheilungskräfte anzuregen.

Wie bei der spirituellen Heilung wird auch hier der Körper des Heilers genutzt, um Bioenergie zu übertragen. Daher sollte der Heiler gesund sein und sich im Gleichgewicht befinden, damit er keine Krankheitsenergien von der Person aufnimmt, der er die Energie schickt.

Wenn die Energie auf diese Art und Weise über einen längeren Zeitraum übertragen wird, erhitzt sich der Körper des Heilers. Aus diesem Grund sollte er darauf achten, nicht zu viele Sitzungen täglich zu geben, da dies zu einem Burn-out seiner inneren Organe führen könnte, was langfristig seine Lebensspanne verkürzen würde.

4. Heilung durch geistige Kräfte

Viele Menschen, die über eine starke Willenskraft und Brainpower (siehe auch Kapitel 6 ab S. 185) verfügen, können ihre mentalen Kräfte einsetzen, um einem anderen Menschen Bioenergie zu senden und deren Selbstheilungskräfte anzuregen. Wer solche Kräfte überträgt, kann allerdings langfristig unter mentaler Erschöpfung, Kopfschmerzen oder Migräne leiden, da hierbei das Gehirngewebe stärker in Anspruch genommen wird.

5. Qigong-Atmung und Heilung durch Brainpower

Viele chinesische Qigong-Meister setzen die Kraft ihrer Qigong-Atmung ein, die sie über lange Jahre der Übung des inneren Qigong sowie über ihre Brainpower aufgebaut haben. Auf diese Art und Weise können sie Bioenergie übertragen und chronische Schmerzen und alte Verletzungen auflösen.

Ein Qigong-Meister, der diese Art von Energieübertragung gelernt hat, kann mehr als zwanzig Personen täglich behandeln, da er während der Energieübertragung seine körperliche Vitalität durch eine spezielle Tiefenatmung aufrechterhält oder sogar noch weiter verstärkt.

6. Heilung über Mentalkräfte und Kundalinienergie

Hat ein Heiler eine Einweihung durch einen Kundalini-Meister erhalten, dann kann er ein Quanten-Heilungsbewusstsein erzeugen, das speziell auf die Selbstheilungsbedürfnisse eines Menschen abgestimmt ist und innerhalb von wenigen Sekunden in einen bestimmten Körperbereich gesendet werden kann. Ich habe diese neuartige Heilungstechnik entwickelt, nachdem ich sämtliche oben beschriebenen Heilmethoden studiert und praktiziert hatte.

Diese Technik nennt sich *Tao-QQQi-Heilung* (Abkürzung für Tao-Qi-Mag-Quantum-Qi-Heilung). Wer die entsprechende Übertragung und Aktivierung von mir oder ausgebildeten Tao-QQQi-Meistern erhalten hat, kann auch größeren Menschengruppen bis zu über 100 Personen innerhalb kürzester Zeit heilende Frequenzen schicken. Da bei dieser Art von Heilung die spirituelle Kundalinienergie aktiviert wird, steigt die Körperenergie eines Tao-Heilers sehr stark an, sobald er sich entscheidet, Heilenergie zu übertragen. Auf diese Art und Weise ermüdet er nicht oder laugt aus, denn die Heilfrequenzen werden nicht über seinen Körper geschickt, sondern entstammen direkt dem Höchsten Tao-QQQi-Heilungsbewusstsein, sodass der Tao-Heiler nicht unmittelbar involviert ist. Ein Tao-QQQi-Meister hat die Möglichkeit, einigen Hundert Menschen auf einmal eine Übertragung und Aktivierung zu geben. Diese sind dann in der Lage, die Technik bei sich selbst und bei anderen anzuwenden.

Gerade im neuen Zeitalter des Wassermanns ist das Tao-QQQi-Heilen mit Bioenergie die Methode, durch die größere Menschengruppen innerhalb von kurzer Zeit Harmonisierung erfahren können. Dies ist vor allem in den nächsten Jahrzehnten von großer Bedeutung, weil aufgrund der zunehmenden Naturkatastrophen, schädlichen Technologien und schwierigen Wirtschaftsbedingungen eine Vielzahl von Menschen eine körperliche und emotionale Stabilisierung sowie kostengünstige Heilmethoden benötigt.

7. Heilung über das Höchste göttliche Bewusstsein

Die Heilung über das Höchste göttliche Bewusstsein ist die höchste Form der Heilung durch Bioenergie, in die zugleich Liebe, Mitgefühl, Vergebung und Freude einfließen. Diese Energie kann bei allen menschlichen Erkrankungen erfolgreich eingesetzt werden. Dazu gehören auch Erkrankungen, die durch genetische Defekte, vergangene Leben oder Belastungen der Ahnenreihe ausgelöst worden sind.

Jesus Christus ist ein gutes Beispiel für einen Heiler auf der höheren spirituellen Ebene. Er hat Kranke, Gelähmte und Sterbende geheilt. Auch taoistische Meister haben in alten Zeiten mithilfe ihrer spirituellen Praxis solche Arten von Wunderheilungen bewirkt. Alte chinesische Medizintexte beschreiben erleuchtete Taoisten, die in den heiligen Bergen lebten und Schwerstkranke durch Meditation und das Trinken von aktiviertem Bergquellwasser heilen konnten. In den nächsten dreißig Jahren werden die Menschheit und die Erde lauthals nach Heilung rufen, und es werden zahlreiche erleuchtete Meister erscheinen, um deren Bedürfnisse zu erfüllen.

Die Wirkung taoistischer Heilmantras

Hier ist eine Geschichte aus dem alten China, die uns fasziniert, da sie zeigt, dass die »Schwingungsmedizin« bereits in früheren Zeiten eingesetzt wurde:

Zur Zeit des Dschingis Khan wütete im 13. Jahrhundert in China die Pest. Tausende von Bürgern starben und viele gerieten in Panik. Der Herrscher bat den taoistischen Unsterblichen

Chang Chung, von seinem Wohnort in den Bergen herabzukommen und zu helfen. Der Heilige beruhigte die verängstigten Menschen, opferte den Naturgeistern, rezitierte sieben Tage und Nächte Mantras und ging danach wieder in die Berge. Innerhalb von Tagen stabilisierte sich die Lage, und nach einer Woche gab es keine neuen Pesterkrankungen mehr.

Es wird berichtet, dass der Weise das Höchste Tao-Menschenbewusstsein anrief und im Namen des Herrschers und der Bürger für alle Missetaten um Vergebung bat. Um die Harmonie wiederherzustellen, rezitierte Chang Chung sieben Tage und Nächte lang taoistische Heilungsmantras und arbeitete dabei auch mit den Bäumen in der Regierungshauptstadt sowie den Bäumen des umliegenden Waldes. Die Bäume waren seine Antennen und Verstärker, um die harmonischen Frequenzen über einen größeren Umkreis auszusenden. Der Weise wandelte damit die extrem negativen Umweltbedingungen um, die zuvor den Boden für die epidemische Ausbreitung der Pest bereitet hatten.

Auch wir haben hierzu Experimente gemacht und festgestellt, dass das Singen von positiven Mantras in einem Waldgebiet, das eine Stadt umgibt, durch die Unterstützung der Bäume deren Wirkung um das Hundert- und Tausendfache verstärken kann. In Wäldern Neuseelands und auf Borneo haben wir herausgefunden, dass die positive Wirkung von Mantras, die einige Minuten lang im Wald gesungen wurden, in beiden Fällen eine Reichweite von bis zu fünf Kilometern hatte. Wenn wir uns vorstellen, dass der Weise Chang Chung, der über ein tief greifendes metaphysisches Tao-Wissen verfügte, über eine Woche hinweg Tag und Nacht rezitierte, dann ist es möglich, dass sich die Heilmantras auf diese Weise in einem Umkreis von mehreren Hundert Kilometern verstärken konnten. Chang Chung hatte außerdem ein äußerst kraftvolles Heilmantrabewusstsein mit einer »Tao-Quantenheilwirkung« geschaffen, das durch die Bäume fest verankert wurde und dadurch über einen

Zeitraum von Monaten bis Jahren wirkte. Daher heißt es auch bei den Taoisten: »Ein leises mächtiges Mantra in einem stillen Wald kann eine Botschaft zum Himmel überbringen.«

Die Praxis der Mantrarezitation ist in vielen alten Traditionen bekannt. Auch Christen, Buddhisten und Muslime rezitieren und singen positive Mantras und Texte, um die negativen turbulenten Energien, die bei Krankheiten auftreten, zu besänftigen und den gesunden Normalzustand wiederherzustellen.

Die Fußreflexzonentherapie

Bei der ganzheitlichen Fußreflexzonentherapie werden die schmerzhaften Organentsprechungsbereiche an Füßen und Beinen massiert. Zur Verstärkung der Wirkung lässt der Therapeut die heilende Bioenergie seiner Hände mit einfließen. Häufig kann die Person, die massiert wird, ein Wärmegefühl und Kribbeln in den jeweiligen Organen wahrnehmen, deren Entsprechungspunkte massiert werden. Manchmal werden auch Stäbe aus natürlichem Horn, Holz oder Halbedelsteinen verwendet, die durch ihre höhere Energie ebenfalls helfen, Blockaden zu lösen. Mit Schabern aus Horn lassen sich Verhärtungen gut lösen.

In Asien ist die Reflexzonentherapie die verbreitetste naturheilkundliche Therapie und wird auch zur Prävention eingesetzt. Daher möchten wir sie hier kurz vorstellen, denn unserer Meinung nach gehört sie zu den effektivsten Selbsthilfemethoden.

Die Reflexzonentherapie wurde vor über fünftausend Jahren von taoistischen Meistern entdeckt und entwickelt, um Schwächen in der Konstitution und den Extremitäten bei älteren Menschen zu behandeln. Sie fanden heraus, dass alte und kranke Menschen mit Gehproblemen und Vitalitätsmangel wieder in Schwung kamen, nachdem deren Fußsohlen über einige Tage hinweg kräftig massiert wurden. Diese Art von Massage ist sehr einfach und innerhalb kurzer Zeit erlernbar.

Dann entdeckte man über die Puls-, Zungen- und Gesichtsdiagnose, dass bei gesunden Menschen die Entsprechungsbereiche zu den Organen und Körperbereichen am Fuß weniger oder überhaupt nicht druckempfindlich waren als bei denjenigen, die unter Gesundheitsproblemen und Organerkrankungen litten. Je schwerwiegender das Organproblem war, desto stärker war der Bereich am Fuß verhärtet und desto schmerzhafter reagierten die Reflexzonenpunkte. Nachdem Verhärtungen und Schmerz an den Fußsohlen aufgelöst waren, erholten sich die Patienten von ihren Beschwerden.

Nun haben Biomediziner herausgefunden, dass das Schmerzempfinden am Fuß durch eine Ansammlung stagnierender Lymphflüssigkeit entsteht, die sich bei der Fehlfunktion eines bestimmten Organs bildet. Im Laufe der Zeit bildet diese stagnierende Lymphe Kristallansammlungen. Wenn die entsprechende Reflexzone unter stärkerem Druck massiert wird, ist sie schmerzempfindlicher als andere Bereiche, was auf ein Problem hindeutet. Ein erfahrener Reflexzonentherapeut kann anhand der Reflexzonen Rückschlüsse auf den Zustand der Organe ziehen.

TAO-TIPP

Regen Sie Ihren Stoffwechsel an, indem sie täglich die Reflexzonen für Schilddrüse und Nebenschilddrüsen an der Außenseite des Großzehs eine halbe Stunde vor dem Essen oder kurz nach einem Bad oder dem Duschen massieren.

Viele Forscher haben bestätigt, dass ältere Menschen über fünfzig weniger Gesundheitsprobleme haben, wenn sie ihre Füße täglich 30 bis 40 Minuten lang massieren. Außerdem haben sie in den Armen und Beinen auch mehr Kraft als ihre Altersgenossen, die keine Massagen erhalten haben. Im modernen China kombinieren viele Krankenhäuser diese Reflexzonentherapie mit moderner Medizin und Kräuterheilkunde, vor allem wenn es um geschwächte Extremitäten geht. Schätzungsweise mehr als 100 Millionen Menschen nutzen jede Woche oder jeden Monat die Fußreflexzonenmassage, um Gesundheitsbeschwerden vorzubeugen. Häufige Beschwerden, die auch durch Reflexzonenmassage entlastet werden können, sind Diabetes, Herz- und Leberprobleme, Kopfschmerzen, Migräne, Schlaflosigkeit, Erschöpfungszustände und Osteoporose im Anfangsstadium (in diesem Fall wird der Milzpunkt massiert).

EINIGE HINWEISE ZUR REFLEXZONENMASSAGE

Falls Sie Schwierigkeiten haben sollten, einen bestimmten Punkt zu orten, massieren Sie einfach den größeren Umgebungsbereich sehr gründlich und achten Sie auf empfindlichere Stellen. Diese sollten länger massiert werden. Oder Sie machen es sich noch einfacher, indem Sie beide Fußsohlen und Fußrücken kräftig durchmassieren und bei den schmerzhaften Bereichen etwas länger verweilen. Diese Komplettmassagen können Sie auch sehr gut durchführen, während Sie Ihre Lieblingssendung im Fernsehen anschauen.

Wenn sich unmittelbar unter der Haut Knochen oder größere Blutgefäße befinden, dann massieren Sie mit der weichen Daumenbeere, ohne allzu starken Druck auszuüben. Bei Bereichen mit viel weichem Gewebe wie an der Fußsohle können Sie auch bei Bedarf mit dem Fingerknöchel massieren. Achtung bei kristallinen Verhärtungen: Diese müssen langsam und im Rahmen mehrerer Sitzungen aufgelöst werden. Massieren Sie anfangs langsam und sanft in die Verhärtung hinein, um zu starke Schmerzen, innere Blutungen und die Bildung von blauen Flecken zu vermeiden.

Hinweise für Gegenanzeigen: Massieren Sie nicht unmittelbar vor oder nach einer größeren Mahlzeit, um Verdauungsproblemen vorzubeugen. Zwischen den Mahlzeiten und der Massage sollten zwei bis drei Stunden Abstand liegen.

Schwangere dürfen nur von einem qualifizierten Reflexzonentherapeuten massiert werden.

Nutzen Sie die Reflexzonentherapie – inzwischen gibt es auch im europäischen Raum eine gute Auswahl an Literatur und Reflexzonentafeln – vor allem zur Vorbeugung und begleitend bei Gesundheitsproblemen. Bei Erkrankungen sollten Sie immer einen Arzt oder qualifizierten Therapeuten aufsuchen.

DAS SCHUHWERK

Die Füße von Mensch und Tier enthalten von Natur aus die Entsprechungszonen der Organe und Körperteile. Sie werden beim Barfußgehen auf natürlichem, unebenem Grund immer gleich mitmassiert. Auf diese Art und Weise wird auch gleich der Blut- und Lymphfluss angeregt. Durch das Barfußlaufen könnten Schwächen im Körper sehr schnell wieder geheilt werden. Das heutige Schuhwerk und vor allem sehr modische Schuhe mit hohen Absätzen sind große Hindernisse auf dem Weg zur Gesundheit. Andererseits bieten Schuhe Schutz vor Verletzungen.

Enge, spitze Schuhe haben einen besonderen Nachteil: Sie drücken die Reflexzone des Schilddrüsen- und Nebenschilddrüsenbereichs ab, die sich jeweils seitlich an der Außenkante des Großzehs befinden. Die Schilddrüse ist ein Schlüsselorgan bei der Regulierung des Stoffwechsels. Eine Fehlfunktion bewirkt bei vielen Frauen unerwünschtes Übergewicht. Blockierte Nebenschilddrüsen können auch zu Cellulitis führen, vor allem im Oberschenkelbereich.

Viele Therapeuten der Naturheilkunde weisen darauf hin, dass falsches Schuhwerk einer der Hauptgründe für Gesundheitsprobleme ist. Daher sollte jeder Mensch immer wieder barfuß laufen – bevorzugt im Haus oder im Garten auf dem frischen Gras, um die Füße und damit den ganzen Körper zu vitalisieren.

Negativenergien im modernen Spa

Im Allgemeinen gelten Bäder als wirkungsvolle Methode zur Entspannung und Entschlackung. Doch leider ist das Wasser heute meist stark gechlort, was sich nachteilig auf die Bioenergie des Körpers auswirkt und eine Belastung für Leber, Lunge, Niere und Herz bedeutet. Haben Sie sich je gefragt, warum Sie sich nach zehn Minuten oder einer halben Stunde Aufenthalt im Schwimmbad müde fühlen? Diese Müdigkeit entsteht, weil gechlortes Schwimmbadwasser über die Haut aufgenommen wird. In solchen Fällen müsste mit Wasserbelebungsmaßnahmen gearbeitet werden, um die Wasserenergie wieder in ihren natürlichen Zustand zurückzuversetzen, der mit Bergquellwasser vergleichbar ist.

Leitungswasser, vor allem das in Großstädten, hat im Vergleich zum Bergquellwasser nur eine geringe Vitalität, denn es fließt sehr schnell durch Metall- oder Kunststoffleitungen und kann sich elektrostatisch aufladen, was seine Leitfähigkeit und Zusammensetzung beeinträchtigt. Hat das Wasser jedoch eine höhere Energie und im Idealfall einen günstigen Mineraliengehalt, dann kann die Vitalität des Körpers sogar noch gesteigert und der Hautzustand verbessert werden. Falls Sie feststellen, dass es dem Schwimmbadwasser an Energie fehlt, sollten Sie dort nur kurz verweilen.

Nehmen Sie zu Hause ein Entschlackungsbad. Geben Sie ein Pfund Meersalz und ein Pfund Kaisernatron (Natriumbikarbonat) in das möglichst warme Badewasser und verweilen Sie je nach Wohlbefinden zwischen 10 und 20 Minuten. Dieses Bad hilft, körpereigene Säuren zu binden, und macht eine wunderbar weiche Haut.

Das richtige Trinken

In den Medien wird heutzutage eine tägliche Flüssigkeitszufuhr von bis zu drei oder vier Litern Wasser am Tag empfohlen, um Schadstoffe auszuschwemmen. Leider bedeutet das auch sehr viel Arbeit für die Nieren. Der Taoist geht daher nach der Farbe seines Urins, um festzustellen, ob zusätzliche Flüssigkeit getrunken werden muss. Wenn der Urin eine sehr helle Farbe hat oder fast klar ist, wird zu viel getrunken, was die Nierenenergie schwächen kann. Dann warten Sie mit einer weiteren Flüssigkeitsaufnahme und trinken wenig. Ist der Urin aber sehr dunkel, dann sollte wieder getrunken werden – am besten vitalisiertes Wasser mit hoher Energie.

Eine oder zwei Tassen Schwarz- oder Grüntee sind in Ordnung und haben eine angenehm belebende Wirkung. Wenn Sie Kaffee mögen, trinken Sie höchstens zwei Tassen am Tag. Die erste Tasse regt das Herz an, mehr als zwei Tassen Kaffee können die Herzenergie wiederum schwächen. Trinken Sie etwas Wasser dazu, weil Kaffee eine erhitzende Wirkung hat. Daher wird in den südlichen Ländern Europas oder auch sonst in guten Cafés ein kleines Glas Wasser gleich mitserviert.

Die heilende Wirkung von Sand

In Kasachstan und in den Gegenden um das Kaspische Meer werden Patienten teilweise oder vollständig im Sand eingegraben. Solche Sandbäder haben sich bei der Körperentgiftung bewährt. Ähnlich wie in der Sauna kann der Körper Giftstoffe so leichter ausscheiden. Doch es gibt einen Unterschied: Sand enthält zu dreißig bis achtzig Prozent feine Quarzpartikel, die hochenergetisch wirken, und außerdem zahlreiche natürliche Mineralien aus dem Meer. Ein heißes Sandbad wirkt daher stärkend auf die Konstitution und spendet mehr Vitalkraft. Aufgrund seines besonderen Anteils an Quarzkristallen ist weißer Sand am wirkungsvollsten. Wenn Sie also am Strand direkt im Sand oder auf einem Handtuch sonnenbaden, dann nutzen Sie den Sand als heilendes Bioenergie-Medium. Normaler Strandsand hat einen Quarzgehalt von etwa 50 bis 70 Prozent.

Unsere Qi-Mag-Energieskala

Zum Abschluss dieses Kapitels möchten wir noch unsere Qi-Mag-Energieskala vorstellen, die wir im Laufe der Jahre entwickelt haben und die auch unsere Schüler bei ihrer Arbeit einsetzen. Bei unseren Reisen in zahlreiche Länder haben wir Menschen getroffen, die alle ihren eigenen kulturellen Hintergrund hatten, verschiedenen Stämmen angehörten oder Bürger von Industriestaaten waren. Überall war die energetische Qualität des Trinkwassers, der Nahrung, der Kleidung oder anderer Alltagsgegenstände ein wichtiges Thema. In der alternativen heilkundlichen Szene verwendet man gelegentlich die Einheit »Bovis«, die mit dem Pendel bestimmt wird. Die Wissenschaft kennt Biophotonenmessungen oder die Bestimmung der Inhaltsstoffe, aber es ist bisher noch kein wissenschaftlich anerkanntes Messsystem bekannt, das die Bioenergie von Wasser oder Lebensmitteln eindeutig bestimmen kann. Damit Sie einen Eindruck und ein Gefühl für die von uns entwickelte Skala bekommen, sind nachfolgend einige Bewertungen dieser Bioenergie aufgeführt. Sie beschreiben die Energie von Gegenständen oder Umweltbedingungen, die in unmittelbarer Wechselwirkung zum Menschen stehen und diesen dadurch energetisch beeinflussen. Die von uns verwendete Einheit lautet »Qi-Mag-Einheit« (Q.E.).

Beispiele: Ein gesunder Mensch hat nach unserer Skala eine durchschnittliche Bioenergie von 300 Q.E. in seinen Zellen und erhält dadurch seinen Gesundheitszustand aufrecht. Wenn wir nun Nahrungsmittel und Wasser mit einer Energie von nur 100–150 Q.E. zu uns nehmen, werden wir danach müde. Essen oder trinken wir dagegen etwas, das eine Bioenergie von 200–500 Q.E. hat, erhöht das die Körpervitalität und fördert eine gute Gesundheit.

Das Gleiche gilt für die Umweltfaktoren, die im Fengshui berücksichtigt werden. Hat ein Raum, bedingt durch Bodenbelastungen oder Faktoren der Disharmonie, eine Energie von etwa 100 Q.E., dann laugt er uns aus. Wir ermüden schneller und können nicht die gewünschte Leistungsfähigkeit an den Tag legen. Handelt es sich um das Schlafzimmer, dann wachen wir morgens auf und fühlen uns nicht erholt und erfrischt.

Auch bei der Kleidung gilt: Je höher die Bioenergie der Fasern ist, desto mehr unterstützt sie die Körperenergie und desto angenehmer ist ihre Wärme. Kaschmir und Wollkleidung sind gute Naturfasern, um sich warm zu halten. Kunstfasern wie Nylon oder Polyester-Fleece haben eine geringe Vitalkraft und laden den Körper elektrostatisch auf. Einfache Kunstfasern wirken ebenfalls wärmend, können aber eher einen Wärmestau auslösen, da sie weniger atmungsaktiv sind als Naturfasern. Grundsätzlich sind Naturfasern wie Baumwolle, Seide oder Wolle im Alltag vorzuziehen, da sie energetisch für den Körper akzeptabler sind.

Gegenstand	Bioenergiebewertung in Q.E.
Wasser	
Brunnenwasser	80–90
Bergquellwasser	300–800
Heiliges Wasser aus Lourdes	800
Kommerzielles Mineralwasser	
in der Glasflasche	70–90
im Keramikgefäß	80–120
in der Plastikflasche	50–60
»Sonnenwasser« oder »Mondwasser«	150–200
Meerwasser aus dem Pazifik	300–350
Meerwasser aus dem Atlantik	250–300
Meerwasser aus dem Mittelmeer	200–250
Belebtes Wasser*	300–600
Tee	
Kommerzieller Schwarztee	150
Bio-Grüntee	120–130
Kaffee	
Guter Filterkaffee ohne Milch	150–180
Caffè Latte	100–120
Cappuccino (mit Kakaopulver)	250–350
Heiße Schokolade	
Klassisches Kakaogetränk mit Milch	350–500
Bier	
Helles Bier mit oder ohne Alkohol	80

Gegenstand	Bioenergiebewertung in Q.E.
Vitalität des Bodens	
Strandsand mit hohem Quarzgehalt	150–350
Sand aus der Sahara	160–180
Sand aus der Wüste Gobi	120–150
Boden im unberührten Urwald in Borneo	250–300
Normales Farmland in Europa	60–80
Boden mit Regenwurmkompost	200–350
Schwarzer Mutterboden mit Bergkristall aktiviert	150–170
Gesunder, fruchtbarer naturgedüngter Boden	300–500
Frische Früchte	
Roter Deliciousapfel vom Baum mit 80 % Reifegrad	150
Geernteter Apfel mit 40–50 % Reifegrad	70–80
Karibische Bananen mit Reifegrad von 80 %	120
Karibische Bananen mit Reifegrad von 40 %	70–80
Verschiedene Gemüse	
Kommerzielles grünes Blattgemüse und Gurken	80–85
Grünes Blattgemüse und Gurken aus dem Gewächshaus	50–60
Mit Kompost gedüngtes grünes Biogemüse	150–200
Genmanipuliertes kommerzielles grünes Blattgemüse	60–65

Frische Gemüsesuppe ohne Gewürze

Auf dem Holzkohlenfeuer zubereitet	200–350
Auf dem Holzfeuer zubereitet	200–300
Auf dem Gasherd zubereitet	150–250
Auf dem Elektroherd zubereitet	120–150
In der Mikrowelle zubereitet	50–60
Auf dem modernen Kontaktherd zubereitet	50–60

Vitalität im Beruf

Bauern, die auf dem Feld arbeiten	250–350
Gold- oder Silbermedaillengewinner	250–500
Büroarbeiter, die Computer und weitere elektrische Geräte bedienen	120–150
Restaurantarbeiter	150–200
Gärtner	250–300

Vitalität des Herzens (Lebensalter)

20 bis 30 Jahre	15.000–20.000
30 bis 45 Jahre	10.000–15.000
45 bis 60 Jahre	9–12.000
60 bis 70 Jahre	7–10.000
70 bis 80 Jahre	6–8.000
Kurz vor dem Herzinfarkt	unter 5.000

Kleidung

Naturbaumwolle	80–100
Hanffasern	90–110
Synthetisches Fleece	70–80
Dicker Seidenstoff	200–300
Dünner Wollstoff	200–250
Dicker Wollstoff	300–400
Kaschmir	300–600
Nylonfasern	60–70

KAPITEL 5

Harmonische Beziehungen und Tao-Sex

Beim Denken zeigt sich die Güte in der Tiefe.
Beim Schenken zeigt sich die Güte in der Liebe.
Beim Reden zeigt sich die Güte in der Wahrheit.

LAOZI

Spirituelle Liebe

Nach der taoistisch-esoterischen Wissenschaft bedeutet spirituelle Liebe die Liebe zu einem Menschen, der einem nahesteht sowie die positive biomagnetische Anziehungskraft, die zwischen zwei Menschen besteht, wobei es hier nicht in erster Linie um die geschlechtliche Liebe geht. Diese spirituelle biomagnetische Anziehungskraft entwickelt sich bereits in vergangenen Leben zwischen zwei Menschen, die sich auch schon früher nahegestanden haben. Im Allgemeinen haben Menschen eine sexuelle Beziehung oder heiraten, wenn sie eine spirituelle Liebe von mindestens 70 Prozent haben. Die meisten Menschen haben beim ersten sexuellen Kontakt oder bei der Heirat eine spirituelle Liebe von weniger als 80 Prozent. Wenn sie im Laufe der

Zeit ihre emotionale Liebesbeziehung nicht auf eine spirituelle Liebe von 80 Prozent erhöhen, dann läuft ihre Partnerschaft meistens nicht harmonisch ab. Vermutlich wird diese dann auch rasch beendet, wie an den wachsenden Trennungs- und Scheidungszahlen zu sehen ist.

Im Westen ist es üblich, dass die Kinder lernen, ihre Gefühle und Meinungen vor den Erwachsenen zum Ausdruck bringen, egal ob diese richtig oder falsch sind. Häufig erzeugen diese plötzlichen Gefühlsausdrücke emotionalen Aufruhr und führen zu hitzigem Streit und Aggressionen im Erwachsenenleben.

In der Gesellschaft Asiens lernen die Menschen im Einklang mit den alten konfuzianischen Prinzipien, der Meinung und den Gefühlen ihrer Eltern und älterer Menschen generell Respekt zu erweisen und sorgfältig zu überlegen, ob sie ihre Meinung äußern sollen. Sie lernen, mehr zuzuhören und weniger zu reden. Sie teilen nur bei wichtigen Angelegenheiten ihre Meinung mit, emotionale Themen werden unterdrückt und durch eigenes Nachdenken, den Rat von Älteren oder Vermittlung gelöst.

Ehepartner werden von ihren Eltern gelehrt, sich im Rahmen ihrer jeweiligen Rolle in der Familie gegenseitig Respekt zu erweisen und die Differenzen harmonisch beizulegen – zum Wohle der Kinder und um den Ruf der gesamten Familie zu schützen. Bei schwerwiegenden Streitigkeiten oder schwierigen Angelegenheiten sind häufig die älteren Familienmitglieder involviert. Sie vermitteln oder lösen heikle Probleme. Eine Scheidung ist in vielen Familien immer noch ein Tabu und gilt als schlechtes Omen.

Die östliche und die westliche Sicht der Partnerschaft haben jeweils Vor- und Nachteile. Es wird darüber diskutiert, welcher Ansatz richtig ist und wer sich richtig und moralisch korrekt verhält. Es kommt aber immer darauf an, wo man lebt, denn der kulturelle und religiöse Hintergrund vor Ort spielt eine entscheidende Rolle.

Da im Westen das Recht des Einzelnen und die Menschenrechte mehr Streitigkeiten und Disharmonie entstehen lassen, enden hier über vierzig Prozent der Ehen und Partnerschaften in Trennung und Scheidung. Sobald eine Familie Kinder hat, ist diese hohe Anzahl von Trennungen für die Gesellschaft von Nachteil.

In westlichen Gesellschaften ist es für Männer und Frauen üblich, im Laufe ihres Lebens mehrere Beziehungen und sexuelle Kontakte zu haben, da ihnen das Wissen und Verständnis fehlt, den richtigen harmonischen Lebenspartner zu finden. Daher heiraten auch viele Menschen mehrmals. Leider entsteht dadurch bei Partnerschaften mit Kindern nicht immer eine glückliche Patchworkfamilie, sondern auch eine Generation unglücklicher und emotional gestörter Kinder und später Erwachsener.

Die Kinder sollten im Westen wieder mehr geschätzt werden, denn nach der taoistischen Ehephilosophie ist ein Kind, das in der Ehe oder Partnerschaft geboren wird, ein ultimatives Geschenk des Himmels. Daher sollte man sich alle Mühe geben, das Kind auf die harmonischste und göttlichste Weise aufwachsen zu lassen.

Bei Menschen, die mehrere Beziehungen hatten, ist es auffällig, dass sich die Partner ähneln und immer wieder ein ähnliches Verhalten an den Tag legen wie der vorangegangene Partner. Es scheint alles vorprogrammiert. Wie kann ein Mensch nun seine alten, unausgeglichenen Verhaltensmuster verändern, um neue Partner zu finden, die harmonischer zu ihm passen, damit die beiden als Paar miteinander mehr Liebe, Freude und Fülle genießen können?

Wie man negative Verhaltensmuster ändert

Menschen in einer disharmonischen Partnerschaft oder einer Beziehung, die vor dem Ende steht, sollten nicht mit dem Finger auf ihre Partner zeigen und ihnen für das Versagen die Schuld in die Schuhe schieben. Es bedarf immer zweier Personen, um ein Problem und einen Konflikt entstehen zu lassen. Daher sind beide verantwortlich.

VORBEREITUNG

Schreiben Sie jeder für sich den ursprünglichen Grund der Unstimmigkeit oder des Streits auf, und bemühen Sie sich ganz besonders darum, eine gegenseitige harmonische Basis zu finden, auf der Sie wieder operieren können. Dann können Sie nach und nach weitere größere Themen angehen, um schließlich wieder eine größere Harmonie zu schaffen. Wichtig ist der gegenseitige Respekt. Falls Sie sich für eine Trennung entscheiden, sollte ein Trennungsritual vollzogen werden (siehe S. 159).

KLÄRUNGSVORGANG

Wenn Sie eine Trennung oder Scheidung erlebt haben, sollten Sie sich Zeit nehmen, um die Themen zu bearbeiten, die zu den Unstimmigkeiten oder der Disharmonie geführt haben. Dadurch arbeiten Sie auch Ihre persönlichen Fehler auf, wodurch sie zukünftig nicht wieder passieren. Altes und vor allem aggressives Beziehungsverhalten kann durch eine taoistische Selbstheilungstechnik aufgelöst werden. Das ist wichtig, weil es dem Gesetz von Yin und Yang entspricht, eine verloren gegangene Harmonie wiederherzustellen.

a) Sitzen Sie aufrecht auf einem bequemen Stuhl und tragen Sie bequeme lockere Kleidung.

b) Nehmen Sie einige tiefe Atemzüge, halten Sie dann den Atem an, zählen Sie bis drei und machen Sie sechsmal den Zischlaut »Qi-Qi-Qi-Qi-Qi« (siehe Poweratmung S. 98). Auf diese Weise entspannen Sie Ihr Zwerchfell und bringen es weiter nach unten, damit sich Ihre Lungen mit mehr Luft füllen können.

c) Atmen Sie nun langsam und tief und konzentrieren Sie sich einige Minuten lang auf Ihr Herz. Spüren Sie seine Wärme und schicken Sie Liebe dorthin. Während Sie Liebe in Ihr Herz senden, stellen Sie sich vor, wie es zu strahlen beginnt und in Regenbogenlicht getaucht ist.

d) Als Nächstes konzentrieren Sie sich auf Ihren Solarplexus und spüren dessen Wärme. Atmen Sie langsam in den Solarplexus und schicken Sie die Regenbogenenergie Ihres Herzens in den Solarplexus, um ihn zu heilen. Stellen Sie sich vor, dass alle dunklen Energien durch die leuchtende Regenbogenkraft Ihres Herzens ersetzt werden.

e) Nun stellen Sie sich Ihren früheren Partner oder Ihren Exmann oder Ihre Exfrau vor. Lächeln Sie diesen Menschen an, begrüßen Sie ihn und sagen Sie: »Ich liebe dich immer noch und umarme dich. Ich schicke dir alle Liebe, die du brauchst, damit wir die Disharmonie in unserer Beziehung heilen können.«
Nun stellen Sie sich vor, dass der Partner lächelt, weil er sich freut, Ihre heilende Liebe zu empfangen.
Als Nächstes sagen Sie: »Es tut mir leid, und ich möchte mich dafür entschuldigen, dass ich dir Probleme bereitet habe. Ich bin dankbar für die Gelegenheit, dass ich in der Beziehung

mit dir etwas lernen konnte. Ich danke dir voller Liebe millionenfach dafür.«

Spüren Sie nun im ganzen Körper nach, wie er warm wird, und lassen Sie sich vom Gefühl der Liebe und Freude überströmen. Ihr ganzer Körper und Ihre Aura erstrahlen nun in Regenbogenfarben. Sie fühlen sich von Liebe erfüllt, sind glücklich und öffnen sich für die Möglichkeit einer neuen Beziehung.

Es ist wichtig, dass Sie auf diese Weise die noch vorhandene aggressive negative spirituelle Verbindung auflösen. Wiederholen Sie diesen Prozess, bis Sie eine ganz große Leichtigkeit dabei empfinden, sich beim früheren Partner zu entschuldigen und ihm Liebe zu schicken. Dann löst sich für Sie die spirituelle magnetische Verbindung und der Heilungsprozess kann für Sie beide beginnen.

Die Verbindung zu Lebzeiten klären

Es ist äußerst wichtig, dass Sie sich mit Ihrem Partner versöhnen, bevor einer von Ihnen stirbt, damit sich diese Partnerschaft mit dem gleichen Menschen in einem zukünftigen Leben nicht wiederholt. Aus taoistischer oder karmischer Sicht müssen alle aktuellen disharmonischen Beziehungen gelöst werden, indem man in einem zukünftigen Leben ähnliche Verbindungen durchlebt, damit jeder von den negativen emotionalen Lektionen lernen kann und sich dem anderen Menschen gegenüber wieder freundlich und liebevoll verhält. Dies ist das grundlegende Gesetz des Tao. Daher ist es besser, aktuelle Partnerschaftsprobleme gleich zu lösen, als auf das kommende Leben zu warten, denn die Lebens- und Umweltbedingungen könnten noch viel schwieriger werden. Im Taoismus heißt es auch immer: »Freunde bereiten uns mehr Freude als Feinde.«

Den passenden harmonischen Lebenspartner anziehen

Wenn bei Ihnen eine Beziehung nicht funktioniert hat, sollten Sie wie oben beschrieben die Hauptursachen aufschreiben, die zum Ende der Beziehung geführt haben, um daraus zu lernen. Dann sollten die Eigenschaften des alten Partners und die gewünschten Eigenschaften des neuen Partners notiert werden, den Sie im Leben anziehen möchten. Auf diese Art und Weise bereiten Sie den Weg für eine erfolgreichere Partnerschaft. Konzentrieren Sie sich auf die Qualitäten des zukünftigen Partners, damit Sie die ideale Person anziehen können.

Im heutigen modernen Leben ist es viel einfacher zu reisen. Daher ist es für einen Menschen recht normal, zwischen fünfzig und zweihundert Personen des anderen Geschlechts kennenzulernen, unter denen einer ist, mit dem er potenziell eine Beziehung eingehen könnte. Daher ist es auch wahrscheinlicher, im Laufe eines Erdenlebens sogenannte »Seelengefährten« zu treffen, wenn Sie wirklich aus Ihrer vergangenen Beziehung gelernt haben und sich auf die gewünschten Eigenschaften des zukünftigen Partners konzentrieren. Wichtig ist, dass auch Sie Ihre eigenen schlechten Gewohnheiten und Ihr unharmonisches Verhalten ändern. Auch im Taoismus heißt es: »Du musst dich selbst verändern, bevor sich die Welt verändert und du das anziehen kannst, was du dir wünschst.«

Der Mensch ist das einzige Lebewesen, das eine mentale Projektion erzeugen und das Gewünschte anziehen kann. Hier gilt das taoistische Gesetz der Anziehung: »Du ziehst das an, an was du denkst und worauf du dich konzentrierst.«

Notieren Sie wirklich alle Eigenschaften, das Verhalten des neuen Partners und die hohe spirituelle Liebe, die Sie sich wünschen. Ansonsten kommen einfach alle möglichen guten und schlechten potenziellen Partner auf Sie zu, und es besteht eine große Wahrscheinlichkeit, dass Sie eine weitere disharmonische Beziehung erleben.

Wiederholte Verhaltens- und Krankheitsmuster

Eine deutsche Frau kam bei einem Seminar einmal auf uns zu und bat uns um Rat. Sie hatte Brustkrebs. In der taoistischen Medizin wird ein Zusammenhang zwischen Krebs in der rechten Brust und einem längeren Konflikt und Aggressionen mit dem Mann gesehen. (Bei lesbischen Paaren geht es um die Partnerin, die die stärkeren männlichen Anteile hat.) In diesem Fall machte die Frau Rückführungen in vergangene Leben, in denen sie Schritt für Schritt von ihrer Kindheit bis zum aktuellen Lebensalter von 56 Jahren ging. Sie hatte sechs unglückliche Beziehungen mit Männern gehabt, die sich alle nach einem bestimmten Muster verhielten. Im Allgemeinen verhielten sie sich wie unreife Teenager, die ihre Kleidung überall herumliegen ließen. Die Frau räumte hinter ihnen her und sorgte für die Wäsche und das Frühstück – wie eine Mutter für ihre Kinder. Später entdeckte die Frau, dass ihre Mutter das Gleiche für den Vater getan hatte, denn sie war davon ausgegangen, dass dies ihre Aufgabe als Ehefrau war.

Darüber hinaus sah sich die Frau in einer Neutrakon-Regressionssitzung zahlreiche vergangene Leben an. Sie ging auf sechs Leben besonders ein und war schockiert, dass sie bereits damals eine ähnliche Sorte Männer angezogen hatte. Letztendlich hatte sie in den letzten 500 Jahren ihre negative Verhaltensweise nicht verändert. Das bestätigt die taoistische Aussage: »Schlechtes Wetter und schlechte Zeiten dauern nie an, wohl aber ein schlechtes menschliches Verhalten – denn dieses kann über Leben hinweg bestehen bleiben.«

Es ist für uns alle daher sehr wichtig, unsere Verhaltensmuster in Bezug auf Partner, Arbeitskollegen und andere Mitmenschen zu analysieren und unsere Stärken, Ängste und Minderwertigkeitsgefühle zu identifizieren, die uns im Leben blockieren oder uns bei unseren Zielen und Lebensaufgaben bremsen. Ein Mensch muss meistens in vergangene Leben zurückgehen und zusätzlich das Bewusstsein der Ahnen und des Clans ergründen, um negative Emotionen und Verhaltensmuster zu lösen, die das aktuelle Leben behindern.

Hierzu ein weiteres Fallbeispiel:
Wir berieten eine andere Frau mit Brustkrebs, die ein Beziehungsproblem mit ihrem geschiedenen Mann hatte. Nach der Meinung der Ärzte hatte sie noch ein halbes Jahr zu leben. In sechs Rückführungen erlebte sie, dass sie auch in vergangenen Leben bereits unter Brustkrebs gelitten und mit dem gleichen sowie anderen Männern ähnliche Konflikte durchlebt hatte. Sie erkannte, dass es eine bessere Überlebenschance gab, wenn sie die Ehekonflikte mit ihrem Exmann beilegte. Zuerst hatte sie sich geweigert, wurde sich dann aber plötzlich der energetischen Verbindung zwischen ihrer Erkrankung und der unglücklichen Beziehung bewusst, die sie lange verschleppt hatte. (Wenn ein Mann Beziehungsprobleme nicht verkraftet, kann es übrigens zu Prostataproblemen kommen.) Nachdem sie beschlossen hatte, mit ihrem früheren Mann ein freundschaftliches Verhältnis zu pflegen, ging ihr Brustkrebs zurück. Nach einigen Jahren der Freundschaft war ihre spirituelle Liebe von 73 % auf 85 % angewachsen. Schließlich war sie bereit für eine neue Beziehung und traf auf den Mann, den sie sich gewünscht hatte.

Impulsive westliche Beziehungen

Unserer Erfahrung nach leben die meisten westlichen Erwachsenen zwar solo, wünschen sich aber einen Partner. Normalerweise akzeptieren sie den ersten Menschen, auf den sie treffen, ohne zuvor bestimmte Auswahlkriterien festgelegt zu haben. Dann lebt man zuerst einmal zusammen. Sollte die Beziehung harmonisch und glücklich verlaufen, werden Kinder geboren oder man heiratet. Wird die Beziehung unharmonisch, dann entscheidet man sich, getrennt zu leben oder sich ganz zu trennen. Beide Partner suchen dann einen neuen Partner und dasselbe wiederholt sich. Auch die Taoisten sagen: »Gleich und gleich gesellt sich gern.«

Wir haben erfahren, dass in Asien die arrangierten Ehen (siehe den nachfolgenden Abschnitt) eine Erfolgsquote von mehr als 90 Prozent im Vergleich zu den normal geschlossenen Ehen (Erfolgsquote 60 bis 70 Prozent) haben. Im Westen lassen sich mehr als die Hälfte der Menschen wieder scheiden. Hier sind Trennung und Scheidung kein kulturelles Tabu und durch die Rechtsprechung leichter möglich. Vor Kurzem lasen wir in einem Bericht, dass in Berlin mehr als 70 Prozent der Frauen mit Kindern alleinerziehende Mütter sind, was eine enorme emotionale Belastung für alle Beteiligten darstellt und in Zukunft leider weitere schlechte Partnerschaftsmuster entstehen lässt.

Partnerwahl in Asien

In Asien ist es üblich, aufgrund der wirtschaftlichen Situation und Armut sowie des Scheidungstabus einen Partner im Allgemeinen sehr sorgfältig auszuwählen. Asiaten müssen rationaler sein und möglichst die richtige Wahl treffen, da eine Trennung oder Scheidung praktisch ein Tabu für die Familie und den Clan ist. Auch der Mann erhält Ratschläge, wenn es darum geht, eine tugendhafte und verantwortungsvolle Frau zu finden. Die finanzielle Sicherheit und die Sicherheit des Arbeitsplatzes sind weitere wichtige Faktoren, die ernsthaft erwogen werden. Die Frauen wollen sicher sein, dass der Mann die Familie ernähren kann, da es wahrscheinlicher ist, dass sie sich um die Kinder kümmern und daher nicht arbeiten gehen, um die Familie zu unterstützen. In Asien ist die Frau weiterhin am ehesten in der traditionellen Rolle zu finden, sie kümmert sich um die Kinder und den Mann. Sie würde auch alles dafür tun, um den Mann zu unterstützen. Dieses Clansystem hat seine Vorteile, denn es gibt in Asien nicht überall eine staatliche finanzielle Unterstützung, weshalb alleinstehende Mütter dort große Schwierigkeiten haben. Daher sorgen die Partner meist dafür, dass sie die Verantwortung für ihre Kinder gemeinsam tragen und sich bis zum Tod treu bleiben.

Das Gute in Asien ist auch, dass es fast immer zur Tradition gehört, astrologischen Rat zu suchen, um herauszufinden, ob zwischen den zukünftigen Brautleuten Harmonie besteht. Auf diese Weise können mögliche Disharmonien oder Scheidungen vermieden werden. Solche Verbindungen sind nicht unbedingt von »glühender Liebe« geprägt, sondern von Beständigkeit und langfristiger Verantwortung für den Clan und die Familie. Doch dadurch wird die Partnerschaft gefestigt, und die Paare bemühen sich eher darum, ihre Differenzen zu lösen und die Beziehung zu verbessern. Die Philosophie dahinter ist, dass die Paare genug Geld verdienen, um glückliche Kinder aufwachsen zu sehen, die außerdem eine gute Ausbildung genießen. Kinder stehen in Asien an erster Stelle.

Der Erfolg der arrangierten Ehe

Arrangierte Ehen gibt es weiterhin in den traditionellen Familien in asiatischen Ländern. Mehr als neunzig Prozent dieser durch Ehevermittler arrangierten Hochzeiten sind langfristig erfolgreich. Hier darf sich die Liebe später entwickeln. Wir haben festgestellt, dass bei fast allen arrangierten Ehen die spirituelle Liebe der Ehepartner im Schnitt bei 75 bis 85 Prozent lag. Das deutete darauf hin, dass sich diese Paare bereits in vergangenen Leben begegnet sind und an der Beziehung gearbeitet haben, um »Seelengefährten« zu werden. In vergangenen Leben sind sie aber nicht nur Ehepartner, sondern auch Geschwister oder Kinder voneinander gewesen. Probleme, die im letzten Leben vor dem Tod eines Partners nicht gelöst wurden, werden in diesem Leben weiter angegangen.

Wir trafen einmal auf einem Seminar ein Paar, das im Laufe der letzten neunhundert Jahre siebenundzwanzigmal verheiratet gewesen war. Die beiden erwogen erneut eine Scheidung, als sie bei uns auf dem Seminar waren, um ihre Eheprobleme zu lösen. Es gibt scheinbar keine Abkürzung oder kein Entkommen, was das Harmoniegesetz der Natur und des Karma angeht – selbst wenn man den Partner nicht mag und ihm nie wieder begegnen möchte. Die Gesetze des Tao und des Karma verlangen, dass man so lange aufeinandertrifft, bis die Disharmonie beigelegt ist.

Das Phänomen der Zwillingsseelen

In Bezug auf den Begriff »Zwillingsseelen« gibt es unterschiedliche Meinungen. Aus unserer Sicht und Erfahrung handelt es sich bei Zwillingsseelen um Paare, die eine spirituelle Liebe und Harmonie von hundert Prozent erreicht haben. Sie fühlen, denken und genießen auf ganz ähnliche Art und Weise und müssen keine größeren Konflikte oder Streitigkeiten durchleben. Natürlich haben sie auch ihre eigenen Meinungen, Gefühle und Bedürfnisse, denn sie sind in unterschiedlichen Familien oder Traditionen aufgewachsen. Da ihre Liebe jedoch weit entwickelt ist und sie schwierige Themen rational lösen können, sind sie in der Lage, die Schwächen des anderen zu akzeptieren und auf ihre gegenseitigen Bedürfnisse Wert zu legen. Auf diese Art und Weise gelangen sie zu harmonischen Konfliktlösungen. Sie haben auch ein großes Herz, können vergeben und vergessen und empfinden ihrem Partner gegenüber großes Mitgefühl.

Zwillingsseelen werden normalerweise in unterschiedlichen

Ländern geboren, denn eigentlich besteht nach dem karmischen Gesetz keine große oder überhaupt keine Notwendigkeit mehr, Beziehungsthemen miteinander zu bearbeiten. In alten Zeiten war es für Zwillingsseelen daher praktisch unmöglich, sich zu treffen, aber durch die modernen Verkehrssysteme ist die Wahrscheinlichkeit größer, dass sich auch Zwillingsseelen treffen.

DER SCHOCK DER BEGEGNUNG

Wir haben auch Zwillingsseelen getroffen, die von ihrer überraschenden Begegnung zutiefst schockiert waren. Eine Dame aus Schweden bat uns um spirituelle Hilfe, da sie sich von einem deutschen Arzt außergewöhnlich stark angezogen fühlte. Nachdem sie ihn auf einer Konferenz getroffen hatte, musste sie ihn jeden Tag sehen, wenn auch nur aus der Entfernung. Beide lebten in Göteborg 26 km voneinander entfernt. Täglich legte diese Frau 52 km zurück, um diesen Arzt in der Klinik zu sehen, wo er arbeitete. Beide waren ansonsten glücklich verheiratet und hatten Kinder. Trotzdem beschlossen sie damals, sich mehrmals im Monat zu treffen, was sie über mehrere Monate hinweg taten, bis der Arzt diese Beziehung beendete, da sie seine Arbeit und sein Familienleben belastete. Nachdem er die Beziehung beendet hatte, war die Frau nahe daran sich umbringen und kam daher zu uns in die Beratung. Unsere Erklärung war, dass es sich hier um Zwillingsseelen handelte, die sich getroffen hatten. Da es für Zwillingsseelen fast unmöglich ist, sich zu trennen, weil der spirituelle Magnetismus so stark ist, beschlossen die beiden, sich weiter regelmäßig auszutauschen.

Und hier noch eine weitere Geschichte zum Thema Zwillingsseele:

Spontane Küsse am Flughafen

Eine konservative englische Lady namens Jane nahm Kontakt zu uns auf, nachdem sie ihre Zwillingsseelenbegegnung gehabt hatte. Sie war gerade auf dem Weg zu ihrem Abflugsteig am Flughafen in New York, als sie auf einen großen, gut aussehenden Amerikaner traf, der mit ihr Augenkontakt aufnahm. Fast augenblicklich lagen sie sich in den Armen und küssten sich. Einige Minuten später hatten sie wieder die Kontrolle über sich und waren überrascht, denn jeder hatte zwar einen »Fremden« getroffen, doch die Küsse waren überaus leidenschaftlich gewesen. Beide entschuldigten sich für ein solches Verhalten in der Öffentlichkeit und wandten sich voneinander ab, bis sie sich aus den Augen verloren. Für Jane war das ein zutiefst schockierendes Erlebnis gewesen.

Sie war jedoch so ehrlich und berichtete ihrem Mann und ihrer Familie von ihrem überraschenden und erstaunlichen Erlebnis. Der Mann, mit dem sie glücklich verheiratet war, war schockiert, doch die Kinder freuten sich, dass ihre konservative und hochmoralische Mutter sich so plötzlich geöffnet hatte. Ihr Ehemann, ein Geschäftsmann, wunderte sich jedoch sehr.

In den nächsten sechs Monaten dachte Jane jeden Tag an ihre amerikanische Zwillingsseele. Ein Jahr lang hatte sie die verrückte Idee, in 36 der 50 amerikanischen Staaten zu reisen – in der Hoffnung, diesem Mann wiederzubegegnen. Auf jedem Flughafen hoffte sie, ihn zu sehen und musterte alle Reisenden ganz genau. Auch den Londoner Flughafen besuchte sie in den nächsten fünf Jahren regelmäßig. Nachdem sie bei uns einige Rückführungssitzungen gemacht und drei vergangene glückliche Leben mit ihrer Zwillingsseele durchlaufen hatte, gab sie ihre Suche nach dem Mann in diesem Leben auf. Wahrscheinlich hatte sie so intensiv versucht, ihn auf dem Flughafen zu finden, weil er im vergangenen Leben im Krieg auf tragische Weise verschollen war.

Und hier möchten wir noch zwei weitere amüsante Geschichten über starke Seelenverbindungen mit unseren Lesern teilen:

Ein dreibeiniger Hund als früherer Liebhaber

Wir befragten eine Schwedin und ihren Mann, warum sie sich dazu entschieden hatten, einen dreibeinigen Hund aus dem Tierheim zu holen. Es gab doch im wahrsten Sinne des Wortes so viele Vierbeiner, warum also hatte sich die Frau für dieses Tier entschieden? Das Paar sagte, dass es für das Tier Mitgefühl empfunden und es sich stimmig angefühlt hatte, den dreibeinigen Hund mit nach Hause zu nehmen. Unsere Antwort fiel noch etwas anders aus: Der Dreibeiner war in einem vergangenen Leben einmal der Liebhaber der Frau gewesen. Als der Mann das hörte, rief er laut: »Kein Wunder, der Hund ist nämlich eifersüchtig, wenn ich mit meiner Frau Sex habe. Jedes Mal, wenn wir zusammen sind und es dem Hund gelingt, ins Schlafzimmer zu kommen, springt er sofort ins Bett und versucht, mich beiseitezuschieben. Deshalb müssen wir jetzt immer die Schlafzimmertür geschlossen halten.«

Ein einäugiger Hund als früherer Vater

Eine Deutsche hatte die Möglichkeit, sich einen von vier Welpen auszusuchen. Sie nahm ausgerechnet den Einäugigen, und der Besitzer wunderte sich über ihre spezielle Wahl. Später bereute sie ihre Entscheidung ein bisschen und fragte uns auf einem unserer Seminare über spirituelle Liebe, warum sie eine so irrationale Wahl getroffen hatte. Unsere Antwort lautete: Der einäugige Hund war ihr Vater aus einem vergangenen Leben, der ihr viel Gutes getan hatte. Dadurch dass sie diesen Hund zu sich genommen hatte, glich sie diese frühere Unterstützung dankbar aus.

Wie erkennt man Zwillingsseelen?

Wie reagiert der Körper, wenn man eine Zwillingsseele oder einen Menschen trifft, der über 90 Prozent spirituelle Liebe mit einem selbst hat? Unsere Gespräche mit vielen Zwillingsseelen und Partnern mit starker spiritueller Liebe ergaben, dass der Körper schnell erglüht und der Wunsch nach Sex wie ein Sturm ist. Fast unmittelbar nach dem ersten Augenkontakt besteht ein unglaublich starker Wunsch, den Menschen zu umarmen, zu küssen oder sogar mit ihm möglichst schnell Sex zu haben. Beide Partner haben allein bei dem Gedanken an den anderen oft einen oder mehrfache Orgasmen.

In einem Fall trafen sich zwei Menschen mit einer spirituellen Liebe von »nur« 91 Prozent in einem Café in Los Angeles. Innerhalb von Minuten war die Dame im mittleren Alter oben ohne und riss dem Mann das Hemd vom Leib. Schnell gingen sie auf die Toilette, um dort Sex zu haben, was beide sehr schockierte. Die Liebesgeschichte endete, als der Ehemann der Frau nach dem Einkaufen das Café aufsuchte. Diese Frau reiste uns Tausende von Kilometern nach Neuseeland hinterher, um uns um Rat zu fragen, denn sie wusste nichts von Zwillingsseelen. Sie war von dieser bizarren Episode vollkommen überrascht und hatte nur den starken Wunsch, den Mann wieder zu treffen.

Die spirituelle Liebe

Ist es nun wirklich gut, seiner Zwillingsseele oder einem Menschen zu begegnen, dessen spirituelle Liebe fast der einer Zwillingsseele gleichkommt? Sie liebe Leser werden das nur herausfinden, wenn es Ihnen passiert …

Grundsätzlich ist es für die emotionale Stabilität, einen friedvollen Geist und große Lebensfreude immer gut, wenn man einen Partner aus vergangenen Leben trifft, bei dem die spirituelle Liebe über 85 Prozent beträgt. Da wir Menschen schon so oft inkarniert haben, ist es sehr wahrscheinlich, dass jeder Mensch potenziell zwischen 50 und 500 Personen treffen kann, bei denen die spirituelle Liebe so stark ist. Ein wenig Geduld, Konzentration auf einen harmonischen Partner und gutes Fengshui im Haus werden dafür sorgen, dass Sie »Mr. oder Mrs. Right« begegnen.

Wie Sie Ihren Wunschpartner finden

1. Notieren Sie auf einem Blatt das Verhaltensmuster und die Charaktereigenschaften, die Sie sich bei Ihrer zukünftigen Lebenspartnerin oder dem Partner wünschen. Beispiele: ein angenehmer, freundlicher Mensch, der gut organisieren kann und einen gut bezahlten Beruf hat.
Oder: ein liebevoller Mensch, der mich gern umsorgt und viele Interessen mit mir teilt.
Die notierten Eigenschaften sollten normalerweise das Gegenteil der Partnereigenschaften sein, die Sie in der früheren misslungenen Beziehung erlebt haben – ansonsten würden Sie ja den gleichen Typ Mensch erneut anziehen.
Skizzieren Sie als Nächstes das Gesicht und die Statur der Frau oder des Mannes, die oder den Sie sich für Ihre Beziehung wünschen. Diese Person existiert bereits, und Sie müssen sich eigentlich nur darauf konzentrieren, diesen Menschen anzuziehen.

2. Wenn Sie dann auf eine Frau oder einen Mann treffen, der bei Ihnen starke Gefühle auslöst, dann sollten Sie sich einige relevante Fragen stellen:
   a) Beträgt unsere spirituelle Liebe über 85 Prozent? Eine Beziehung mit über 85 Prozent spiritueller Liebe hat größere Chancen, einen längeren Zeitraum zu überdauern, und bietet die Möglichkeit, die Liebe noch weiter bis auf über 90 Prozent zu erhöhen.

b) Wenn Sie an den geliebten Menschen denken, haben Sie dann sehr starke Gefühle und den dringenden Wunsch, ihn im Arm zu halten und zu küssen? Es ist gut, wenn Sie diese Frage mit »Ja« beantworten. Spüren Sie dann im Körper nach, wo Ihr Gefühl am stärksten ist – im Herzen, im Solarplexus oder im Genitalbereich? Am besten ist eine Herzverbindung, denn dies weist auf eine starke spirituelle Liebesverbindung hin. In einem vergangenen Leben könnte diese Frau oder dieser Mann Ihr Ehepartner gewesen sein.

Stellen Sie nun weitere Fragen:

c) Ist dieser Mensch großzügig und fürsorglich?

d) Handelt es sich um einen »reifen« Menschen und nicht um ein unreifes Kind, das sich im Körper eines Erwachsenen verbirgt? Das können Sie anfangs beispielsweise herausfinden, wenn Sie eine Verabredung einmal nicht einhalten und dann sehen, wie sich Ihr potenzieller Wunschpartner verhält.

e) Kann ich mich auf sie oder ihn als Partner verlassen? Wird er mich unterstützen, und ist er in der Lage, sich um unsere Kinder zu kümmern?

f) Hat er eine gesicherte und gut bezahlte Arbeitsstelle?

g) Falls bereits Kinder aus einer anderen Beziehung vorhanden sind: Prüfen Sie, ob er sich diesen gegenüber liebevoll und fürsorglich verhält.

Natürlich gibt es noch sehr viele weitere relevante Fragen in Bezug auf diesen Menschen, den Sie gerade kennengelernt haben. Es ist stimmig, wenn Sie probeweise zusammenleben, bevor Sie fest zusammenziehen und sich weiter aufeinander einlassen. Auch die eigenen Freunde sind ein sehr guter Spiegel und können Ihnen wertvolle Rückmeldungen zum neuen Partner geben. Nehmen Sie ihn zu Treffen und Veranstaltungen mit, und finden Sie heraus, wie er sich verhält.

Taoistisches Scheidungsritual

In Asien haben wir zehn Jahre in unseren Clans als familien-
älteste Berater bei Beziehungsproblemen gewirkt und Paaren
geholfen, ihre Schwierigkeiten zu lösen. Wir haben festgestellt,
dass sich über 90 Prozent der Fälle auf eine harmonische Art
und Weise bereinigen lassen. Dabei ist ein symbolisches taoistisches Trennungs- oder Scheidungsritual sehr hilfreich.

Wenn Sie verheiratet waren oder eine längere Beziehung mit
Familienbindung hinter sich haben, empfehlen wir Ihnen ein
Trennungs- oder Scheidungsritual. In der modernen westlichen
Tradition wird sehr viel Wert auf die Hochzeit oder eine sonstige Form der Vermählung gelegt. Wenn es aber um eine Trennung geht, sehen sich viele Paare nicht einmal mehr von Angesicht zu Angesicht vor dem Scheidungsrichter. Dabei ist es
äußerst wichtig, die persönlichen und die familiären Bande
sachte zu lösen und in eine freundschaftliche Verbundenheit
umzuwandeln. Schließlich hat man den Partner, von dem man
sich trennt, einmal geliebt und mit ihm wunderbare Zeiten ver-
bracht.

Grundsätzlich unterstützt die taoistische Familienphilo-
sophie keine Trennung von verheirateten Paaren, wenn Kinder
vorhanden sind. In Ausnahmefällen und bei Paaren, die keine
Kinder haben, ist es gestattet, sich zu trennen oder scheiden zu
lassen, wenn ein spezielles Ritual zur »harmonischen Abreise
und Trennung« abgehalten wird.

Häufig wird ein Paar mit schwerwiegenden Beziehungsproblemen, das um eine Trennung oder Scheidung ersucht, auf ein
Clanmitglied oder einen Gemeinschaftsältesten verwiesen, der
dabei hilft, die Differenzen zu beseitigen und die Harmonie wiederherzustellen.

Es gibt noch einen weiteren Grund, weshalb sich asiatische
Paare nicht trennen. Dies ist die starke Bindung an die bei-
derseitige Großfamilie. Durch eine Hochzeit wird die enge

Familienbindung zwischen zwei Clans häufig zementiert. Dabei ist es nicht unüblich, dass jeder Clan 50 bis 1000 Mitglieder zählt.

Im Folgenden möchten wir ein taoistisches Ritual für die Trennung und die Harmonie der Familie beschreiben, wie es heute noch in Asien praktiziert wird.

a) Das Paar sitzt mit Repräsentanten beider Familien zusammen und wird gebeten, nicht die Scheidung einzureichen, wenn Kinder vorhanden sind. Auch die Kinder sind anwesend und werden ebenfalls gefragt, ob sie wünschen, dass sich ihre Eltern trennen und scheiden lassen.

b) Bei Paaren, die keine Kinder haben, ist kein solches Treffen wie unter a) beschrieben notwendig. Oft kommt es vor, dass dieses Paar falsch vermittelt wurde und keine ausreichende astrologische Harmonie besitzt. Ohne Kinder ist ein Scheidungsprozess auch viel einfacher.

c) Eine Scheidungsvereinbarung wird diskutiert. Es geht um Details zur Aufteilung des Besitzes, die Fürsorge für die Kinder, deren Erziehung und die finanzielle Unterstützung des Partners, der die Kinder erzieht. Alle Punkte werden schriftlich festgehalten.

d) Dann tritt das Paar vor den Familien- oder Clanaltar, um zu beten und sich bei den Eltern der Partnerin oder des Partners für das Misslingen der Beziehung oder Ehe zu entschuldigen. Die ehemaligen Partner bedanken sich auch beieinander für die glücklichen und guten Zeiten, die sie miteinander geteilt haben.
Nun bitten sie gegenseitig um Vergebung und bitten darum, vom Eid der Ehe entbunden zu werden und damit spirituell frei zu sein. Eine neue Beziehung dürfen sie erst wieder drei

Monate (sechs Mondzyklen) später eingehen. Diese drei Monate (in manchen Fällen sind es sogar sechs Monate bis zu drei Jahren) sind notwendig, um beiden Familien und den Clanmitgliedern Respekt zu erweisen.

e) Das geschiedene Paar wird von den Clanältesten und Verwandten gesegnet und darum gebeten zu versprechen, dass beide in Harmonie freundschaftlich miteinander verbunden bleiben und die gemeinsame Verantwortung für die Kindererziehung tragen werden.

f) Das Paar hinterlegt auf dem Familien- oder Ahnenaltar symbolisch einen Teil der Mitgift. Wenn die Familie der Frau beispielsweise eine Mitgiftzahlung von 10.000 Euro erhalten hatte, dann würde eine symbolische Summe von 1000 Euro in einem rosafarbenen Umschlag auf den Altar gelegt werden, um fortwährendes Glück zu gewährleisten. Diese symbolische Rückgabe der Mitgift wird auf dem Familienaltar den Ahnen und der Göttin des Wohlstandes und der Beziehungen geopfert, um für zukünftigen Wohlstand, Familienharmonie und Glück zu sorgen.

g) Das Paar unterzeichnet gemeinsam die Scheidungsdokumente. Hier steht geschrieben, dass sich beide Seiten dazu verpflichten, für das Wohl der gemeinsamen Kinder zu sorgen und die Harmonie der Familie und des Clans zu bewahren. Es wird vereinbart, dass keine unfreundlichen Worte oder Taten gegenüber den Familien und dem Clan erfolgen, die deren Ruf schädigen könnten.

h) Nun werden die geschiedenen Eheleute wieder von ihren Familien und Clans empfangen und begrüßt – allerdings nicht als vollwertige Clanmitglieder, sondern als »Freunde«.

Wenn das geschiedene Paar Kinder hat, wenden sie sich weiterhin aus Respekt für ihre Kinder mit den üblichen Familienbezeichnungen wie »Mutter«, »Vater«, »Großmutter« oder »Großvater« an die jeweiligen Familienmitglieder.

i) Die geschiedenen Partner sollten die gegenseitige Unabhängigkeit respektieren und liebevoll miteinander umgehen, um das gegenseitige emotionale Trauma zu heilen. Beide sollten auch die guten glücklichen Zeiten, die sie miteinander hatten, in Ehren halten und zu den Kindern, Verwandten und gemeinsamen Freunden eine harmonische Beziehung pflegen.

j) Der folgende emotionale Heilungsprozess sollte regelmäßig praktiziert werden, bis ungute Gefühle und Aggressionen gegenüber dem früheren Partner abgebaut sind:
Sagen Sie laut oder still für sich: »… (Name des Partners), es tut mir leid, dass unsere Beziehung/Ehe auseinandergegangen ist. Ich bitte um vollkommene Vergebung und danke dir für diese Lebenserfahrung. Ich liebe dich, ich liebe dich, ich liebe dich und werde dich weiterhin lieben!«
Stellen Sie sich nun vor, wie Sie ihren früheren Partner fest umarmen und sich viel Harmonie und Liebe schenken.
Dieser Prozess hilft Ihnen dabei, die tiefen emotionalen Traumata für Sie als früheres Paar, für Ihre Kinder und deren Kinder und Kindeskinder zu heilen. So können gebrochene Herzen über die Zeit hinweg geheilt und eine liebevolle und herzliche Verbindung wiederhergestellt werden.

In unserer modernen Welt kann dieses taoistische Ritual für Trennung und Harmonie in einer einfachen Form praktiziert werden, indem man enge Freunde und Vermittler einlädt, die einem bei der Lösung schwieriger Themen helfen. Das erlaubt dem ehemaligen Paar sowie dessen Freunden, Familienmitgliedern und Kollegen, weiterhin eine harmonische Beziehung zu pflegen. Eine Trennung oder Scheidung sollte als Abschluss einer kurzen gemeinsamen Reise auf der Erde betrachtet werden. Die erneut hergestellte Harmonie ist erforderlich, damit die nächste »Reise« wieder von Harmonie und Glück begleitet wird.

Ein solches Harmonieritual ist bei geschiedenen Partnern äußerst wichtig, damit in der gegenwärtigen Inkarnation die Harmonie zwischen den beiden Menschen wiederhergestellt wird. Besteht weiterhin eine Dissonanz, dann müssen beide Partner erneut inkarnieren und sich in einer Ehe miteinander auseinandersetzen, bis sie Harmonie in ihrer Beziehung erreicht haben. Dieses Ritual hilft auch dabei, die Emotionen eines gebrochenen Herzens zu heilen, damit sich jeder Partner später für eine neue harmonische Beziehung öffnen kann. Ansonsten würde sich das gleiche Muster beim nächsten Partner wiederholen und könnte zu einer weiteren Scheidung führen. Zudem bewirkt das Harmonieritual, dass ein freundliches Verhältnis innerhalb des Clans gepflegt wird und die Beziehungen nicht durch Feindseligkeiten oder Aggressionen belastet werden.

Ein moderner gebildeter Mensch erlebt in seinem Leben zwischen fünf und zehn Liebesbekanntschaften, die wieder auseinandergehen. Etwa 30 bis 50 Prozent der Ehen mit Kindern werden geschieden. Meist halten Emotionen wie Angst, Wut oder Enttäuschung sehr lange an. Daher ist ein solches klärendes symbolisches Trennungsritual von großer Bedeutung, denn es wirkt auch auf der kollektiven Ebene sehr heilend. Es ist ein wertvoller Beitrag zum Tao-Bewusstsein der Erde, das letztendlich auf Harmonie und Frieden ausgerichtet ist.

Tao-Sex und Regenbogenkinder

Für den modernen Menschen sollte – egal ob er verheiratet ist oder in einer Beziehung lebt – entspannter Sex zum normalen Alltagsleben gehören. Das heutige Leben und der Stress des Familienlebens stellen allerdings oft eine Belastung dar. Dadurch entstehen auch immer mehr unerklärliche Ängste, die die Lust beeinträchtigen. Häufig beklagen sich die Frauen, dass sich der Mann nicht genügend Zeit für das Vorspiel nimmt, und sie daher beim eigentlichen Sexualakt nicht erregt genug sind. Viele westliche Frauen erleben daher keinen Orgasmus.

Der westliche Mann nutzt Sex häufig zur Stressauflösung, weshalb er in wenigen Minuten zur Ejakulation kommt, was ihm ein wenig von seinem inneren Druck nimmt. Von Ängsten und Unsicherheiten des modernen Lebens geplagt sind aber selbst die jüngeren Männer sexuell nicht mehr so aktiv. Nach der chinesischen Medizin schwächt die Emotion Angst die Nieren – das Organ, in dem die Sexualhormone produziert werden.

Nachfolgend haben wir Checklisten für Männer und Frauen zusammengestellt, die mögliche Ursachen für die genannten Probleme beschreiben.

Impotenz und mangelnde Lust bei Männern

- Mangel an Selbstliebe führt zu einem geschwächten Herzen sowie zu einem verminderten Blut- und Lymphfluss in den Sexualorganen.
- Übergewicht und mangelnde Durchblutung in den Sexualorganen und im Penis, wodurch die Erektion eingeschränkt wird.
- Angst vor Sex, weil man sich vor einer Schwangerschaft und der daraus resultierenden Verantwortung für die Kinder fürchtet.

Der Grund hierfür können Probleme im jetzigen oder in vergangenen Leben sein.

- Zu viel Junkfood und zu wenig frische Lebensmittel. Zu viele Säure bildende (Fleisch und Zucker) sowie zu viele kühlende Nahrungsmittel wie Bier, Salate, Gurken und Wassermelone. Dadurch entsteht Kälte im Sexualchakra und die Durchblutung verringert sich. Der Wärmemangel mindert die Erektionsfähigkeit.
- Der Körper ist von Giftstoffen überlastet oder leidet unter Pilzinfektionen (z. B. Candida).
- Stress im Berufs- oder Familienleben kann eine Erektionsunfähigkeit auslösen.
- Die Energie des Basischakras ist durch zu häufige Ejakulationen und zu starke Aggressionen beim Sex ausgelaugt.
- Prostataprobleme können durch einen Mangel an regelmäßigem Sex entstehen.
- Hodenschwäche und dadurch verminderte Spermienanzahl.
- Die sexuelle Aktivität wird durch Herz- und Nierenprobleme eingeschränkt.
- Eine Fehlfunktion der Atmung oder mangelnde Kraft der Lunge kann eine vorzeitige Ejakulation auslösen.
- Starke Rückenschmerzen können die Nierenenergie und die im Kreuzbein befindliche Kundalinienergie beeinträchtigen.
- Der Mann ist eigentlich homosexuell und möchte keinen Sex mit Frauen haben.
- Plötzliches mangelndes Interesse an der Partnerin, da der Mann erkannt hat, dass sie im vergangenen Leben seine Mutter war.
- Angst vor Beziehungen und Sex, weil Frauen als Spiegelbild einer aggressiven oder dominierenden Mutter erinnert werden.
- Das Schlafzimmer hat wenig Qi-Energie und Fengshui-Probleme.
- Der Mann schläft auf einem starken geopathischen Störfeld, was zu starker Erschöpfung oder diversen Erkrankungen führen kann.
- Energetische Fluchbelastung im Schlafzimmer (Sexualfluch oder Fruchtbarkeitsfluch).

Frigidität und mangelnde Lust bei Frauen

Viele moderne Frauen können keine entspannte sexuelle Beziehung genießen und sind nicht in der Lage, zum Orgasmus zu gelangen. Schätzungsweise haben weniger als 30 Prozent der Frauen einen Orgasmus und nur zwei Prozent der Frauen mehrfache Orgasmen. Viele haben in ihrem Leben noch nicht einmal einen einzigen Orgasmus erlebt. Nachfolgend sind mögliche Ursachen in Form einer Checkliste aufgeführt:

* Mangel an Selbstliebe führt zu einer verminderten Vitalität des Herzens und schlechter Durchblutung im Bereich der Genitalien.
* Angst vor einer Schwangerschaft kann ebenfalls Frigidität auslösen, auch wenn entsprechende Verhütungsmaßnahmen eingesetzt werden.
* Generelle Erschöpfung durch den Arbeits- oder Familienalltag.
* Entzündungen von Vagina und Gebärmutter aufgrund von Infektionen oder früher Menopause.
* Angst und dadurch entstehende Frigidität führen zu Trockenheit der Scheide und schmerzhaftem Geschlechtsverkehr.
* Durch einen horizontalen Kaiserschnitt wird der zentrale Meridian auf der Körpervorderseite durchtrennt, der für den Energiefluss zu den weiblichen Geschlechtsorganen verantwortlich ist (siehe auch nachfolgenden Abschnitt).
* Aufgrund von Hormonschwankungen in der Menopause ist die Frau energetisch zu sehr abgekühlt.
* Der männliche Partner ist nur wenig liebevoll oder gar aggressiv.
* Die Frau kommt durch eine Vielzahl von unbefriedigenden Sexualerlebnissen nicht mehr zum Orgasmus.
* Der Mann ist ein Spiegelbild eines lieblosen oder aggressiven Vaters.

- Die Frau hat keinen Orgasmus mehr, nachdem sie in diesem oder einem vergangenen Leben vergewaltigt wurde.
- Unerklärliche Ängste tauchen auf, wenn die Frau sich mit dem Mann allein in einem Zimmer aufhält (z. B. verursacht durch Missbrauch in der Kindheit).
- Die Frau ist eigentlich lesbisch.
- Das Schlafzimmer hat eine niedrige Qi-Energie, und es gibt Fengshui-Probleme.
- Die Frau schläft auf einem starken geopathischen Störfeld und leidet daher unter Erschöpfung oder Gesundheitsproblemen.
- Energetische Fluchbelastungen im Schlafzimmer (z. B. Sexualfluch, Fruchtbarkeitsfluch).

Die Problematik eines Kaiserschnitts

Ein Kaiserschnitt, der den Zentralmeridian in der vorderen Körpermitte durchtrennt, kann durch die Traumatisierung des Gewebes die weibliche Sensibilität und Erregungsfähigkeit beim Sex über Monate oder gar Jahre einschränken. Der Zentralmeridian versorgt die Geschlechtsorgane und Hormondrüsen mit vitalem Qi.

Häufig muss der Arzt rasch arbeiten oder hat gar schlechte Laune und stimmt sich auf die werdende Mutter nicht oder nur wenig ein, bevor er zum ersten Schnitt ansetzt. Idealerweise sollte er die Frau mental darüber informieren, dass er nun den ersten Schnitt machen wird. Dann wird in den energetischen Schutzschild der Mutter nicht gewaltsam eingegriffen, um das Kind auf die Welt bringen zu können. Den modernen Ärzten ist allerdings meist nicht bekannt, dass insbesondere der Unterleib und das Becken der Frau von speziellen Schwingungen durchdrungen werden, um das Ungeborene zu schützen. Das weibliche Becken und die Gebärmutter strahlen sanfte, schützende und harmonische Frequenzen aus, um den Unterleib bei einer Schwangerschaft zu stärken und zu schützen.

Diese Kraft des Beckens ist selbst bei den Feuerbestattungen in Asien bekannt. Wird ein Körper traditionell noch auf dem Scheiterhaufen verbrannt, dann bleibt bei Frauen zumeist der Beckenknochen übrig.

Wenn der Arzt und die werdende Mutter über dieses entsprechende Wissen verfügen, wird der Arzt vor dem ersten Schnitt die betreffende Stelle am Bauch zuerst berühren. Dann lösen die weibliche Seele und ihr göttliches Selbst die energetische Schutzbarriere und gestatten so dem Arzt, die Operation durchzuführen. Nach dem Nähen des Schnitts sollte der Arzt seine Hände kurz einige Male über dem Narbenbereich hin- und herbewegen, um das Energiefeld des Körpers erneut zu schließen. Auf diese Art und Weise wird die energetische Schutzbarriere automatisch wiederhergestellt, und es entstehen nur geringfügige oder keine Narben.

Falls doch Narben entstanden sind, sollte das Narbengewebe des Kaiserschnitts mit Lavendelöl massiert werden. Die Massage erfolgt dabei vom Schambeinbereich nach oben in Richtung Schilddrüse, um den Fluss der Vitalenergie im zentralen Meridian verstärkt anzuregen.

Wie man Lust und Potenzkraft fördert

In der asiatischen Kultur gibt es seit Jahrtausenden umfassende Kenntnisse darüber, wie man die Sexualkraft auf natürliche Art und Weise fördert. Natürliche Substanzen sind den chemischen Hilfsmitteln wie Viagra immer vorzuziehen, denn die Chemie hat zahlreiche Nebenwirkungen. Häufig werden Herz, Nieren und die Nervenzellen der Sexualorgane geschwächt. Wir werden im Rahmen dieses Buches nicht ausführlicher auf einzelne Substanzen eingehen, denn die Wirkungsweisen und Kombinationen dieser natürlichen Mittel sind sehr komplex. Zu erwähnen sei hier der Ginseng, der, vor allem von den Männern regelmäßig eingenommen, das sexuelle und spirituelle Shenqi sowie den gesamten Körper stärkt.

Als Meisterpflanze für die Frauen sei hier die chinesische Angelikawurzel zu nennen, die den Unterleib und das weibliche Hormonsystem stärkt und den Menstruationszyklus unterstützt. Die meisten Frauen schätzen eine Abkochung von einem Wurzelstück (halbe Fingerlänge) oder einer Scheibe der Angelikanolle in drei bis fünf Tassen Wasser in den drei Tagen vor der Menstruation.

Gelegentlich kann man ein Wurzelstück auch in der Suppe für die ganze Familie mitkochen. Die Angelikawurzel hat einen sellerieartigen Geruch und trägt zum guten Aroma der Suppe bei.

Nachfolgend finden Sie einige Tipps, wie Sie Ihre Lust und Liebesfähigkeit stärken können:

1. DIE SELBSTLIEBE VERSTÄRKEN

Die Selbstliebe ist für die Beziehung und die Liebe eines Paares absolut wesentlich, um eine glückliche Beziehung wachsen zu lassen, die aus dem Herzen kommt. Allerdings ist die Selbstliebe in allen Bevölkerungsschichten innerhalb der letzten zwanzig Jahre wesentlich gesunken. Selbst bei Bürgern mit höherem Einkommen, die sich auch materiellen Wohlstand leisten können, ist das Glück nicht unbedingt immer zu Hause. Warum?

Der wirkliche Grund für den allgemeinen Mangel an Selbstliebe ist der Mangel an liebevoller Aufmerksamkeit und freundlicher Kommunikation zwischen Erwachsenen und auch Kindern. Ein stressiges Leben, ein anstrengender Arbeitsalltag sowie die Reizüberflutung der Massenkommunikationsmittel wie Fernsehen, Computer und Mobiltelefone haben eine eher unmenschliche Umwelt geschaffen. Es fehlt die persönliche und körperliche Nähe und auch Romantik in der Beziehung und in der Familie. Gerade bei Kindern ist die körperliche Nähe ein wesentlicher Faktor, der das Immunsystem stärkt und sogar die Lebensspanne verlängern kann. In Waisenhäusern, in denen es möglicherweise an körperlicher Nähe und Zuneigung fehlt, werden die Kinder eher krank und können sogar durch den Entzug von körperlicher Nähe sterben.

TAO-TIPP

Nehmen Sie Ihren Partner und Ihre Kinder öfter liebevoll in die Arme. Halten Sie den Körperkontakt so lange, wie es Ihnen angenehm ist und atmen Sie dabei beide in Ihr Herz. Spüren Sie die Wärme, die sich dabei im Körper immer weiter ausbreitet.

Tägliche Herzmeditation

Meditieren Sie täglich, um den Stress zu reduzieren, und atmen Sie liebevolles und fröhliches Qi in Ihr Herz. Um Ihre Herzenergie zu vitalisieren, stellen Sie sich vor, Ihr Herz öffnet sich wie eine wunderschöne frische Blüte, die in einem warmen Licht erstrahlt. (Die Farbe Rot oder Rosa verstärkt die Herzenergie besonders, Sie können aber auch eine andere Farbe wählen, die in diesem Augenblick für Sie stimmig ist.) Legen Sie dabei beide Hände über Ihren Herzbereich und stellen Sie sich dann vor, wie Sie Ihr Herz wie ein geliebtes Kind im Arm halten.

Herzstärkung mit Pflanzen

Weißdorn ist im westlichen wie auch im asiatischen Raum ein bewährtes Mittel zur Herzstärkung. Die Beeren und Blätter sind als Tee, Presssaft oder Kapseln erhältlich und können über längere Zeit eingenommen den Herzmuskel stärken.

Eine andere, im asiatischen Raum seit alten Zeiten bekannte Heilpflanze ist der Cayennepfeffer, der dank des inzwischen auch wissenschaftlich nachgewiesenen Capsaicins ebenfalls den Herzmuskel stärkt und die Durchblutung fördert. Auch wenn Cayennepfeffer scharf schmeckt, hat er trotzdem einen kühlenden Effekt und ist nicht so aggressiv wie die herkömmlichen Chilischoten. Wer ihn verträgt und immer wieder mit Cayennepfeffer gewürzte Speisen zu sich nimmt, kann Herzproblemen vorbeugen.

2. Die Kraft der Bauchatmung

Praktizieren Sie täglich die Bauchatmung (siehe Kapitel 4, S. 97). Dies ist die für den Menschen eigentlich normale Atmung. Atmen Sie wie ein Baby, und sorgen Sie dafür, dass Ihr Zwerchfell locker bleibt. Emotionale oder sonstige gesundheitliche Probleme können entstehen, wenn Ihre Bauchmuskeln so stark verspannt sind, dass Sie nicht mehr richtig in den Bauch atmen können. Das verminderte Atmen in den Bauch lässt auch die Sexualenergien weniger stark strömen.

Stellen Sie sich entspannt hin, und machen Sie einige Male einen kräftigen Zischlaut, wobei Sie über den Mund ausatmen: »Qi-Qi-Qi«! Auf diese Art und Weise entspannt sich Ihr Zwerchfell wieder und erzeugt ein Vakuum, sodass sich die Lungenflügel weiter nach unten ausdehnen können.

Das Anhalten des Atems

Praktizieren Sie jetzt 10 bis 15 Minuten lang die 6-6-5-Atmung für ein langes Leben (siehe Kapitel 4, S. 98). Lenken Sie das Qi über den Atem direkt in Ihre Geschlechtsorgane, und spüren Sie, wie sich dieser Bereich mit jedem Atemzug immer weiter erwärmt und schließlich richtig heiß wird. So können Sie mithilfe des bewussten Atems die Durchblutung und die Hormone im Unterleib und Genitalbereich anregen.

3. Mundreinigung

Machen Sie zur Entgiftung täglich nach dem Aufstehen eine intensive Mundspülung mit zwei Esslöffeln Oliven- oder Sonnenblumenöl. Behalten Sie das Öl dabei einige Minuten lang im Mund und ziehen Sie es immer wieder durch die Zähne. Achten Sie darauf, dass Sie das Öl, in dem sich Giftstoffe aus dem Mundraum sammeln, nicht hinunterschlucken. Spucken Sie es aus und spülen Sie dann kräftig den Mund aus. Trinken Sie danach ein Glas warmes Wasser.

4. Nierenmassage

Massieren Sie langsam und sanft etwa zwei bis drei Minuten lang an beiden Füßen und Händen die Reflexzonen des Nierenbereichs, Genitalbereichs, die Hormondrüsen und die Reflexzone des Herzens. Das können Sie jeden Morgen nach der Morgentoilette oder auch abends, z.B. beim Fernsehen, tun. Achten Sie darauf, diese Massage mindestens eine Stunde vor dem Essen durchzuführen.

5. Massage der Genitalien

Massieren Sie nach einem entspannten Bad oder vor dem Sex den gesamten Genitalbereich und seine Umgebung einige Minuten lang, um die Durchblutung anzuregen und Blockaden im Bereich der Lymphe zu lösen.

6. Gewichtsabnahme

Wenn Sie abnehmen möchten, sollten Sie Zucker und stärkehaltige Nahrungsmittel (Getreide) meiden. Achten Sie auch darauf, langsamer zu essen und gründlicher zu kauen. Wenn Sie gründlich kauen, wird bei den Kaubewegungen auch die Schilddrüse aktiviert, was wiederum den Stoffwechsel anregt. Auf diese Art und Weise essen Sie weniger und die Speisen können besser verdaut und aufgenommen werden.

7. ACHTEN SIE AUF GESUNDE NÄHRSTOFFE

Meiden Sie stark verarbeitete Nahrungsmittel und verwenden Sie so viele frische Lebensmittel wie möglich. Günstig sind wirklich reife Früchte und Gemüse (möglichst leuchtend gelb, orange, rot), dunkelgrüne Blattgemüse sowie Sprossen. Kalt gepresstes Leinöl und der Verzehr von Avocados versorgen Sie mit ungesättigten Fettsäuren und tragen dazu bei, Fettablagerungen in den Gefäßen vorzubeugen. Nüsse sollten vor dem Verzehr mindestens drei Stunden lang oder über Nacht in Wasser eingeweicht werden. (Weitere Informationen finden Sie in Kapitel 4, S. 106.)

8. ALKOHOLKONSUM EINSCHRÄNKEN

Wenn Sie regelmäßig Bier trinken, sollten Sie vor einer romantischen Liebesnacht lieber auf Wein umstellen. Ein wenig Rotwein entspannt und regt die sexuellen Kräfte, die Lust und die Durchblutung an. Unbedingt notwendig ist der Alkoholgenuss jedoch nicht.

9. STÄRKENDE KRÄUTER

Nehmen Sie regelmäßig sowie einige Stunden vor dem Sex etwas Ginseng oder einheimische Kräuter ein, die die körperliche Jing-Kraft oder das spirituelle Qi stärken.

10. AKUPRESSUR UND AKUPUNKTUR

Regelmäßige Akupunkturbehandlungen können bei sexuellen Fehlfunktionen äußerst wirksam sein, denn bei der Akupunktur wird der Qi-Fluss entstaut und angeregt, wodurch das Hormonsystem auch mehr ins Gleichgewicht kommt.

Die taoistischen Sexualpraktiken

Bei der Praxis des Tao-Sex geht es um eine fortgeschrittene, vertiefte »Jingqi«-Atmungstechnik, bei der der Atem gelegentlich angehalten wird. Diese Jingqi-Atmung ist ebenfalls Bestandteil der taoistischen Praxis des langen Lebens. Sie vertieft die Vereinigung des höchsten weiblichen Yin-Jingqi mit dem männlichen Yang-Jingqi, bei der diese Energien körperlich ausgetauscht werden, um Herz, Nieren, Kreuzbein, Zirbeldrüse sowie das Hormonsystem neu zu beleben und auf diese Art und Weise Verjüngungsprozesse einzuleiten, die u. a. für eine vermehrte Stammzellenproduktion sorgen, Körper und Organe vitalisieren und die Langlebigkeit fördern.

Beim Tao-Sex ejakuliert der Mann nur selten – d. h. etwa nach zwanzig bis dreißig sexuellen Kontakten –, um die Substanz seines wertvollen Yang-Jingqi zu erhalten. Auf diese Weise geht auch keine Essenz verloren, wie es beim schnellen Sex geschieht, bei dem die Frau möglicherweise überhaupt nicht zum Orgasmus kommt. Ein Quickie bedeutet vor allem für den Mann Verluste des Yang-Jingqi und eine Verkürzung der Lebensspanne. Es heißt, dass die Praxis des Tao-Sex die Lebensspanne um zwanzig bis dreißig Prozent verlängern kann und gleichzeitig der Gesundheit, Vitalität, Liebe und Freude äußerst förderlich ist.

Ein bedeutender Bestandteil des Tao-Sex ist die gegenseitige Stimulation der Geschlechtsorgane durch Streicheln, Küssen oder Oralsex, um den Partner stark zu erregen und damit die Ausschüttung der Sexualhormone zu fördern. Beim Vorspiel sollte der Frau auf jeden Fall so viel Zeit gewidmet werden, bis sie ebenfalls in die Lust eintaucht.

Der Mann beginnt in die Frau einzudringen, wenn es für beide Partner stimmig ist und die Vagina der Frau feucht ist, sie »heiß« genug ist und tiefer atmet. Die Praxis des Tao-Sex durchläuft verschiedene Phasen:

- Frau und Mann beginnen mit dem Vorspiel, bis die Frau »heiß« und ihre Vagina feucht und für den sexuellen Kontakt bereit ist.
- Der Mann dringt in die Frau ein.
- Der Mann schiebt seinen Penis langsam in die Vagina hinein und lenkt dabei seine Qi-Energie mit dem Einatmen in den Penis und danach weiter in den Vaginalbereich der Frau hinein.
- Gleichzeitig nimmt die Frau das Eindringen des Penis wahr, saugt das Yang-Jingqi des Mannes mithilfe des Einatmens auf und lenkt diese Energie in ihren »Jing-Brunnen«. Dies ist der Dammpunkt, der sich zwischen dem Anus und dem Genitalbereich befindet. Von ihrem Jing-Brunnen aus zieht sie mental das männliche Jingqi in ihr Sakrum (Kreuzbein), dann in die Nieren und schließlich bis ins Herz hinauf, um durch die männliche Energie ihre Organe und Körperzellen zu stärken.

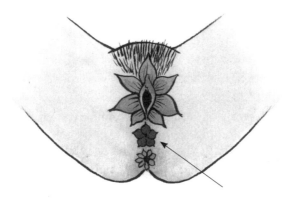

Abb. 5.1: Jing-Brunnen-Dammpunkt

In der Akupunktur ist der Jing-Brunnen-Punkt, der bei beiden Geschlechtern zwischen dem Genitalbereich und dem Anus liegt und der erste Punkt des Konzeptionsmeridians ist, von großer Bedeutung.

- Der Mann zieht seinen Penis langsam wieder aus der Scheide zurück, atmet ein und saugt gleichzeitig das Yin-Jingqi der Frau in seinen Jing-Brunnen (Dammpunkt) und lenkt diese weibliche Energie über sein Sakrum und die Nieren bis in sein Herz hinein, um alle seine Organe und die Körperzellen zu stärken.

- Der Mann bewegt nun seinen Penis immer schneller, bis sich durch die Reibung und Stimulation das Vagina-Tor öffnet und den Zugang zum Höchsten Herz-Liebes-Punkt der Erregung (westlich: G-Punkt) an der oberen Scheidenwand öffnet. Wenn sich der Mann schneller bewegt, atmet er dabei tief, weich und sanft in den Bauch, während die Frau bei seinen wiederholten Stößen weiter die männliche Essenz (Yang-Jingqi) über die Vagina aufnimmt und erneut in Sakrum, Nieren, Herz und schließlich in den gesamten Körper aufsaugt, um die Kraft ihres Orgasmus zu erwecken.

- Die Frau kann auch die Position wechseln, auf dem Mann sitzen und dabei schnelle Auf- und Abwärtsbewegungen durchführen. Wenn der Mann seinen Penis zurückzieht, atmet er dabei weiter das weibliche Yin-Jingqi in seinen Jing-Brunnen ein, um damit Sakrum, Nieren, Herz und seinen gesamten Körper zu nähren.

- Beide Partner fahren mit der Vereinigung fort, bis die Frau ihren Höhepunkt erreicht. Beim Tao-Sex mit der bewussten Atmung und dem energetischen Austausch ist es nicht unüblich, dass die Frau mehrere Orgasmen erlebt.

- Der Mann achtet beim Tao-Sex darauf, dass er beim Orgasmus möglichst nicht ejakuliert (nur alle zwanzig- bis dreißigmal oder etwa alle sechs Monate, um einen Teil des gesättigten Spermas loszulassen und damit eine erneute Spermaproduktion anzuregen). Wenn der Mann während des Orgasmus seinen Atem anhält, um nicht zu ejakulieren, empfängt er das einfache oder mehrfache Orgasmus-Feuer der Frau.

- Im Idealfall dient der Tao-Sex auch der Geburtenkontrolle. Dazu sollten beide Partner jedoch über einen längeren Zeitraum Tao-Sex praktiziert haben und der Mann bei der Ejakulation sehr geübt sein, um wirklich sein gesamtes Sperma zurückzuhalten, damit keine Zeugung stattfindet.
- Falls der Mann beim Geschlechtsakt übererregt ist und seinen Atem und eine mögliche Ejakulation nicht mehr kontrollieren kann, sollte er seinen Penis aus der Scheide der Frau ziehen und seinen Atem stark verlangsamen oder wenn möglich anhalten. Er sollte möglichst nicht ganz ausatmen, da durch die Ausatmung Druck auf die Beckenmuskeln und die Prostata ausgeübt und eine unkontrollierte Ejakulation stattfinden kann.
- Auf keinen Fall sollte der Mann versuchen, den Penis abzudrücken, um so einen Ausfluss des Spermas zu unterbinden. Der Druck auf den erweiterten Harnleiter könnte zu einer Schwellung, starken Schmerzen oder einer Hodenentzündung führen. Manchmal dauert die Schwellung der Hoden danach wochenlang an und kann hormonelle oder gesundheitliche Probleme zur Folge haben.
- Wenn nur eine gelegentliche Ejakulation stattfindet, ist das weniger energieraubend und führt schlimmstenfalls zu Müdigkeit, Erschöpfung oder schwachen Knien. Wenn möglich sollte die Frau dieses Sperma schlucken, da es hohe Jing-Energie enthält und daher sehr nährend und verjüngend wirkt.

MEHRFACHE ORGASMEN DER FRAU

- Beim Tao-Sex können Mann oder Frau die weibliche Klitoris und den Liebespunkt der höchsten Erregung (G-Punkt) an der oberen Vaginalwand stimulieren, um schneller zum Höhepunkt zu gelangen. Wenn die Frau spürt, dass sie sehr früh zum Höhepunkt kommt, kann auch sie ihren Atem verlangsamen und anhalten und gleichzeitig saugende Kontraktionen im Unterleib erzeugen, um wieder abzukühlen und den ersten Orgasmus zu verzögern. Danach wird die Vereinigung fortgesetzt. Dieses Zurückhalten führt zu weiteren heißen Orgasmen, die die Eizellen der Frau und das Sperma des Mannes aktivieren und so eine »Regenbogen-Empfängnis« ermöglichen, bei der ein »Regenbogenkind« entstehen kann. Eine Frau kann mehrere Orgasmen erleben und dadurch einen Zustand höchster Glückseligkeit erfahren. Der multiple Orgasmus der Frau ist für Mann und Frau die höchste Aktivierung spiritueller Liebe und verstärkt deren Langlebens-Jingqi. Wenn eine Frau eine Reihe von Orgasmen erlebt, sollte sie dabei vom Partner festgehalten werden, damit eine vollständige Vereinigung stattfinden kann und der Partner ihr höchst aktiviertes Yin-Jingqi aus der Kundalini erhält. Dies ist die heilendste und am stärksten verjüngende Energie.

Bei der Praxis des Tao-Sex und des Vorspiels ist es wesentlich, dass auch die Frau ihren Höhepunkt bzw. mehrfache Höhepunkte erreicht. Mit der entsprechenden Geschicklichkeit und dem Einfühlungsvermögen kann der Mann die Frau dazu bringen, zusammen mit ihm eine wellenartige Abfolge von Höhepunkten zu erreichen – dies ist das höchste Ziel. Das höchst elektrische Yin-Jingqi der Frau (auch spirituelles Jingqi genannt) dringt dabei auch in alle Körperzellen des Mannes ein. Wenn die Frau diese wellenartigen Höhepunkte durchläuft, erlebt sie reine Glückseligkeit. Beide Partner können sich auf diese harmonische Art vereinigen und so die reinste Sexualenergie von Kundalini zu Kundalini austauschen.

Bei der Befruchtung findet energetisch eine »Atomexplosion« statt, bei der ein hochenergetisches Regenbogenkind gezeugt werden kann. Ein solches Baby besitzt bereits nach der Geburt ein hohes spirituelles Bewusstsein und wird später in hoher Position einen Beitrag für die neue Gesellschaft leisten.

Die Qualität der sexuellen Vereinigung

Je häufiger die Frau Orgasmen erlebt, desto stärker wird ihr Yin-Jingqi aktiviert und speichert sich auch in den männlichen Geschlechtsorganen, im Sakrum und in den Körperzellen des Mannes ab. Auf ähnliche Art und Weise empfängt die Frau die Energie des Mannes. Wenn ihr Partner seinen Höhepunkt erreicht (und gegebenenfalls ejakuliert), dann wird sein Yang-Jingqi über ihre Sexualorgane, das Sakrum und ihre Körperzellen aufgenommen und verteilt sich im ganzen Körper. Die starke Interaktion und die Aktivierungen des weiblichen und männlichen Jingqi steigern die spirituelle Liebe und Harmonie zwischen den Partnern.

Bei häufigem Partnerwechsel kann jedoch auch ein energetischer Cocktail im Körper eines Menschen entstehen, der die verschiedenen Jingqi-Energien beinhaltet. Interessanterweise kann das im Körper gespeicherte Jingqi des früheren Partners auch für Schwierigkeiten bei der Trennung oder Scheidung sorgen, denn die Erinnerungen an die Partnerschaft verblassen dadurch nur langsam. Manchmal kann dieses Qi des vorangegangenen Partners noch an die Kinder weitergegeben werden, auch wenn die Frau einen neuen Partner hat. Sie könnte der alten Liebesbeziehung immer noch nachtrauern und dadurch noch Jingqi des früheren Partners an ihre weiteren Kinder weitergeben. Gerade wenn die Verbindung zum neuen Partner spirituell nicht besonders stark ist, können die nachfolgenden Kinder dem früheren Partner sehr ähnlich sehen.

Mit Tao-Sex das Universum heilen

Der ultimative Zweck der spirituellen Liebe und des Tao-Sex besteht darin, dass beide Partner das höchste »spirituelle Vereinigungsbewusstsein« erreichen, wenn sie gleichzeitig bewusst zum Orgasmus kommen, um zu einer einzigen spirituellen harmonischen Vereinigung zu gelangen – auf allen Ebenen des physischen, mentalen, emotionalen und spirituellen Bewusstseins. Dadurch lassen mehrere simultane Orgasmen auf der Ebene des Mikrokosmos ein Universelles Taobewusstsein der spirituellen Liebe entstehen, die diese Höchste universelle Liebe ins Universum des Großen Tao transzendieren, um alle Wesen auf der Erde und das Tao-Universum zu heilen. Wenn es immer mehr harmonische Menschenpaare gibt, die eine größere Anzahl solcher Mikrokosmen des Tao-Bewusstseins entstehen lassen können, dann entsteht mehr positive, liebevolle schöpferische Energie, die den dunklen, zerstörerischen Kräften entgegenwirken kann.

Die taoistischen Meister der alten Zeit entdeckten, dass eine harmonische sexuelle Vereinigung beim Menschen, bei der beide Partner mehrere Orgasmen erleben, die Emotionen und heilenden Wirkungen auf der Erde und im Universum des Tao positiv beeinflussen können. Die Meister des Tao erwähnen in zahlreichen klassischen Texten, wie normale, verheiratete Paare das höchste spirituelle Vereinigungsbewusstsein erlangen können, das über ihre persönliche Vereinigung hinaus wirkt. Viele dieser Werke sind jedoch im Laufe der Jahrhunderte durch die Zerstörungswut der Dynastien und das zeitweilige Verbot des Taoismus unter der kommunistischen Regierung verloren gegangen.

Die Menschen dieser Erde sollten die Kraft der sexuellen Vereinigung regelmäßig nutzen und wenn möglich Tao-Sex für eine verstärkte Liebesfähigkeit und Heilung praktizieren, die im größeren Maßstab auch der Erde zugutekommt.

Kinder mit Geburtsdefekten und Behinderungen

Kinder mit körperlichen Geburtsdefekten, einem schwachen Immunsystem oder sonstigen größeren Gesundheitsproblemen sind häufig das Ergebnis einer unglücklichen Ehe oder auch einer unglücklichen und lieblosen Zeugung. Durch einen Mangel an Liebe und Selbstliebe ist das Spektrum der beim Liebesakt entstehenden Regenbogenenergie oft nicht vollständig, weshalb die Zeugung nicht unbedingt unter einem guten Stern steht. Wenn die Partner Sex haben, um sich nach einem unguten Arbeitstag oder einem heftigen Streit zu entladen, dann ist dies grundsätzlich in Ordnung, um wieder Harmonie herzustellen. Jedoch sollten sie in diesem Fall dafür sorgen, dass bei dieser Vereinigung kein Kind gezeugt wird.

Wir haben beispielsweise einen Fall erlebt, bei dem ein Kind mit einem Loch im Herzen zur Welt kam. Ein Gespräch mit den Eltern ergab, dass sich diese vor dem Sex sehr heftig und aggressiv gestritten hatten. In Fällen, wo ein solches Verhalten zum Geburtsdefekt beigetragen hat, kann eine energetische Heilung helfen, die Selbstheilungskräfte des Babys anzuregen und die emotionale Blockade im Herzen zu lösen. Manchmal kann sich dadurch sogar ein größerer operativer Eingriff am Herzen erübrigen.

Um sicherzustellen, dass kraftvolle Nachkommen das Licht der Welt erblicken, durchlaufen in Asien viele Paare eine längere körperliche Reinigungs- und Harmonisierungsphase und konsultieren einen Astrologen, um einen günstigen Zeitpunkt auszumachen.

KINDERLÄHMUNG

Wir haben beobachtet, dass Geburtsdefekte wie gelähmte Beine oder Polioerkrankungen häufig nach einem größeren Krieg stattfinden, was als karmischer Ausgleich betrachtet werden könnte. So gab es beispielsweise in den Sechzigerjahren – also in der Zeit nach dem Zweiten Weltkrieg – gehäufte Fälle von Kinderlähmung und Lähmungen der unteren Extremitäten. War jemand im vergangenen Leben ein Soldat oder Zivilist und hat bewirkt, dass ein anderer Mensch durch ihn verletzt wurde und beispielsweise danach gelähmt war, kann sich dies bei Geburten der nächsten Generation in Form von Lähmungserscheinungen äußern. Auf diese Art und Weise widerfährt einem Menschen, der an einem solchen Geschehen beteiligt war, ein karmischer Ausgleich. So schafft das Naturgesetz erneut Harmonie.

Regenbogen- oder Indigokinder

Die neuen Kinder von heute, die auch als Indigo- oder Regenbogenkinder bezeichnet werden, sind sehr alte Seelen mit einem Alter von mehr als vier Millionen Jahren. Der Durchschnittsmensch, den wir in den Industrieländern auf der Straße treffen, hat ein Seelenalter von circa zwei bis drei Millionen Jahren. Alte Seelen inkarnieren verstärkt auf dem Planeten, wenn die Erde und die Menschheit besondere Hilfe benötigen.

Wir möchten diese alten Seelen »Regenbogenkinder« nennen, weil sie spiritueller sind, sensibler auf ihre Umwelt reagieren, eine höhere Brainpower (siehe S. 185) als der Durchschnittsmensch haben und daher rationaler denken und handeln. Im Allgemeinen sind sie ausgeglichener und weisen in ihrer Aura mehr Regenbogenfarben auf. Sie können ihre hohe Spiritualität und ihren kraftvollen Geist einsetzen, um bei Ereignissen, Erfindungen und der Verbesserung der sozialen und wirtschaftlichen Lebensbedingungen wesentliche Veränderungen zum Wohl von Mensch, Tier und Natur zu bewirken.

Regenbogenkinder finden sich in jeder Gesellschaftsschicht – sie stammen von Eltern, die eine starke Selbstliebe und Spiritualität pflegen. Diese Qualitäten sowie ein sehr starkes Shenqi (spirituelles Qi) waren vor allem auch beim Zeitpunkt ihrer Zeugung präsent.

Wie erkennt man ein Regenbogenkind?

Bei den Regenbogenbabys fallen als Erstes die großen, leuchtenden Augen auf, die wie ein Laserstrahl alles durchdringen. Solche Kinder wirken reifer als der Durchschnitt. Man kann sich mit ihnen verbal oder auch mental unterhalten und wird sofort von ihnen verstanden. Manchmal ist es uns passiert, dass ein solches Regenbogenkind am liebsten sofort spontan aus seinem Kinderwagen geklettert wäre.

Ihre schnelle Auffassungsgabe wird ihnen manchmal zum Verhängnis – mit ihrer hohen Brainpower und ihrer Reife haben sie ein Thema bereits ergründet, während die Mitmenschen noch nachdenken müssen. Das kann dazu führen, dass sie schnell ermüden oder entmutigt sind, weil sie von ihren Lehrern und Freunden scheinbar nicht verstanden werden. Das Leben kann schwieriger sein, wenn man den meisten Menschen voraus ist und sich mit ihnen nicht über die eigenen Interessengebiete austauschen kann. Mit etwas Glück landet ein Regenbogenkind dann auf einer Schule für Hochbegabte, sobald sein Potenzial richtig eingeschätzt worden ist. Bereits im Alter von fünf Jahren kann ein Regenbogenkind eine Brainpower von 5.000–5.500 Bp.K. haben, was einer Brainpower eines leitenden Angestellten im Hotelbetrieb oder in der Produktion entspricht. Manche Regenbogenkinder glänzen sogar mit einer Brainpower von 6.000–7.000 Bp.K., was dem Niveau eines Firmenchefs entspricht. Ein Durchschnittskind hat im Vergleich dazu eine Brainpower von etwa 3.700–4.000 Bp.K.

Regenbogenkinder können hervorragende Leistungen erbringen, wenn sie beim Lernen und Arbeiten wirklich gefordert werden. Singapur ist in dieser Hinsicht führend, denn es gibt von vornherein eine zusätzliche Art von Schule, in der Hochbegabte gefördert werden. Dieses Land möchte das »Gehirn Asiens« sein und wählt seine Bürger mit hohem IQ bewusst aus. Ich habe allerdings festgestellt, dass es zwischen der normalen IQ-Bewertung und der von mir entwickelten Brainpower-Skala größere Unterschiede gibt. Bei den aktuellen IQ-Tests werden hauptsächlich logische und mathematische Zusammenhänge geprüft. Kinder mit Begabungen auf anderen Gebieten werden auf diese Weise kaum erfasst, können aber bei Erfindungen und Produktentwicklungen einen klugen Kopf beweisen. Eigentlich müsste ein neues, intelligentes Testmodell entwickelt werden, das diese Art von Begabungen ebenfalls aufspürt – so wie es auch den Nobelpreis für Innovationen in den verschiedenen Fachgebieten gibt.

KAPITEL 6

Menschliche Brainpower, Kundalinienergie und spirituelle Führung

Andere erkennen ist weise.
Sich selbst erkennen ist Erleuchtung.

LAOZI

Wie ich die Brainpower entdeckte

In den 1960er-Jahren arbeitete ich als Unternehmensberater in den britischen Kolonien und als Staatsdiener in Malaysia. Auf diese Weise gewann ich Einblick in die verschiedenen Regierungsabteilungen und deren Arbeitsweise und war beauftragt, Arbeitsabläufe zu vereinfachen und dafür zu sorgen, dass die Bürger Verwaltungsdienste ohne Verzögerungen in Anspruch nehmen konnten, um so der Korruption Einhalt zu gebieten.

Ein weiteres Ziel bestand darin festzustellen, wie umfangreiche, aufwendige Formularitäten wirtschaftlich per Hand oder per Computer erfasst werden konnten. Dies war eine Zeit, in der es die ersten Computer überhaupt gab, die für solche Zwecke ausgelegt waren. Ich hatte große Schwierigkeiten damit, den Beamten – unabhängig von ihrer Abteilung – den Vorteil der vereinfachten Systeme zu erklären, denn die meisten leisteten Widerstand, weil sie ihre traditionellen und langwierigen Abläufe nicht verändern wollten. Sie hatten Angst, dass diese vereinfachten Systeme möglicherweise nicht die notwendigen Informationen enthielten und die Beamten daher die Kontrolle über ihre Aufgaben und Verantwortlichkeiten verlieren würden.

Da mich sowohl die asiatischen als auch die europäischen Beamten frustrierten, beschloss ich, in die Wirtschaft zu gehen, und hoffte darauf, dass die Vereinfachung und Modernisierung von Arbeitssystemen und Abläufen dort um einiges einfacher werden würde. Ich stellte fest, dass die Angestellten in der Wirtschaft intelligenter waren. Jeder war sich der Notwendigkeit bewusst, Abläufe und Systeme effizienter und kosteneffektiver zu gestalten. Aber auch hier war ich frustriert, denn es dauerte lange, bis ich die Erneuerungen verständlich gemacht hatte. Oft fragte ich mich, wo die Blockaden lagen. Warum war es so schwierig, Neues einzuführen, und was war das für eine Angst?

Meine Antwort fand ich an einem Ort, an dem ich nicht damit gerechnet hatte. Während meiner Arbeitswoche aß ich immer in asiatischen Familienrestaurants zu Mittag. Die Restaurants in Singapur und Malaysia listeten bis zu 100 verschiedene Gerichte und Getränke auf ihrer Speisekarte. Die Kellner und Kellnerinnen waren häufig Familienmitglieder und damit selbst Unternehmer. Sie nahmen die Bestellungen an den großen Tischen mit fünf oder acht Personen auswendig auf und erfüllten diese mit hundertprozentiger Genauigkeit – nichts wurde von ihnen notiert, und auch Sonderbestellungen wurden selbstverständlich berücksichtigt. Nachdem Essen und Getränke serviert worden waren, wurde sofort kassiert, wobei das Personal nur selten Fehler machte. In Europa beobachte ich bis heute, dass die Bedienungen selbst kleinste Bestellungen schriftlich festhalten müssen, um Fehler zu vermeiden. War dies eine Sache des Erinnerungsvermögens?

An Wochenenden ging ich mit der Familie meist in Vier- oder Fünfsternehotels essen. Gut gekleidete Oberkellner kamen und nahmen die Bestellungen auf, wobei die Speisekarte nur zehn oder zwanzig Gerichte und weitere Tagesgerichte umfasste. Hier wurde genau notiert, wer welche Speisen und Getränke geordert hatte und wo er saß. Die Bestellungen wurden dann maschinell eingegeben, vielleicht auch um Fehler zu vermeiden.

Einige Monate lang dachte ich darüber nach, warum es so viele Unterschiede zwischen Beamten, Mitarbeitern in der freien Wirtschaft und den Bedienungen im Familienrestaurant sowie den hoch bezahlten Kellnern im teuren Hotel gab. Warum konnten manche von ihnen die Zusammenhänge leichter begreifen? Ich stellte auch fest, dass erfahrenere Führungskräfte komplexe Zusammenhänge schneller erfassen konnten als Beamte. Auch diejenigen, die im Bereich Marketing arbeiteten, konnten schwierige Themen schneller verstehen als die Verwalter. Welche Faktoren also ermöglichen es Menschen verschiedenster Berufe, komplexe Sachverhalte zu erfassen und schnell auf sie zu reagieren?

Lange meditierte ich über diese Themen und befragte auch meine Intuition und meine geistigen Führer dazu (siehe auch Kapitelende). Die Antwort erfolgte an einem Sonntagmorgen, als ich in meinem Garten saß, die schönen Blumen betrachtete und mit einer rosafarbenen Rose kommunizierte. Damals lebte ich in der Stadt Auckland auf Neuseeland, und sicherlich war es auch die saubere, unbelastete Luft dieses Landes, die mir die Klarheit und Einsicht vermittelte.

Die Antwort war: die »Brainpower« des Menschen. Ob ein Mensch die Dinge schnell erfassen und effektiv handeln kann, liegt an seiner geistigen Auffassungsgabe, wie ein Computer Informationen rasch verarbeiten zu können. Diese Qualität bezeichne ich als »Brainpower«. Ein Computer mit einer kleinen CPU kann komplexere Zusammenhänge nicht oder nur langsam verarbeiten. Die ersten Computer waren übrigens nur Prozessoren und Tabulatoren und überhaupt noch nicht so ausgereift wie die Geräte, die wir heutzutage als Computer bezeichnen. Diese Einsicht war für mich ein echter Durchbruch.

Die menschliche Brainpower kann komplexe Probleme lösen

Wenn wir bei einem Menschen die »Brainpower« und sein geistiges Kapazitätsbewusstsein erfassen können, dann haben wir ein wertvolles Werkzeug an der Hand, um Mitarbeiter für hohe Firmenpositionen auszuwählen. Diesen Faktor machte ich mir auch zunutze, als ich als Firmenchef und Unternehmensberater in verschiedenen Großfirmen in Asien und Australiens arbeitete.

Die Brainpower entsteht durch die Vitalenergiefelder, die sich bilden, wenn der Mensch seine Gehirnkräfte beim Denken und Lernen nutzt. Je mehr Aufgaben oder berufliche Tätigkeiten ein Mensch regelmäßig ausübt, desto stärker ist das Brainpower-Bewusstsein. Es ist wie bei einem Ballon: Je mehr Luft man hineinbläst, desto mehr dehnt er sich aus.

Wir teilen das menschliche Brainpower-Bewusstsein in zwölf Bewusstseinsebenen ein, die vor allem auf der individuellen Auffassungsgabe und dem daraus resultierenden Handeln beruhen, wobei auch das entsprechende Engagement und der Mut im jeweiligen Berufsbild dazugehören. Je regelmäßiger ein Mensch komplexe Aufgabenstellungen bewältigt und mehrere Aufgaben gleichzeitig bearbeiten kann, desto höher punktet seine Brainpower. Diese Brainpower-Bewertung hat natürlich eine gewisse Dynamik, weil moderne Menschen heute grundsätzlich geistig mehr gefordert sind, da sie in der Lage sein sollten, Computer, Autos oder andere Geräte zu bedienen.

Die nachfolgenden Angaben sind natürlich nur Durchschnittswerte, die ich im Laufe einer jahrzehntelangen Berufstätigkeit gesammelt habe. Sie sollen unseren Lesern dabei helfen, selbst ein Gefühl für diese Qualität zu entwickeln und nach dieser Skala einen anderen Menschen schnell einschätzen zu können. Studenten und Berufseinsteiger, die sich mit einfachen Arbeiten ihr Taschengeld verdienen, aber eigentlich eine viel höhere Brainpower haben, sind bei diesen Berufszuordnungen nicht berücksichtigt. Natürlich gibt es auf jeder Berufsebene immer Führungspersönlichkeiten. Diese gesellschaftliche Position ist dann jedoch nicht auf die Brainpower, sondern auf das individuelle Charisma zurückzuführen.

Die elf Bewusstseinsebenen der Brainpower-Kapazität (Abkürzung Bp.K.) sind wie folgt:

Unter 3.000 Bp.K.	geistig behinderte Menschen und die meisten Tiere
3.000–3.500 Bp.K.	Menschen, die in einem einzigen einfachen weltlichen Beruf arbeiten, z. B. Reinigungskräfte, Kassierer
3.500–4.500 Bp.K.	Menschen, die mehrere einfache Aufgaben erledigen
4.500–5.000 Bp.K.	Menschen, die komplexere Aufgaben ohne Supervision erfüllen
5.000–5.500 Bp.K.	Menschen in leitender Position in einfachen Berufen, z. B. Oberkellner, Vorarbeiter, Verkäufer von einzelnen Produkten

5.500–6.000 Bp.K.	Abteilungsleiter, Leutnant
6.000–7.000 Bp.K.	kann alleine berufliche Entscheidungen treffen, Multitasking, Programmierer, Major, Ingenieur
7.000–7.500 Bp.K.	Firmenchef kleinerer Unternehmen, leitender Beamter, Vizepräsidenten, Minister, Chefingenieur
7.500–8.000 Bp.K.	Premierminister, Multimillionär mit eigenem Unternehmen, Chef von internationalen Konzernen, spirituell hoch entwickelte Menschen
8.000 Bp.K. und höher	Superreiche, die ihr Vermögen selbst erworben haben, spirituelle Meister
9.000 Bp.K.	Aufgestiegene Meister und göttliche Wesen

Die meisten Menschen sind froh, eine weltliche Arbeit zu absolvieren, die leicht zu begreifen ist und bei der sich die Abläufe wiederholen. Wenn diese Menschen jedoch ein entsprechendes Training erhalten und ihre Kundalini-Kraft erhöht wird (siehe nächster Abschnitt), um ihre mentalen und spirituellen Blockaden zu eliminieren, kann sich deren Brainpower auf über 5.500 Bp.K. erhöhen. Sie werden sich dann bewusst, dass sie anspruchsvollere Aufgaben erledigen können, und wechseln nach dieser Einsicht normalerweise sehr rasch die Arbeitsstelle oder den Beruf.

Beispiele für Führungspersönlichkeiten in Wirtschaft und Politik

Menschen mit hoher Verantwortung und komplexen Aufgabenbereichen haben auch eine höhere Kundalini von 6,5/10 und 7/10, was ihnen eine größere spirituelle Kraft und bessere Intuition (»Bauchgefühl«) verleiht. Dies ist von Vorteil, wenn sie wichtige nationale Entscheidungen treffen. Eine falsche Entscheidung in einer solchen Position würde zu Milliardenverlusten und nationalen Katastrophen führen.

Brainpower-Kategorie	Persönlichkeit	Persönliche Brainpower
Unter 7.000	Kim Jong Il, Nordkorea	6.900 Bp.K.
7.000–7.500	Fidel Castro, Expräsident von Kuba	7.150 Bp.K.
	Hugo Chavéz, Präsident von Venezuela	7.200 Bp.K.
	Mahmud Ahmadinedschad, Präsident des Iran	7.300 Bp.K.
	Christiane Amanpour, Journalistin, US-Sender ABC	7.350 Bp.K.
	Nicolas Sarkozy, Präsident von Frankreich	7.400 Bp.K.
7.500–8.000	David H. Petraeus, amerikanischer 4-Sterne-General	7.500 Bp.K.
	Angela Merkel, deutsche Bundeskanzlerin	7.550 Bp.K.

Brainpower-Kategorie	Persönlichkeit	Persönliche Brainpower
	Barack Obama, US-Präsident	7.600 Bp.K.
	Jimmy Carter, früherer US-Präsident	7.600 Bp.K.
	Wladimir Putin, früherer russischer Präsident	7.600 Bp.K.
	Mahathir Mohamad, früherer Premierminister von Malaysia	7.600 Bp.K.
	Oprah Winfrey, amerikanische Talkshow-Königin	7.650 Bp.K.
	Steve Jobs, Firmenchef von Apple	7.700 Bp.K.
	Hu Jintao, chinesischer Präsident	7.700 Bp.K.
	Ben Bernanke, Vorsitzender des US Federal Reserve System	7.700 Bp.K.
	Jeffrey Immelt, Chef von General Electrics	7.800 Bp.K.
	Deng Xiaoping, früherer chinesischer Präsident	7.850 Bp.K.
	Warren Buffett, Investitionsgenie	7.900 Bp.K.
Über 8.000	Bill Gates, Gründer von Microsoft	8.100 Bp.K.
	Li Ka Sing, Asiens reichster Multimilliardär	8.150 Bp.K.
Über 8.500	Jesus Christus	8.350 Bp.K.
	Shakyamuni Buddha	8.300 Bp.K.
	Konfuzius, berühmter chinesischer Weiser	8.550 Bp.K.
	Laozi, berühmter chinesischer Weiser	8.600 Bp.K.
	Zhuangzi	8.700 Bp.K.

Die Brainpower von Tieren

In der Natur finden wir Tiere, die sehr intelligent handeln und viele außergewöhnliche Fähigkeiten an den Tag legen. So können die Webervögel ihre Nester so weben, dass sie wie kunstvolle Beutel aussehen. Die frühen Menschen wurden von diesen Vorbildern sicherlich inspiriert und lernten, mithilfe von Pflanzenfasern Behältnisse, Seile und Kleidung herzustellen. Bei den Webervögeln beispielsweise haben wir ein relativ großes Energiefeld um den Kopf wahrgenommen, was auf eine Brainpower von mindestens 3.500 Bp.K. hinweist.

Tiere wie Zirkustiere, Dressurpferde oder Blindenhunde, die in intensivem Kontakt mit Menschen stehen und für spezielle Aufgaben ausgebildet werden, haben normalerweise eine sehr hohe Brainpower von 4.000–5.000 Bp.K., in manchen Fällen sogar eine noch höhere. Auch Wildtiere, die in der Nähe von menschlichen Siedlungen leben, sind durch die ständige Interaktion mit Mensch und Verkehr mit einer Brainpower von 3.500–5.000 Bp.K. ausgestattet.

Hierzu ein Beispiel, das uns sehr amüsiert hat: Vor einigen Jahren hielten wir uns in einem großen Strandhotel auf Penang in Malaysia auf und beobachteten drei Krähen, die über eine unglaubliche strategische Begabung verfügten, wenn es darum ging, den Urlaubern ihre Snacks zu stehlen. Besonders auf die Chickenwings hatten sie es abgesehen. Diese drei Krähen teilten sich folgendermaßen auf: Eine Krähe flog direkt vor einen Urlauber, um sich über seinen Teller herzumachen. Der stand natürlich sofort auf, um den Vogel zu verscheuchen. Währenddessen schlugen die beiden anderen Krähen von hinten zu – es gelang ihnen, die Hühnchenteile zu stehlen. Diese drei schlauen Tiere hatten schätzungsweise eine Brainpower von 5.000 Bp. K., was der Brainpower einer Restaurantbedienung entspricht. Wenn wir das daumengroße Gehirn der Krähe mit dem Gehirn des Menschen vergleichen, das einige hundertmal größer ist, dann können wir davon ausgehen, dass nicht nur das Volumen der grauen Zellen bei der Intelligenz eine Rolle spielt.

Die Kraft des »Shenfa Qi« (Kundalini)

Hierbei handelt es sich um die spirituelle Energie, die vom Steißbein aus nach oben bis in den Kopfbereich aufsteigt. Bei den meisten Menschen kann die Energie jedoch aufgrund von Blockaden in der Wirbelsäule nicht frei fließen. Die alten taoistischen Meister sprechen hier vom »Shenfa Qi« – dem »Qi der spirituellen Ermächtigung«, um Rituale oder Anrufungen wirkungsvoll ausführen zu können. Ein weitverbreiteter, aus Indien stammender Begriff für diese Kraft, den wir hier verwenden wollen, ist »Kundalini«. Anhand der Kundalinikraft kann man die spirituelle Stärke und Erleuchtungskraft eines Menschen messen. Die Skala, die wir hierfür verwenden, haben wir bereits vor einem Jahrzehnt entwickelt.

Der Zusammenhang zwischen Brainpower und Kundalini

Es ist richtig, dass Menschen mit höherer Kundalinikraft auch diejenigen sind, die eine höhere Brainpower haben, denn diese beiden Faktoren hängen eng miteinander zusammen. Eine höhere Kundalini ist auch mit größerer Spiritualität, Intuition und der Kraft der Vorahnung verbunden, die einem Menschen hilft, gute Entscheidungen zu treffen, wenn er dabei nicht von finanzieller Gier oder Selbstsucht geprägt ist. Wenn eine Person mit einer höheren Kundalini für ihre Organisation oder sich selbst eine Entscheidung fällt, dann sollte sie dabei eine möglichst neutrale Haltung einnehmen. Die Entscheidung sollte in erster Linie dem Wohl der Menschheit und der Natur dienen. Sie kann intuitiv getroffen werden und ist richtig, wenn dabei niemand zu Schaden kommt.

Frauen haben normalerweise eine höhere Kundalini, denn sie sind für den Schutz der Kinder und damit für das Überleben der menschlichen Art verantwortlich.

Die Aktivierung der Kundalini

Normalerweise erhöht ein Mensch seine Kundalini durch Selbstkultivation, friedvolle Meditationspraktiken und die Pflege von Qualitäten wie Mitgefühl und Vergebung. Weiterhin sollte er daran arbeiten, negative Emotionen wie Aggression, Gier, Selbstsucht umzuwandeln und die Auswirkung von negativen Handlungen aus der Vergangenheit zu harmonisieren.

In seltenen Fällen hat ein Mensch einfach Glück und trifft auf einen großzügigen erleuchteten Meister mit großer Kundalinikraft, der in der Lage ist, die Kundalini bei anderen Menschen zu verstärken und deren Drittes Auge für höhere Bewusstseinsebenen zu öffnen. Es gibt viele lebende Meister, die eine Kundaliniaktivierung vornehmen können, aber diese sind nicht unbedingt in der Öffentlichkeit bekannt und daher nicht einfach zu finden.

Wir sind beispielsweise einmal einem echten Meister in Indonesien begegnet, der eine Kundalini von 6,5/10 hatte. Er war in seinem Dorf ein bekannter *Bomoh* (spiritueller Mann). Äußerlich wirkte er wie ein normaler Mann von der Straße, aber die Vitalenergie seines Körpers und sein Aurafeld waren außergewöhnlich stark. Er war ein sehr kraftvoller Heiler und verfügte zudem über verschiedene übersinnliche Kräfte. Er konnte sogar das Wetter beeinflussen, indem er die Wolken bewegte oder es regnen ließ.

Als wir ihn einluden, zum Unterrichten nach Europa zu kommen, lehnte er ab und sagte demütig, dass er für die Europäer nicht gut genug sei. Man findet selten wirklich erleuchtete Meister im Westen, die bereit sind, ihre besonderen Fähigkeiten vor großem Publikum oder gar im Fernsehen zu demonstrieren. Meister mit dieser Art von Kräften sind zumeist sehr einfache Menschen, die bescheiden in einer kleinen Stadt oder einem Dorf leben und nur vor Ort bekannt sind. Daher sollte man nicht unbedingt davon ausgehen, dass die Menschen, die in den Medien auftreten, auch wirklich Erleuchtete sind.

Die Skala der menschlichen Kundalini

Mithilfe unserer geistigen Führung ist es uns gelungen, eine Skala zu entwickeln, die das Shenfa Qi oder die Kundalinikraft bewertet. Diese Kundaliniskala reicht von 1/10 bis zu 10/10. Je höher die Kundalini, desto stärker ist das spirituelle Gewahrsein eines Menschen. Die Kraft wird über die Energie des Sakrums am Ende der Wirbelsäule sowie der Zirbeldrüse im Kopf gesteuert. Im Laufe des Lebens kann sie auf viererlei Weise erhöht werden:

1. Mittels Aktivierung durch einen spirituellen Meister oder Guru, der das Wissen und die Fähigkeit besitzt, diese Kraft bei einem anderen Menschen zu erhöhen.
2. Durch lange Jahre der Meditation und das Singen von Kundalinimantras. In manchen Fällen dauert es 30 bis 60 Jahre, um die Kundalini von 4/10 auf 6/10 zu erhöhen.
3. Die Kundalini kann sich auch bei Menschen erhöhen, die einen Blitzschlag überlebt haben. Wenn jemand vom Blitz getroffen wird, fällt er oft kurz ins Koma und kann dann als vollkommen neuer Mensch erwachen. Diese Kundaliniaktivierung erfolgt durch den Überlebenskampf.

4. Ähnlich ist es bei einer Nahtoderfahrung. In diesem Fall erhöht sich die Kundalini ebenfalls, um dem Menschen einen Überlebensschutz zu gewähren, damit er wieder ins Leben zurückkehren kann.

Nachfolgend die Liste unserer Kundaliniskala:

Kundalinirang	Personenmerkmale
2/10	sehr unbewusste Menschen; Gelegenheitsarbeiter, die früheren Sklaven ähneln
3/10	80 % der Weltbevölkerung, die sich nur mit einer einfachen Arbeit befassen. In weniger entwickelten Ländern ist dieser Anteil erhöht.
4/10–4,5/10	Menschen mit einer besseren Ausbildung
4,6/10–5/10	Menschen mit größeren Fähigkeiten und höherer Ausbildung
5,1/10–5,4/10	Menschen in höheren Positionen wie Minister oder Führungskräfte, Chefs von Großkonzernen und Millionäre
5,5/10–6/10	Chefs von Großkonzernen, Superreiche
6,1/10–6,4/10	Multimillionäre und Premierminister großer Länder, leitende Mönche und spirituell entwickelte Menschen
6,5/10–7/10	hohe Politiker in den Industrieländern und großen Ländern sowie Milliardäre, die selbst in ihrem Unternehmen aktiv sind
7,1/10–7,5/10	führende Politiker, die lange im Amt sind, spirituelle Meister
7,6/10–8/10	hoch entwickelte Heiler und spirituelle Personen mit der Fähigkeit, bei anderen Menschen die Kundalini zu erwecken

Das spirituelle Gewahrsein

Das spirituelle Gewahrsein erhöht sich proportional zur Kundalini und wird auf einer Skala von 2/25 bis 25/25 bewertet. Das spirituelle Gewahrsein verleiht dem Menschen die Fähigkeit, besondere spirituelle Aufgaben zu erfüllen und dabei eine höhere Intuition und Kreativität zu zeigen. Die hohen Kräfte von Kundalini und spirituellem Gewahrsein stehen vor allem den Menschen zur Verfügung, die komplexere Probleme und größere Herausforderungen lösen müssen.

Kundalini	Spirituelles Gewahrsein	Personenmerkmale
1/10–2/10	2/25	80 % der ganz einfachen Menschen, die schlichte Routinearbeiten erfüllen
3/10–4/10	3/25 4/25 5/25	10 % der Menschen mit Führungseigenschaften
5/10	6–10/25	Führungskräfte und Menschen mit hellsichtigen Fähigkeiten, die etwas Neues erfinden und erschaffen können
5,5/10 5,6/10–6/10	11–12/25 13–14/25	spirituelle Lehrer und Führungskräfte
6,1/10–6,5/10 6,6/10–7/10	15–16/25 17–19/25	Chefs von großen Organisationen und Landesoberhäupter, spirituelle Meister. Die Mehrheit hat eine Brainpower von 7.500 Bp.K.
7,1–7,5/10 7,6/10–8/10	20–23/25 24–25/25	göttliche Wesen, Erleuchtete, Aufgestiegene Meister

»Supermenschen« besitzen eine höhere Spiritualität und eine Kundaliniaktivierung von über 6–7/10. Satya Sai Baba, der berühmte indische Guru, hat eine Kundalini von 8/10 und ist momentan der spirituellste lebende Mensch auf Erden. Diese hohe Kundalini verleiht ihm auch die außergewöhnlichen Manifestationskräfte, mit denen er für seine Anhänger mit bloßen Händen heilige Vibuthiasche oder auch Schmuck manifestieren kann.

Unsere geistigen Führer und Engel

In meiner Jugend in Asien war ich bei den Pfadfindern. Wenn ich mit Freunden auf den offenen Feldern oder im Dschungel zeltete, sah ich, wenn ich mich schnell umdrehte, oft einen oder mehrere Schatten. Ich erzählte meinen Freunden davon, und die meinten, mir hätte bestimmt nur meine Fantasie einen Streich gespielt. Dann fragte ich meine Mutter, die aus einer Bauernfamilie stammte. Sie sagte, dass ich eine ganz normale Wahrnehmung hätte, denn auch sie würde solche Schatten häufig sehen. Es erleichterte mich sehr, ein ganz normaler Mensch zu sein. Später fand ich heraus, dass es sich bei diesen Schatten um Wandergeister und Seelen von Menschen handelte, die eines plötzlichen Todes gestorben waren oder Selbstmord begangen hatten. Aber es gibt auch noch andere Seelenwesen, die uns – für die meisten Menschen unsichtbar – liebevoll begleiten und schützen.

Bei unseren Geistführern – im Westen bezeichnet man sie auch oft als Engel – handelt es sich um menschliche Seelen, die spirituell weiter entwickelt sind. Ihre Aufgaben bestehen darin, uns Menschen bei unserer Entwicklung zu unterstützen, damit wir weniger Fehler machen und uns auf unserem spirituellen Weg entfalten können. Indem sie uns auf der Menschenebene helfen, können die Geistführer ebenfalls weiter auf ihrem spirituellen

Weg voranschreiten. Sie stammen vom Tao-Taizugong-Kristallplaneten, auf dem alle Menschenseelen »verwahrt« werden, bis ihre Reinkarnation gekommen ist.

Jedem Menschen werden bei seiner Geburt mehrere Geistführer oder Engel zugeteilt, die ihn bei der Erfüllung seiner individuellen Lebensaufgaben begleiten. Wenn unsere Seelen älter sind und wir anspruchsvollere und langfristigere Aufgaben auf diesem Planeten bewältigen sollen, dann werden wir von einer größeren Anzahl von Geistführern begleitet. Einfache Menschen, die nur grundlegende Routinearbeiten erledigen, haben normalerweise vier oder fünf Geistführer, da sie in ihrem Job weniger spirituelle Hilfe benötigen. Menschen in hohen und verantwortungsvollen Positionen wie Ärzte, Wissenschaftler, Ingenieure, Firmenchefs und Regierungsoberhäupter müssen komplexe Aufgaben bewältigen und haben daher zwischen 8 und 20 Geistführer. Bei einem beruflichen Aufstieg oder einer Spezialisierung kommen weitere Geistführer hinzu. Zum Beispiel: Ein Wissenschaftler, der sich mit Routinearbeiten befasst, hat vielleicht acht Geistführer. Wenn er aber zum Abteilungsleiter ernannt wird, wird er von zwei oder drei zusätzlichen geistigen Führern begleitet, die ihm dabei helfen, die richtigen Entscheidungen zu treffen. Der oberste Geistführer entscheidet, wann »aufgestockt« wird und erhält weitere Seelen, die vom Tao-Taizugong-Kristallplaneten gesandt werden.

In der nachfolgenden Tabelle sehen Sie, wie sich die Anzahl der Geistführer eines Durchschnittsmenschen zusammensetzt, der in seinem Leben verschiedene Aufgaben erfüllt. Wenn eine Frau beispielsweise Mutter wird, was eine einschneidende Lebenserfahrung ist, dann wird ihr ein »Mutter-Engel« zur Seite gestellt, damit sie die neuen Aufgaben leichter bewältigen kann. Dieser geistige Führer erscheint bereits während der Schwangerschaft.

	Anzahl der Geistführer	Zusätzliche Geistführer je nach Aufgabenbereich
Frau als Mutter	1	
Mann als Vater	1	
Überlebensschutz		1
Person arbeitet im Dienstleistungsbereich		1
Person arbeitet als Künstler		1
Person arbeitet als Ingenieur		1
Person arbeitet als Abteilungsleiter		1
Gesamt		7

Die Geistführer von Politikern und Firmenchefs

Einem Menschen mit einer Kundalini von 6/10 und einer Brainpower von 7.500 Bp.K., der eine Führungsposition in der Wirtschaft oder Politik innehat, stehen normalerweise mindestens 15 Geistführer zur Seite. Wenn jemand lange im Amt ist, hat er nicht nur mehr Erfahrungswerte, sondern auch mehr Geistführer als ein Berufsanfänger. Je mehr Geistführer ein Staatsoberhaupt hat, desto besser kann es intuitiv gute Entscheidungen treffen und das Land lenken. Das Gleiche gilt für die Chefs von Großfirmen, von deren guten Entscheidungen das Unternehmen, die Teilhaber und das Standortland profitieren.

Hier einige Beispiele für Politikerinnen, Politiker und Staatsoberhäupter: Margaret Thatcher, die frühere Premierministerin Großbritanniens, hat 19 Geistführer. Die Königin von England, Queen Elizabeth, hat nur 12 Geistführer, denn ihre Arbeit ist von mehr Routine geprägt als die einer Politikerin. Die deutsche Bundeskanzlerin Angela Merkel muss das drittgrößte und komplexe Wirtschaftsland steuern und hat daher 17 Geistführer. Am Ende ihrer zweiten Amtszeit werden sich ihr sicherlich noch mehr Geistführer angeschlossen haben. So hat beispielsweise der deutsche Exkanzler Helmut Kohl 35 Geistführer und der frühere Präsident der UdSSR Michail Gorbatschow, der den Kalten Krieg beenden konnte, 32 Geistführer.

Und hier einige Worte zum amerikanischen Präsidenten Barack Obama: Als Obama auf Hawaii geboren wurde, hatte er sieben geistige Führer. Nach dem Jurastudium hatte er neun Geistführer und als er zum Senator gewählt wurde, waren es bereits zwölf geistige Helfer. Bei seiner Nominierung als Präsident der Demokraten wurde er von 15 Geistführern begleitet und als aktueller Präsident der Vereinigten Staaten hat er 18 Geistführer. Da er sich mit komplexen internationalen Fragen, Finanzthemen und diplomatischen Problemen auseinandersetzen muss, könnte er am Ende seiner ersten Amtszeit ohne Weiteres 25 Geistführer haben.

Präsident Obama fehlt es jedoch an praktischer Arbeitserfahrung. Er sollte auch mehr meditieren und mit seinen geistigen Führern kommunizieren, um sich besser auf zukünftige Ereignisse einzustimmen und damit ihn die Geistführer bei gerechten Entscheidungen zum Wohle der Menschheit zu unterstützen. Obama ist als Friedensstifter in diese turbulente, brutale Welt gesandt worden und er verfügt über die Fähigkeit, kritische globale Themen in Form von Dialogen konfliktarm zu lösen.

Hoch entwickelte Geistführer

Unsere geistigen Führer sind wie erwähnt fortgeschrittene und erleuchtete menschliche Seelen, die auf den unsichtbaren Ebenen ebenfalls ihre Hierarchie und Entwicklungsstufen haben.

Ein Großteil ihres Wachstums besteht darin, Menschen bei deren Lebensaufgaben zu begleiten. Wenn die Geistführer die höchste Stufe erklommen haben, werden sie als Aufgestiegene Meister bezeichnet, womit ihre Laufbahn als Menschenbegleiter auch praktisch beendet ist. Nur in Ausnahmefällen kehren sie auf die Erde zurück, um einen Menschen bei einer bedeutenden Aufgabe zu unterstützen. Diese Chance wird nur wenigen Menschen gewährt. Wir gehen davon aus, dass Jesus von einigen Aufgestiegenen Meistern sowie 51 Geistführern begleitet wurde. Der Buddha Shakyamuni wurde ebenfalls von einigen Aufgestiegenen Meistern begleitet und seine Geistführergruppe zählte kurz vor seinem Tod 56 Seelen.

Wie Sie mit ihren Geistführern arbeiten

Weder eine Ausbildung und schon gar keine Universitätsausbildung befähigen einen Menschen, korrekte Vorhersagen über die Finanzen oder einen wichtigen politischen Prozess zu machen. Denn je gebildeter eine Person ist, desto mehr macht sie sich intellektuell von Fakten und Meinungen abhängig und trifft Entscheidungen, bei denen man auch einfach eine Münze werfen könnte. Das westliche Denken gewichtet die intellektuellen und rationalen Entscheidungen sehr stark, was der Grund für viele falsche Entscheidungen sein könnte, die sich nachteilig auf die Menschheit auswirken. Nur die intuitive Einstimmung, bei der die Geistführer mitwirken, hat Zugang zum Universalbewusstsein, in dem nicht nur die menschliche Vergangenheit, sondern auch die zukünftigen Ereignisse abgespeichert sind.

Hier eine persönliche Erfahrung mit meinen Geistführern:
Vor dreißig Jahren sollte ich als Geschäftsführer in Asien ein Projekt von einer Milliarde US-Dollar verabschieden. Nachdem ich mit meinen Geistführern einige »Gespräche« geführt hatte, beschloss

ich, das Projektvolumen auf 100 Millionen US-Dollar zu reduzieren. Als ich das für mich entschieden hatte, entwickelte sich bei mir ein sehr gutes Gefühl der Erleichterung im Solarplexusbereich, das mir die Bestätigung gab, das Projekt in dieser Form zu verabschieden. Später stellte sich heraus, dass das ursprüngliche Milliardenprojekt für die Firma aufgrund eines Regierungswechsels zu einer finanziellen Katastrophe geführt hätte. Auch wenn zum Zeitpunkt der Entscheidung die intellektuellen Köpfe des Unternehmens sich gegen meine Entscheidung ausgesprochen hatten, so behielt ich doch recht, und das kleinere Projekt zahlte sich sogar gut aus.

Viele ältere erfolgreiche Unternehmer und Multimillionäre wie Li Ka Sing in Hongkong, der reichste Mann Asiens, sind nur wenige Jahre zur Schule gegangen und haben sich daher mehr auf ihre Intuition, ihr Bauchgefühl und ihre Geistführer verlassen. Li Ka Sing lehnte häufig scheinbar profitable Projekte ab, wenn sie seiner Intuition nach nicht stimmig waren, und lag damit meistens richtig. Auch wenn eine rationale Faktenbewertung in der modernen Welt sehr befürwortet wird, ist letztendlich die Intuition ausschlaggebend.

Interessanterweise ist erst später bekannt geworden, dass der frühere amerikanische Präsident Ronald Reagan seine Frau Nancy häufig gebeten hat, Hellsichtige bei größeren Staatsentscheiden und internationalen Angelegenheiten zu befragen. Seine Amtszeit wird bis heute als positiv und erfolgreich bewertet, und er gilt bei den Republikanern als ein Vorbild.

Viele menschliche Katastrophen könnten vermieden werden, wenn insbesondere die Führungskräfte in Wirtschaft und Politik im Westen meditieren und sich auf ihre Geistführer einstimmen würden, bevor sie wichtige Entscheidungen treffen. Geistführer verfügen über eine größere Perspektive und eine hohe Moral und unterstützen ein organisches Wachstum der Erde, denn es ist ihr Wunsch, dass es den Menschen besser geht und die Menschheit sich positiv entwickelt.

Können wir zusätzliche Geistführer »anmieten«?

Im Allgemeinen ist es so, dass der Oberste unserer Geistführer automatisch weitere Geistführer zuteilt, wenn dies nötig ist. Das ist vergleichbar mit einem Manager, der zusätzliche, speziell geschulte Arbeitskräfte für Aufgaben einstellt, die er selbst nicht bewältigen kann. Wenn ein Mensch jedoch effektiv mit seinen Geistführern und deren Leiter kommunizieren kann, dann kann er sie direkt bitten, weitere kostenlose Geistführer einzuladen oder zu »mieten«, die über spezielle Kenntnisse und Fähigkeiten in neuen Fachbereichen verfügen. Leider sind sich die meisten Menschen nicht bewusst, dass sie Geistführer haben, und daher nutzen auch nur etwa fünf Prozent der Menschheit diese spirituelle Unterstützung. Wir haben jedoch von Geburt an ein Recht auf diese Begleitung und sollten sie als ein Geschenk des Himmels ansehen. Daher sind viele Geistführer überhaupt nicht richtig gefordert und freuen sich über neue Aufgaben. Wenn es sich bei der neuen Aufgabenstellung nicht nur um einen vorübergehenden Einsatz handelt, wird der persönliche Leiter der Geistführer auch dafür sorgen, dass der neue Geistführer weiterhin bleibt.

Wohin geht ein Geistführer, wenn ein Mensch stirbt?

Nachdem ein Mensch gestorben ist, kehren die Geistführer normalerweise in ihr »Höchstes Geistführer-Bewusstseinsfeld« zurück, um weiter aufzusteigen und einem spirituelleren Menschen zugeteilt zu werden. Wenn sie jedoch noch nicht genug aus der Begleitung ihres Menschen gelernt haben, der in seinem Leben entsprechende Misserfolge und Fehlschläge verarbeiten musste, dann kehren sie in ihr Bewusstseinsfeld zurück und werden einem Menschen mit einem ähnlichen spirituellen Niveau zugeteilt, um noch weiter zu lernen.

Die Kommunikation mit den Geistführern

Zum spirituellen Erwachen eines Menschen gehört, dass er sich in ständigem Kontakt mit seinen Geistführern oder Engeln befindet. Diese stellen wiederum die Verbindung zu den Geistführern der erleuchteten Lehrer her, die ihn bei seiner weiteren Entwicklung unterstützen können. Am einfachsten ist es, wenn ein spiritueller Lehrer Ihre Kundalinikraft erhöht, damit Sie einen leichteren Zugang zu Ihren geistigen Führern erhalten. Sie können diese Einstimmung aber auch in der Meditation üben. Dazu eine Übung:

Bevor Sie den Kontakt zur Ihren geistigen Führern aufnehmen, setzen Sie sich auf einen bequemen Stuhl, entspannen Körper und Geist und lassen Ihre Konzentration nur auf einem bestimmten Thema ruhen. Begeben Sie sich nun in einen meditativen Zustand und wiederholen Sie beispielsweise den Satz »Ich bin ein ruhiger, liebevoller und glücklicher Mensch«. Sie können auch eine Gebetskette (*Mala*) benutzen und ihren Geist zur Ruhe kommen lassen, indem Sie die Perlen durch die Finger gleiten lassen.

Wenn Sie das Gefühl haben, mehr zur Ruhe gekommen zu sein, bitten Sie Ihre Geistführer, vor Ihnen zu erscheinen. Sie sollten sich etwa in einem Abstand von einem Meter von Ihrem Körper entfernt befinden. Stellen Sie Ihren Geistführern Fragen, die sie mit »Ja« oder »Nein« beantworten können.

Die Geistführer antworten wie Bäume oder andere Lebewesen in der Natur mit »Ja« oder »Nein«. Wenn Sie länger üben, werden Sie dieses »Ja« oder »Nein« auch als Bauchgefühl oder Reaktion im Solarplexus oder in einem anderen Körperbereich wahrnehmen können. Manchmal hat man das Gefühl, am Ohr gezupft zu werden, oder verspürt einen leichten Lufthauch im Scheitelbereich. Wenn Sie aber im Solarplexusbereich eine Spannung oder ein ungutes Gefühl wahrnehmen, dann lautet die Antwort normalerweise »nein«. Legen Sie mit Ihren Geistführern die Signale fest, die sie Ihnen bei einem »Ja« oder »Nein« geben sollen. In früheren Zeiten war es für die Menschen übrigens noch selbstverständlicher, mit ihren Schutzengeln Kontakt aufzunehmen, denn vor langer Zeit besaßen sie im Kopfbereich ausgeprägtere »Fühler«, die mit Insektenfühlern oder den Hörnern von Tieren vergleichbar waren und die feinstofflichen Signale mit Leichtigkeit aufnehmen konnten. Manchmal erhalten Sie die Antwort aber auch in Form einer blitzartigen Eingebung. Gehen Sie davon aus, dass diese Antwort in den meisten Fällen von Ihren Geistführern stammt, aber nicht unbedingt von den höchsten spirituellen Instanzen wie Buddha oder Gott bzw. Allah. Wenn das der Fall wäre, würde sich die Menschheit sicherlich in einer anderen Situation befinden.

Wenn Sie sich mit Ihren Geistführern zum ersten Mal verbinden, bitten Sie diese, sich kurz vorzustellen, und geben Sie ihnen einen Namen wie »James, der Ingenieur«. Dann können Sie sie bei Bedarf sehr schnell herbeirufen. Durch die Namensgebung können Sie die Geistführer auch identifizieren, wenn mehrere von ihnen anwesend sind. Bei themenbezogenen Fragen gehen Sie wie folgt vor: Stellen Sie möglichst einfach strukturierte Fragen wie »Soll ich nach London fahren?«. Wenn die Antwort »ja« lautet, können Sie auf Details eingehen, z. B. »Soll ich im August fahren?«. Normalerweise braucht man nur einige wenige Fragen zu stellen, bis die Details geklärt sind. Und auch hier gilt: Übung macht den Meister. Je intensiver Sie mit Ihren Geistführern kommunizieren und je mehr Sie ihnen vertrauen, desto genauer werden die Antworten sein, und Ihr Leben wird eine neue Qualität erhalten.

Ein Wort zu spirituellen Meistern

Ein spiritueller Meister oder Guru bietet die schnellste Möglichkeit, eine Verbindung zu den eigenen Geistführern oder Schutzengeln herzustellen und mehr Klarheit und Empfindsamkeit für das Höhere zu gewinnen. Aus diesem Grund gehen Millionen von Menschen aus den westlichen Ländern nach Indien, China und in den Himalaja, wo sie nach Erleuchteten und Aufgestiegenen Meistern Ausschau halten, um eine Kundalinierhöhung zu erhalten und fortgeschrittene spirituelle Praktiken zu erlernen, mit denen sie schließlich das Nirvana oder das Reine Land des Buddhas Amitabha erreichen können. Auf diese Weise erhoffen sie sich, der karmischen Matrix und dem Kreislauf von Tod und Wiedergeburt zu entkommen.

Seien Sie aber bitte wirklich achtsam bei der Auswahl Ihres erleuchteten Gurus oder Aufgestiegenen Meisters. Nicht alle Menschen mit langen Haaren oder einem langen Bart, die in den Tempeln und Höhlen Asiens sitzen, sind echte Gurus oder Meister, auch wenn die Stadtmenschen das gern glauben würden. Von vielen kann man spirituelle Lehren empfangen, aber das sagt noch nichts über das Niveau aus. Daher findet man selten einen echten Guru oder Meister. Es ist wie die Suche nach der Nadel im Heuhaufen. Der Suchende selbst muss eine bestimmte spirituelle Ebene erreicht haben, um die fortgeschritteneren Stufen zu lernen, bevor er dann auf einen wahrhaft Erleuchteten treffen kann. Daher sagen die Taoisten: »Wenn der Schüler bereit ist, steht der Meister vor ihm.«

In diesem Zusammenhang habe ich folgende Geschichte erlebt: Vor zehn Jahren war ich auf einer Fähre im amerikanischen Seattle unterwegs, um mich mit Mr. Everest, einem renommierten Mentaltrainingsexperten zu treffen. Neben mir saß ein erfolgreicher junger Motivationsreferent, dem es jedoch an Wohlstand fehlte. Im Auftrag seiner Firma setzte er Millionen um, wurde finanziell aber

nur geringfügig entlohnt. Er erzählte mir, dass er nach einem spiri-
tuellen Lehrer suchte, der ihm aus seinem finanziellen Loch helfen
könnte und dass er diese Suche sehr schwierig fand. Lächelnd zitier-
te ich die taoistische Weisheit: »Wenn du bereit bist, steht der Lehrer
oder Guru vor dir.« Ich erntete nur einen erstaunten Blick von ihm,
und dann stand der junge Mann auf und ging davon.
Gern hätte ich ihm ein paar Tipps gegeben und hätte ihn bei der
nächsten Anlegestelle sogar gleich zu Mr. Everest mitgenommen,
der ihm sicher dabei hätte helfen können, sein Wohlstandsproblem
zu lösen.
Damit hatte die Geschichte aber noch kein Ende. Zwei Jahre später
reiste dieser junge Mann nach Auckland, wo ich gerade wohnte, und
suchte nach mir. Da ich aber ständig unterwegs war, ist es mir bis
heute ein Rätsel, wie er mich in einem kleinen Städtchen aufspürte,
wo ich Fengshui unterrichtete. Er erhielt von mir einige Tipps und
eine spezielle Aktivierung für seine Chakren und sein Drittes Auge,
um den Reichtum und die Fülle zu erhalten, die er verdient hatte.
Ein Jahr später erhielt ich einen Dankesbrief von ihm, dass er nun
auch finanziell erfolgreicher geworden war und sich selbstständig
gemacht hatte. Allerdings bräuchte er jetzt noch weitere Aktivie-
rungen und Übertragungen von Lehrern oder Meistern, um seine
höheren Wohlstandsblockaden zu lösen. Damit zeigte er ein Phäno-
men, das vor allem den Amerikanern eigen ist – sie suchen ständig
nach neuen Lehrern. Ich habe nie wieder von ihm gehört.

Wenn auch Sie, liebe Leser, sich auf der Suche nach einem erleuchteten Meister oder Guru befinden, dann ist es wichtig, dass
Sie wissen, wie man einen guten Lehrer von einem erleuchteten
Guru unterscheidet. Neunundneunzig Prozent der Menschen
fühlen sich von einem Lehrer angezogen, der sich auf einem
bestimmten spirituellen Gebiet auskennt und akzeptieren diesen dann als erleuchteten Guru.

Es ist jedoch so, dass Sie selbst ein fortgeschrittenes spirituelles Bewusstsein haben müssen, um einem Meister auf einer

höheren Erleuchtungsstufe zu begegnen. Wenn Sie diese Person persönlich treffen, wissen Sie sofort und ohne nachzudenken, dass sie diejenige ist, die Sie gesucht haben. Auch Ihre Geistführer und Ihre Seele werden Sie sicherlich wecken, wenn dieser Mensch auftaucht. In der Präsenz eines erleuchteten Meisters verspüren Sie eine harmonische, liebevolle und nährende warme Energie, selbst wenn Sie hundert Meter von ihm entfernt stehen. Auch wenn er nur wenige Worte verlauten lässt, sind diese von tiefer Weisheit erfüllt, die Ihr Herz und Ihre Seelenenergie aufleuchten lässt. Wenn Sie auf den Meister oder die Meisterin treffen, spüren Sie den Segen und die Aktivierungen über Ihre Kundalinienergie, die sehr warm vom Steißbein aufsteigt. Auch Ihre Chakren und vor allem Ihr Drittes Auge öffnen sich und fühlen sich hell und klar an. Der ganze Körper wird warm und kribbelt und Sie fühlen sich glücklich.

Es gibt keine einfachen Wege oder Abkürzungen, um wahrhaft erleuchtete Gurus und Aufgestiegene Meister aufzuspüren. Sie können nur Ihrem persönlichen spirituellen Weg folgen. Zu Beginn Ihres spirituellen Weges sollten Sie von einem guten Lehrer lernen, wie man meditiert, den Geist beruhigt und ein friedvolles und tugendhaftes Leben führt, um für alle Lebewesen zu sorgen. Mithilfe Ihrer regelmäßigen Meditation werden Sie im Laufe der Zeit tiefere Einblicke gewinnen und Ihre Intuition schärfen. Dann finden Sie auch den Weg zu erleuchteteren Lehrern und Gurus. Wenn Sie Ihre Meditation ernsthaft weiter praktizieren, können Sie sich so weit entwickeln, dass Sie nicht nur mit Ihren persönlichen Geistführern, sondern auch mit den Aufgestiegenen Meistern in deren nicht körperlicher Form in Kontakt treten können.

KAPITEL 7

Taoistische spirituelle Kalligrafie

Wer festhält das große Urbild,
zu dem kommt die Welt.
Sie kommt und wird nicht verletzt,
in Ruhe, Gleichheit und Seligkeit.

LAOZI

Eine Einführung von Julie Lim

Ich entstamme einer alten chinesischen Dynastie. Meine Vorfahren mütterlicherseits waren Mandarine – Gelehrte des alten China, die sich auch mit den traditionellen chinesischen Heilkünsten und Symbolen befassten. Meine Familie hegte eine große Liebe zu den Werken der großen Philosophen, vor allem Konfuzius und Zhuangzi. Seit Jahrhunderten wurden bei uns die chinesische Dichtkunst und die Kunst der Kalligrafie gepflegt, deren Regeln und Geheimnisse von Generation zu Generation weitergegeben wurden. Bereits in früher Kindheit lernte ich lesen und schrieb die Gedichte meines Großvaters nieder, der ein Mandarin und Heiler am Kaiserhof gewesen war. Daher tauchte ich schon in jungen

211

Jahren tief in die geheimen Aspekte des Lebens ein, die hinter den philosophischen Dichtungen und Symbolen verborgen lagen.

So waren die Kalligrafie und die Kampfkunst für mich schon immer ein elementarer Weg zu einem Leben voller Weisheit, Schönheit und tiefem Verstehen. Für mich selbst entdeckte ich nicht nur die Kunst der schönen Schrift, sondern auch die spirituellen Symbole. Kalligrafie und Kampfkunst gehen Hand in Hand – die Bewegungen im Taijiquan können mithilfe der Schreibkunst immer mehr verfeinert werden. Ein guter Kampfkünstler ist also auch immer ein ernsthafter Kalligraf.

Während ich meine drei Kinder großzog, waren Dichtkunst, Kalligrafie und eine tiefe Qigong-Praxis die Quellen meiner Lebenskraft. Nachdem die Kinder erwachsen waren und ich mit meinem Mann vermehrt auf Reisen ging, um international zu beraten und zu unterrichten, stand mir noch mehr Zeit zur Verfügung, meine Fähigkeiten weiterzuentwickeln.

Mein besonderes Anliegen ist das Unterrichten von spiritueller Energie-Kalligrafie, Fu-Talismanen und Malereien sowie das Gestalten diverser Fengshui-Produkte, die alle Sinne anregen sollen. Meine Werke schmücken Firmenräume, Hotels und Privathäuser.

Ein Erlebnis mit einem taoistischen Fu-Talisman

Im Laufe meines Lebens bin ich sehr oft um die Welt gereist und habe in vielen Ländern gelebt. So wohnte ich in jungen Jahren in China und Indien, auf Borneo und in England. Ich fand heraus, dass all diese Länder und Nationalitäten ihre ganz eigene spirituelle Ausdrucksform haben – ob in Form von Talismanen, Mandalas und anderen speziellen Malereiformen sowie in geheimen Schriften, über die Menschen den Kontakt zum Universum und zum Göttlichen aufnehmen, wobei die

Gottheiten ihrer jeweiligen Kultur, Tradition und Religion unterschiedlich sind.

Als ich mich eine Zeit lang in China aufhielt, stieß ich auf eine sehr ungewöhnliche, uralte taoistische Praxis der Heilung, bei der eine Bitte mithilfe von spirituellen Symbolen formuliert wird.

Es geschah in unserer Nachbarschaft. Ein intelligenter kleiner Junge spielte mit seinen Freunden in der Nähe eines »Friedhofs der Fremden«. Dies ist eine Art von Friedhof, auf dem Menschen bestattet werden, die fernab von ihrem Heimatland gestorben sind und die keine Verwandten haben, die ihren Leichnam hätten überführen können.

Als die Mutter abends nach ihrem Jungen suchte und ihn fand, war sie bestürzt über sein ungewöhnliches Verhalten. Er schien etwas verwirrt und wirkte wie gelähmt. Daher bat sie sofort einen taoistischen Meister aus einem nahe gelegenen Tempel um Hilfe. Er schrieb einen *Fu*, einen taoistischen Schrifttalisman, und befestigte ihn auf der Stirn des Jungen. Dann bat der Meister die Mutter, den Namen ihres Jungen mindestens hundertmal zu rufen. Schließlich wachte dieser wie aus einem Traum auf und verhielt sich wieder ganz normal. Einige Skeptiker mögen nun behaupten, dass es sich um puren Aberglauben handelte, während andere in diesem Fall von einem Wunder sprechen würden.

Dieses beeindruckende Erlebnis war ein Anlass, mich noch eingehender mit der taoistischen Tradition der Talismankunst zu befassen. Nun möchte ich im Rahmen dieses Kapitels die Gelegenheit wahrnehmen, meine Einsichten zu einer fantastischen und uralten Praxis darzustellen, die nicht auf die moderne lineare und logische Denkweise Antworten liefert.

Kurze Geschichte der Kalligrafie

Die frühesten chinesischen Schriftzeichen sind mehrere tausend Jahre alt. Ihre Schreibweise wird als Siegelschrift bezeichnet, wobei man die Siegelschrift in eine kleine und eine große Siegelschrift unterteilt. Diese Schriftform findet man auf Knochen und Schildkrötenpanzern, Bambus und Holz sowie in Ton und Keramikgefäße eingeritzt oder auf Seide oder Papier geschrieben. Außerdem wurden die Schriftzeichen in Metallgefäße eingraviert. Die heiligen und geheimen Symbole und Fu-Talismane gehen auf diese alte Siegelschrift zurück.

Später entwickelten sich aus ihr verschiedene Schreibweisen oder Kalligrafiestile, zu denen neben der Siegelschrift die Kanzleischrift, Kursivschrift, Grasschrift und die Regel- oder Normalschrift gehören.

Der berühmte Kaiser Qin Shihuangdi, der 221 v. Chr. China unter seiner Herrschaft vereinte und die Große Mauer errichten ließ, führte viele Reformen durch, zu denen auch die Vereinheitlichung der damaligen Schrift zählte. Zuvor hatten die einzelnen Staaten jeweils eigene Variationen der Schriftzeichen benutzt, die dann aber von offizieller Seite vereinheitlicht wurden.

Die neu entstandene Schrift wurde als »Kanzlei-Schrift« bezeichnet. Sie bildete die Grundlage für die oben genannten Kalligrafiestile – außer der älteren Siegelschrift. In China sind Zehntausende Schriftzeichen bekannt, von denen heute nur noch ein kleiner Teil benutzt wird. Alle Schriftzeichen setzen sich aus einem oder mehreren »Wurzelzeichen« oder Radikalen zusammen, die ihr spezifisches Bild und ihre Aussprache bestimmen.

Im Jahr 1716 wurden 214 Radikale festgelegt, die bis heute für die chinesische Schrift gültig sind. Hierin besteht ein großer Unterschied zum westlichen arabischen Alphabet, das nur 26 Buchstaben enthält.

Die Fu-Talismane

Fu-Talismane wurden im Reich der Mitte von den Menschen verwendet, die sich mit spirituellen Praktiken befassten. Dazu gehörten insbesondere die Schamanen im Westen des Landes. Sie entwickelten aus den Piktogrammen und frühen Siegelschriften Symbole, die ungewöhnliche Kräfte in sich bargen und die Energie fokussierten. Nach und nach fanden die Schamanen heraus, welche Kombinationen funktionierten. Diese Art der Kalligrafie war die früheste Form der Kommunikation mit dem Himmel, dem höheren Bewusstsein oder mit spirituellen Wesenheiten, bei der es um die Erfüllung einer Bitte oder eines Wunsches von einfachen Menschen ging.

Heute sprechen wir von der Kraft der Gedanken, wenn wir etwas manifestieren möchten. Letztendlich ist eine Manifestation die Antwort auf eine spirituelle Bitte. Diese Bitte wird von Taoisten, Buddhisten sowie religiösen Laien geäußert, die mit dieser Art von Philosophie und Praxis vertraut sind. Die geschwungenen Linien und die Symbole stellen die Energie der Bitte dar, die an den Himmel gerichtet wird. Die Kräfte von Yin-Yang, den Fünf Elementen sowie von Gottheiten, Heiligen und Engelwesen, die Hoffnung und Harmonie schenken, sind in diesen Fu-Talismanen enthalten und verstärken das Talismanbewusstsein und dessen Manifestationskraft. Diese Art von Schutz- und Kraftsymbolen finden sich heute in einigen Büchern des *Taoistischen Kanons* wieder und werden von vielen Menschen wie Gelehrten und Geistlichen des Taoismus und Buddhismus oder auch Heilern in Japan, Korea, China und anderen asiatischen Ländern verwendet. Selbst ein Analphabet kann einen wirkungsvollen Fu-Talisman schreiben, solange er diesen korrekt kopiert.

Im Westen ist diese Art der taoistischen Talismankunst noch praktisch unbekannt. Im Osten wird diese Möglichkeit der spirituellen Kraft für viele Anlässe genutzt: als täglicher Schutz vor unguten Kräften und Krankheiten, für Heilung und ein langes Leben, für Wohlstand und Kindersegen.

Gerade heutzutage sehnen sich die Menschen in unsicheren Zeiten nach einem liebevollen Partner und einem friedvollen Familienleben. In all den Turbulenzen in unserer Welt gewinnt die Suche nach etwas Tieferem Bedeutung, und ich glaube, dies ist der Grund für die Wiederbelebung dieser alten Praxis der Fu-Talismane, die sogar ihren Weg in die westliche Welt gefunden hat.

Die Talisman-Praxis

Nun möchte ich mit meinen Lesern die Freude des eigentlichen Talisman-Schreibens teilen. So können Sie nicht nur den ästhetischen Aspekt genießen, sondern auch selbst experimentieren und herausfinden, wie wirkungsvoll Ihre Bitte ist, die Sie an das universelle Bewusstsein richten möchten.

Manche sprechen in diesem Zusammenhang vielleicht einfach von der »Mentalkraft«, die hier wirkt, aber ich möchte das Schreiben von Fu-Talismanen lieber als Kontaktaufnahme mit dem Göttlichen oder als »Briefe an die Götter« bezeichnen.

Wie man einen Fu-Talisman schreibt

- An dem Tag, an dem Sie Ihren Fu schreiben, sollten Ihr Herz, Ihr Geist und Ihre Gedanken rein sein. Halten Sie sich von schlechter Rede fern.
- Spülen Sie den Mund und putzen Sie die Zähne. Waschen Sie die Hände.
- Sitzen Sie mit dem Rücken zu einer massiven Wand, um vor unguten und feindlichen Energien geschützt zu sein.

- Vor dem Schreiben eines Fu-Talismans sollten Sie meditieren und darum bitten, dass sich Ihr Wunsch manifestiert.
- Erbitten Sie die Erlaubnis der Aufgestiegenen und erleuchteten Meister in den spirituellen Welten, die diese speziellen Fu-Talismane geschaffen haben.
- Verbinden Sie sich mit den höheren Weisheitsebenen, damit Ihr Qi für diese Zwecke um ein Vielfaches magnetisiert und damit stärker wird und in den Fu einfließt. Ihre Absicht und Ihre mentalen Kräfte strömen in das Papier ein.
- Schreiben Sie den Fu-Talisman konzentriert, sauber und ohne Unterbrechung.
- Falten Sie den Fu zu einem Dreieck (siehe S. 218) und legen Sie ihn etwa fünf Minuten lang auf die Seite mit der Handabbildung (S. 289), um ihn zu aktivieren.
- Stecken Sie ihn in ein rotes oder rosa Seidentäschchen, das Sie am Körper tragen, oder legen Sie ihn in Ihre Geldbörse.

Das Falten des Fu-Talismans

Falten Sie das Papier von rechts und links zur Mitte, damit sich ein Streifen bildet. Falten Sie die untere Ecke so, dass sich ein Dreieck bildet. »Wickeln« Sie den Papierstreifen nun so, dass sich immer weitere Dreiecke bilden. Das überstehende Ende stecken Sie wie bei einem Umschlag nach innen. Laden Sie den gefalteten Fu-Talisman auf der Hand (S. 289) auf und tragen Sie ihn bei sich (s. Abbildung 7.1, S. 218).

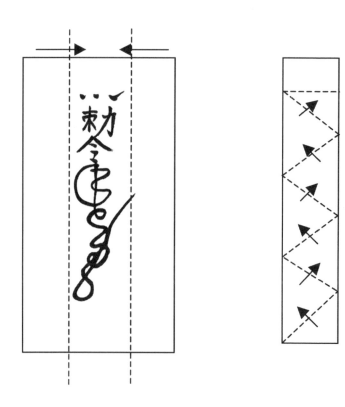

Abb. 7.1: *Wie das Papier gefaltet wird.*

Die Materialien

In der modernen Praxis wird ein Fu-Talisman ganz klassisch mit schwarzer Tusche auf weißes Papier geschrieben. Auf diese Art und Weise entsteht das Gleichgewicht von Yin (schwarz) und Yang (weiß). Sie können Ihren Fu-Talisman auch mit roter Tusche auf gelbes Papier schreiben, das die Erde und die Sonne repräsentiert. Die nachfolgenden Praxisbeispiele habe ich auf pfirsichfarbenes Papier geschrieben, das für ein langes Leben steht. Eine Fu-Kalligrafie wird im Übrigen weder signiert noch mit den klassischen roten Siegelstempeln versehen.

Besorgen Sie sich in einem Geschäft für Schreibwaren und

Kalligrafiebedarf chinesische Tusche und Papier in den gewünschten Farben und schreiben Sie Ihren Talisman wie oben erklärt. Verwenden Sie unbedingt einen guten Pinsel, und nehmen Sie nur organische und keine chemisch hergestellte Tusche, denn Chemikalien haben linksdrehende (negative) Energien und würden das Ergebnis schwächer ausfallen lassen.

Sollte Ihnen ein Talisman misslingen, werfen Sie ihn nicht einfach weg, sondern zünden Sie ihn an und verbrennen Sie ihn.

Wie Sie Ihren Fu-Talisman schreiben

Bevor Sie damit beginnen, möchte ich Ihnen noch einige weitere Erläuterungen zur Symbolik mit an die Hand geben. Es gibt Grundstrukturen und Zeichenkombinationen, die bei den taoistischen Fu traditionell immer wieder verwendet werden und eine spezielle Bedeutung innehaben.

Die Dreiteilung des Fu

Taoistische Talismane werden immer in drei Teile unterteilt – der obere Bereich steht für die Ebene des Himmels, der mittlere für die Manifestationen auf der Ebene der Menschen und Tiere und der untere Bereich der Kalligrafie dient der Erdung der Kräfte eines jeden Bereiches. Dadurch bauen sich die unsichtbaren Kräfte des Tao auf und bilden eine harmonische Einheit.

Die Schreibrichtung

Fu-Talismane werden immer von links nach rechts und von oben nach unten geschrieben. Bei einigen Kalligrafien (beispielsweise dem nächsten Fu für ein langes Leben) weist der letzte Strich jedoch nicht nach unten, sondern wird nochmals nach oben in Richtung Himmel gezogen.

DIE TROPFEN

Der erste Tropfen steht für eine Anrufung an Himmel und Erde, damit diese aktiv werden.

Abb. 7.2

Der zweite Tropfen steht für den Gedanken an den Hohen Großmeister der höchsten spirituellen Ebene, der zu den »Drei Reinen« gehört, den höchsten Gottheiten des Taoismus.

Abb. 7.3

Der dritte Tropfen ist eine Anrufung mit der Bitte, dass sich alles Übel zerstreuen möge.

Abb. 7.4

Die taoistischen Tropfen sind eine geheime Sprache, mit der man sich an das höchste taoistische Bewusstsein wendet. Dazu gehört ebenfalls das Singen von Mantras. Der oberste »Kopfabschnitt« des Fu lädt auch das Bewusstsein von Geistwesen und Gottheiten dazu ein, eine bestimmte Bitte zu erfüllen.

Abb. 7.5: Tropfenvariationen

Fu-Talisman für ein langes Leben

Dieser Fu wurde von einem großen taoistischen Meister in alter Zeit geschaffen. In schwierigen Perioden, in denen sich große Naturkatastrophen oder menschengemachte Desaster ereignen, werden die entstandenen negativen Kräfte neutralisiert, um ein langes Leben zu gewährleisten.

Dies ist auch ein großartiger Fu für den modernen Alltag. Er wird wie alle Fu in drei Teilen geschrieben. Nach den oben beschriebenen Tropfen als »Kopf« folgen der »Rumpf« und die »Füße« des Fu (s. Abbildung 7.6 und 7.7).

*Abb. 7.7: Dies sind die »Füße« des Fu,
wobei die gesamte Bitte mit einem Wunsch für ein gesundes,
langes Leben und Glück abgeschlossen wird.*

Abb. 7.8: Der fertige Fu-Talisman für ein langes Leben

Fu-Talisman für Harmonie

Schreiben Sie den Talisman Schritt für Schritt nach meiner Vorlage. Dieser Fu ist besonders wirkungsvoll, um die Harmonie von Yin und Yang und die Harmonie der Elemente im Erzeugungszyklus (Metall, Wasser, Holz, Feuer und Erde) zu unterstützen. Damit aktiviert er die geheimnisvollen Kräfte, um Harmonie und friedvolle Gefühle herzustellen und Schlechtes abzuwenden.

Abb. 7.9: Schreiben Sie die Tropfen im Kopfbereich sowie
die himmlische Verbindung und die »Füße« des Fu.

*Abb. 7.10: Füllen Sie den Talisman
mit Ihrer Bitte um Harmonie.*

Fu-Talisman für die Liebe

Bei diesem Fu geht es um liebevolle Beziehungen zum Partner, Ehepartner, Seelengefährten, Liebhaber, aber auch zu den Kindern und guten Freunden. Wenn Sie auf der Suche nach einer Liebe sind, schreiben Sie den nachfolgenden Fu und konzentrieren Sie sich dabei auf Ihren Wunsch.

Dieser alte Fu-Talisman für die Liebe ist seit Jahrhunderten in Gebrauch. Während Sie ihn schreiben, verbinden sich die Bewegungen und Schwingungen Ihres Pinsels mit dem Universum, sodass eine andere Person auf Ihre Bitte reagieren kann.

Abb. 7.12: Die einzelnen Elemente für den
»Kopf« und die »Füße«

Abb. 7.14: Der fertige Fu für die Liebe

Liebe Leser, möge Ihnen diese Praxis Freude, Gesundheit und Erfolg im Leben schenken!

KAPITEL 8

Die Bedeutung der Pflanzenwelt und die neue Landwirtschaft

Wenn du Probleme hast,
kehre zurück zur Natur.

LAOZI

Der Taoist sagt: »Wenn du trinkst, dann solltest du dich immer an die Quelle erinnern.« Das bedeutet, dass Kinder und Schüler lernen sollten, ihren Eltern, Lehrern und Mentoren dankbar zu sein, die sie unterstützen. Ohne unsere Eltern als Quelle wären wir heute nicht hier. Und ohne die Pflanzen und Bäume, die unseren Ahnen Nahrung geboten haben, wären wir nie in der Lage gewesen, zu den heutigen Menschen zu werden und diese moderne Welt zu erleben. Daher sollten wir alle liebevoll zur Pflanzenwelt sein und diese schützen, damit sie gesund ist und sich weiter vermehren kann. Wir müssen noch viel mehr über die Pflanzenwelt lernen und richtig mit den Pflanzen zusammenarbeiten, denn es geht um unser gemeinsames Überleben. Bäume und Pflanzen reagieren positiv, wenn wir Menschen achtsam und voller bedingungsloser Liebe auf sie zugehen. Nur auf diese Weise können wir wirklich mit den Lebewesen auf der Erde kommunizieren. Und wir brauchen gerade in dieser Zeit ihre völlige Unterstützung und Kooperation, um den Planeten zu retten.

Pflanzen und Bäume waren diejenigen, die sich vor allen anderen Lebewesen entwickelt haben, sobald Wasser vorhanden war. Den Reptilien und frühen Menschen dienten Pflanzen und Bäume als Hauptnahrungsquelle, denn sie waren vorwiegend Vegetarier. Da sie mit den Pflanzen kommunizieren konnten, war es ihnen sogar möglich, giftige Pflanzen und Früchte zu essen.

Die Kommunikation mit der Pflanzenwelt

Für intellektuell orientierte, hartgesottene Geschäftsleute mag es sich ein wenig verrückt anhören, dass man sich mit Bäumen und Pflanzen unterhalten kann. In Wirklichkeit geht aber auch von den Pflanzen und Bäumen selbst der Wunsch nach Kommunikation aus, und zwar in der binären Sprache der Natur, die auf Fragen mit »Ja« oder »Nein« antwortet. Dies entspricht dem Prinzip von Yin und Yang, dem Prinzip des Herzschlags oder auch dem Grundprinzip der Computerfunktionen »Ein« und »Aus«.

Das einzige Problem besteht darin, dass die meisten modernen Menschen ihre Fähigkeit verloren haben, mit Bäumen zu kommunizieren. Die noch stark naturverbundenen Eingeborenen, die im Wald oder im Dschungel leben, können sich jedoch weiterhin mit der grünen Welt austauschen. Sämtliche Pflanzen und Bäume kommunizieren direkt mit ihrer Spezies, um sich über Sicherheitsfragen und Schutzmaßnahmen auszutauschen. Pflanzen stammen wie der Mensch von unterschiedlichen Stämmen und Rassen ab und sprechen zwar auch ihre jeweiligen Dialekte, aber sie sind letztendlich in der Lage, mit allen Lebewesen zu kommunizieren.

Pflanzen und Bäume, die wir in der Gärtnerei oder Baumschule kaufen, haben jedoch nicht diese Gelegenheit, von ihren Eltern und Großeltern in der freien Natur zu lernen, und können selbst mit ihrer eigenen Spezies nicht mehr richtig kommunizieren. Wie so viele moderne Menschen ähneln sie Scheintoten, die ihren natürlichen Instinkt verloren haben, den sie mithilfe ihrer eigenen Spezies in der freien Natur auf natürliche Art und Weise entwickelt hätten.

Pflanzen sprechen zu mir

Als ich ein Teenager war und in den 1950er-Jahren im wilden Nordborneo lebte, verbrachte ich oft viele Stunden mit einigen meiner engsten Freunde damit, auf die Bäume zu klettern und in Vogelnester zu schauen. Im Laufe der Zeit wurde mir bewusst, dass die Vögel, Bäume und Pflanzen mit mir kommunizierten und ich sie nach und nach zu verstehen schien.

Eines Tages nach einem stürmischen Regen stand ich in einer sonnigen Dschungellichtung, die durch einen großen umgestürzten Baum entstanden war, und beobachtete eine Spatzenmutter, die ihre fünf Jungvögel fütterte. Da ich keine Uhr dabeihatte, vergaß ich die Zeit und beobachtete die wunderbare Fülle und das Leben in der Natur.

Plötzlich erschreckte mich im stillen Wald die kontinuierliche Bewegung einer Pflanze, die sich mir von meiner linken Körperseite her näherte. Ich war überrascht, dass es einer Pflanze ohne Windbewegungen möglich war, sich auf mich zuzubewegen. Vielleicht war es eine Illusion oder ich hatte einen Geist gesehen! Dann übermannte mich der Hunger und ich ging der Sache nicht weiter nach. Ich kehrte zurück nach Hause, um mein Mittagessen zu genießen, aber schon am nächsten Tag ging ich nach der Schule wieder zurück in den Wald, um die gleiche Pflanze noch einmal zu untersuchen. Ich betrachtete sie einige Minuten lang eingehend, um festzustellen, ob es im Bereich der Luftwurzeln, Zweige oder Blätter irgendetwas Ungewöhnliches gab.

Dann wandte ich mich an die Pflanze und fragte sie: »Hast du dich gestern wirklich bewegt?« Die Pflanze begann, sich mit mir in einer Sprache zu unterhalten, die ich tatsächlich verstehen konnte. Sie sagte: »Bitte stell dich das nächste Mal nicht auf meine Luftwurzeln, denn das tut wirklich weh.« Sofort blickte ich nach unten und sah, dass an der Stelle, wo ich stand, die Außenhaut ihrer beiden Luftwurzeln abgeschabt war. Welch ein Schreck und welch neue Entdeckung zugleich: Pflanzen können wie wir Menschen sprechen!

Das war für mich ein Durchbruch, denn nun war ich in der Lage, mich mit den Pflanzen und Bäumen zu unterhalten und herauszufinden, ob sie glücklich waren und wie es ihnen sonst noch ging. Als ich meinen Freunden von meinem Erlebnis berichtete, lachten sie mich alle aus.

Hier erhielt ich wiederum Unterstützung von meiner Mutter. Sie sagte, dass es vollkommen normal sei, dass sich die alten Bauern mit ihren Feldfrüchten unterhielten. Dann meinte sie, dass dies eine besondere Begabung wäre und dass ich mir keine Sorgen zu machen brauchte, wenn mich die anderen nicht verstanden. Als ich in die Geschäftswelt eintauchte, ging mir diese Gabe der Pflanzenkommunikation eine Zeit lang verloren. Als ich jedoch das stressige Leben als Geschäftsmann hinter mir ließ und die saubere Umwelt Neuseelands genießen konnte, nahm ich diese Art Gespräche wieder auf.

In der Geschäftswelt wird verlangt, dass man denkt und nicht fühlt. Aber eigentlich wäre es für die Geschäftsleute eine gute Sache, wenn sie ihr Bauchgefühl walten ließen, denn das würde ihnen dabei helfen, ihre Intuition und Kreativität zum Zuge kommen zu lassen. Denn die Berufsausbildung allein hilft einem

Menschen nicht, angemessene geschäftliche Entscheidungen zu treffen. Diese sollten immer von einem guten Gefühl und einer starken Intuition begleitet sein.

Pflanzen können ihre Struktur verändern

Hier folgt eine lustige Pflanzengeschichte, die ich in Mexiko gehört habe:

Es war einmal ein armer Bauer im Neumexiko des 19. Jahrhunderts, der sein Vieh mit Kakteen füttern musste. Er verbrachte täglich Stunden damit, die Stacheln von den Palmkakteen zu entfernen. Schließlich kam er auf die Idee, mit diesen Palmkakteen, deren Stacheln gefürchtet waren, zu kommunizieren. Letztendlich wandte er einen Trick an, denn er bat sie, dass sie doch bitte stachellos wachsen sollten, weil doch keine Gefahr drohte. Nach und nach entwickelten sich an den Pflanzen neue Sprossen, die immer weniger Stacheln zeigten. Nach einigen Jahren gab es auf dem Land des Bauern keinen einzigen Kaktus mit Stacheln. Das kam der Viehfütterung zugute, und so vermehrte sich seine Herde immer weiter. Heute wird dieser stachellose Kaktus als Gemüse sogar in Restaurants in Neumexiko und Mexiko serviert.

Wenn sie sich bedroht fühlen, geben Pflanzen und Bäume toxische Gase und aggressive Schwingungen ab oder schützen sich durch Dornen. Wenn sie in einem geschlossenen geschützten Raum keine Gefahr mehr wahrnehmen können, sind sie normalerweise freundlicher und leichter zu überzeugen als Menschen. Pflanzen verhalten sich eigentlich wie unschuldige Kinder, die sehr empfänglich für einfache Aufgaben sind. Mithilfe einer guten Kommunikation kann sich der Mensch mit Pflanzen und Bäumen austauschen und sie sogar darum bitten, energetische Schutzbarrieren zu erzeugen, um Elektrosmog oder Giftstoffe in der Luft zu blockieren.

Die Menschen haben sich im Laufe ihrer Evolution zum Großteil von Pflanzen und Baumprodukten ernährt, was bedeutet, dass wir in jeder Körperzelle und im Erbgut immer noch das Pflanzenbewusstsein tragen. Auch hier gilt das Sprichwort: »Du bist, was du isst.« Sogar was die Blutzusammensetzung angeht, stehen sich Mensch und Pflanze sehr nahe. Der Taoist sagt, dass die Pflanzen kaltes (Yin) Blut haben, während der Mensch warmes (Yang) Blut besitzt. Dabei ähnelt das Chlorophyll in seiner Zusammensetzung dem roten Blutfarbstoff Hämoglobin. Und wenn ein Mensch eine Transfusion benötigt und keine Blutreserve erhältlich ist, kann ihm tatsächlich frische Kokosnussmilch in die Blutbahn geleitet werden. Diese eher ungewöhnliche Maßnahme hat schon Menschenleben gerettet.

TAO-TIPP

Wie der Mensch besitzt auch die Pflanze ein Energiefeld (Aura) und wird von Naturgeistern beschützt und bewohnt, ähnlich wie ein Mensch von Geistführern und Engeln begleitet wird. Da Ihnen, liebe Leser, dies nun bekannt ist, können Sie damit experimentieren. Setzen Sie sich einmal an einem schönen Frühlings- oder Sommertag auf eine Wiese oder Lichtung im Wald, begeben Sie sich in einen meditativen Zustand und bitten Sie die Pflanzen, auf ihre Art und Weise (sie antworten mit »Ja« oder »Nein«) mit Ihnen zu kommunizieren. Fragen Sie eine Pflanze oder einen Baum zuerst, ob sie/er glücklich ist. Sie werden viel Spaß bei Ihren Gesprächen haben.

Pflanzen besitzen das größte
intelligente Bewusstseinsfeld

In unseren Meditationen zum Bewusstsein der Erde haben wir festgestellt, dass das Höchste Intelligenzbewusstsein von Bäumen und Pflanzen einige tausend Male größer und elektrischer ist als das Feld des Höchsten Menschheitsbewusstseins. Auch das Höchste Tierbewusstsein ist um ein Vielfaches größer als das der Menschheit. Gerade in diesem kritischen Zeitalter sollte uns bewusst sein, dass Bäume und Pflanzen unsere Rettung sind, wenn wir verstehen, wie wir mit ihnen in Zukunft arbeiten sollten. Daher müssen wir uns die Frage stellen: »Wie können wir zusammen mit der Pflanzenwelt liebevoll und voller Mitgefühl wirken?« Gerade wenn wir uns dessen bewusst sind, dass es das Höchste Bewusstseinsfeld des Pflanzenreichs gibt, können wir mit diesem verstärkt kommunizieren und arbeiten – für ein Leben in Fülle, Sicherheit und Freude.

Wenn wir mit dem Pflanzenreich richtig zusammenarbeiten, kommen wir in den Genuss folgender Vorteile:

- Das Pflanzenreich kann uns mit aller Nahrung beliefern und mit allen Heilpflanzen versorgen. Diese nährenden und heilenden Substanzen können vom Menschen leicht absorbiert werden. In der taoistischen Medizin heißt es, dass ein chronisch kranker Mensch, der mehr als drei Jahre an einem Ort wohnt, im Umkreis von hundert Metern um sein Haus herum die passende Kräutermedizin findet.
- Pflanzenfasern und Holz dienen uns als Grundstoffe für Kleidung, als Baustoffe für Unterkünfte und als Brennstoff.
- Fermentiertes Pflanzenmaterial kann uns mit Biogas versorgen.
- Bäume reinigen die Luft. Auch Zimmerpflanzen können Giftstoffe aus der Luft binden und verstoffwechseln. Das

funktioniert noch besser, wenn wir mit ihnen kommunizieren.

- Kompostiertes Pflanzenmaterial kann als Dünger verwendet werden.
- Pflanzen können verseuchtes Wasser wieder reinigen.
- Gras, Blätter, Früchte und Algen können als Tierfutter verwendet werden und sind daher ein fester Bestandteil der gesamten Nahrungskette.
- Alle Arten von Bäumen und insbesondere immergrüne Nadelbäume besitzen eine hohe elektrische Grundspannung und könnten uns theoretisch mit Strom versorgen, um Haus und Wohnung zu beleuchten und zu heizen. Auf diese Art und Weise wären wir von Erdöl als Brennstoff weniger abhängig. Alte Texte geben Hinweise darauf, dass in Atlantis ebenfalls Strom mithilfe von Bäumen und Pyramiden erzeugt wurde. Wenn diese frühere Technologie neu entdeckt wird und wieder ausgereift ist, dann wäre das Haus der Zukunft von einigen Nadelbäumen umgeben, die es ständig mit kostenlosem Strom versorgen würden.

Pflanzen haben Gefühle

Bäume und Pflanzen, die in der freien Natur existieren, reagieren normalerweise noch viel sensibler als Menschen. Russische Wissenschaftler haben in den 1970er-Jahren Experimente durchgeführt, um die Empfindlichkeit und Gefühlsreaktionen von Pflanzen zu testen. Zwei Pflanzen der gleichen Spezies wurden in zwei separaten Räumen aufgestellt, die sich 50 Meter voneinander entfernt befanden. Als eine Pflanze einen Elektroschock versetzt bekam, reagierte die andere Pflanze in dem anderen Raum, die an ein Biofeedbackgerät angeschlossen war, praktisch gleichzeitig auf die Schocksignale. Pflanzen teilen ein größeres gemeinsames Bewusstseinsfeld miteinander. Schmerzen oder Leiden von Pflanzen in nächster Nachbarschaft werden voller Mitgefühl wahrgenommen, vor allem wenn es sich um die gleiche Spezies handelt.

Wir kommunizieren seit Jahrzehnten mit Pflanzen und haben festgestellt, dass Pflanzen genauso emotional reagieren können wie Menschen und Tiere. Sie können wütend, fröhlich, unglücklich, ängstlich oder schmerzerfüllt sein. Pflanzen mögen auch menschliche Berührungen, sofern sie sanft und liebevoll erfolgen. Eine abrupte Geste dagegen lässt sie Gefahr wittern, woraufhin sie voller Wut oder depressiv reagieren und toxische Gase abgeben.

Pflanzen reagieren sehr sensibel auf Schwingungen und Töne, die vom Menschen erzeugt werden. Deshalb werden auch die Bäume in der unmittelbaren Umgebung von Funkmasten krank, auch wenn sie ansonsten zu mehreren in der Lage sind, schädliche Schwingungen abzuschirmen, wenn man mit ihnen kommuniziert.

Gern hört die Pflanzenwelt Naturgeräusche wie Blätterrauschen, plätscherndes Wasser, Vogelzwitschern und das Summen der Insekten. Außerdem ist erwiesen, dass klassische Musik das Pflanzenwachstum anregt.

Auch wenn man sich ihnen mit Messern, Scheren, Sägen oder spitzen Instrumenten nähert, zeigen sie Anzeichen von Angst und ihr Energiefeld färbt sich rot. Besonders ängstlich und zornig werden sie, wenn sie das Motorengeräusch der Kettensäge hören. Vor fünfzig Jahren besuchte ich ein Holzfällercamp in Borneo, um zu beobachten, wie große Bäume im bis dahin unberührten Urwald gefällt wurden. Sobald eine Kettensäge eingeschaltet wurde, erzitterten die großen Bäume selbst im Umkreis von einigen Kilometern. Oft kam es dann bei den Arbeitern zu Verletzungen und Hautausschlägen.

Tipps zur Pflanzenkommunikation

Letztendlich ist die Kommunikation mit Pflanzen nichts Ungewöhnliches. Auch im Westen spricht man von erfolgreichen Gärtnern, die den berühmten »Grünen Daumen« haben, und bei denen alles wächst und gedeiht. Das Pflanzenreich erkennt diese Menschen als Freunde an und hat keine Angst vor ihnen.

Wenn Sie mit Pflanzen kommunizieren, dann sollten Sie mit ihnen sprechen wie mit einem Kind, das zwischen acht und zehn Jahre alt ist. Nähern Sie sich zuerst freundlich, schicken Sie der Pflanze oder dem Baum liebevolle Energie und lächeln Sie. Auf diese Art und Weise bauen Sie Vertrauen auf. Wenn Sie sich bis auf Armeslänge genähert haben, können Sie die Blätter der Pflanze sanft mit dem Handrücken wie beim Streicheln berühren. Dann sagen Sie ihr leise oder mental, wie wunderschön doch ihre Blätter, Blüten oder Früchte sind. Danken Sie der Pflanze für die herrlichen Blüten oder Früchte. Vermeiden Sie es, die Pflanze anzufassen, indem Sie Ihre Handflächen auf sie richten. Dann könnte sie ängstlich erstarren und damit rechnen, dass Sie eine ihrer Blüten pflücken oder Blätter ausreißen wollen.

Wenn eine Pflanze gerade blüht, dann gehen Sie achtsam auf sie zu und bitten Sie diese um Erlaubnis, sie anfassen und an den Blüten riechen zu dürfen, um deren Duft und Schönheit zu genießen. Die Pflanze liebt das und benimmt sich dann wie ein kleines Kind, das gern ein Küsschen haben möchte.

Bis Sie mit dem gesamten Pflanzenvokabular vertraut geworden sind, können Sie einer Pflanze oder einem Baum nach dem binären System eine Frage stellen, auf die sie mit »Ja« oder »Nein« antworten kann.

Wenn Sie beispielsweise eine Zeit lang in der Nähe einer Pflanze gestanden haben, dann können Sie diese freundlich fragen, ob es ihr gut geht. Achten Sie dabei zum Beispiel auf Ihr Bauchgefühl – ein gutes Gefühl steht für »Ja« und ein eher beklemmendes Gefühl steht für »Nein«. Stellen Sie so lange Fragen, die mit »Ja« oder »Nein« beantwortet werden können, bis Sie die gewünschten Informationen gesammelt haben.

Die Qigong-Praxis mit Bäumen

Den alten Taoisten war schon immer bekannt, dass ein Baum auch die Lebenskraft des Menschen stärken kann, weshalb sie auch spezielle Qigong-Techniken zur Energieaufnahme entwickelten. Grundsätzlich sollte jeder Mensch einmal die Erfahrung machen, einen Baum zu umarmen oder mit dem Rücken am Baumstamm zu lehnen, um so nach und nach die magnetische und elektrische Energie der unterschiedlichen Baumarten kennenzulernen. Vor allem Kinder haben großen Spaß dabei und sind in der Kommunikation mit Bäumen noch viel unvoreingenommener als Erwachsene. Schicken Sie dem Baum, den Sie umarmen möchten, liebevolle Energie und bitten Sie ihn um einen Energieaustausch. Gerade Bäume draußen in freier Natur reagieren sehr schnell auf Ihre Bitte. Wenn Sie ihnen liebevolle Energie schicken, dann erhalten Sie ein Vielfaches an Liebes- und Vitalenergie zurück.

TAO-TIPP

Sollten Sie einen Haus- oder Lieblingsbaum haben, dann ist es gut, wenn Sie ihn oft umarmen, sich an ihn lehnen oder unter ihm meditieren – er schenkt Ihnen dann verstärkt Lebenskraft und fördert auch Ihren spirituellen »Draht nach oben«. Bäume sind dafür bekannt, dass sie hervorragende »Himmelsantennen« sind.

Bäume genießen unsere Liebe
und Aufmerksamkeit

Hierzu noch eine Geschichte aus unserem eigenen Garten, die zeigt, wie stark Bäume auf liebevolle Energien reagieren können. Auf unserem Grund haben wir sechs Kirschbäume, die rosafarben blühen. Einer der Kirschbäume ist jedoch veredelt und hat daher einen Ast, der weiß blüht. Über einige Wochen hinweg sind wir mehrmals in der Woche auf diesen veredelten Kirschbaum zugegangen, haben den gepfropften Ast angefasst und ihm sehr viel liebevolle Energie geschickt. Nachdem wir zwei Monate lang unterwegs gewesen waren, stellten wir fest, dass der weiß blühende Ast reiche Früchte angesetzt hatte, während die anderen Äste, mit denen wir nicht weiter kommuniziert hatten, keinerlei Früchte trugen. Bei allen anderen Kirschbäumen, mit denen wir überhaupt nicht kommuniziert hatten, waren die Blüten abgefallen und sie zeigten daher keinen Fruchtansatz. Es ist erstaunlich, wie stark der eine Ast auf unsere intensive Kommunikation reagiert hat. Eigentlich waren wir davon ausgegangen, dass der gesamte Baum von dieser freundlichen Ansprache und Berührung profitieren würde.

Wissenschaftlich betrachtet ist ein einzelner Zweig, Ast oder sogar ein einzelnes Blatt letztendlich ein in sich geschlossener Mikrokosmos, aus dem wiederum viele weitere Bäume gezogen werden können. Ich stellte auch fest, dass sich die Vitalität erhöhte und das Immunsystem des einen Kirschbaumastes stärker wurde (von 80 Q.u. auf 150 Q.u.), wenn ihm liebevolle Energie geschenkt wurde. Durch die erhöhte Ausstrahlung war der Baum vielleicht in der Lage gewesen, seine Schwingungen über eine weitere Entfernung hinweg auszusenden und damit mehr Bienen und Insekten zur Bestäubung herbeizulocken. Später fanden wir heraus, dass unsere Bäume in der Gartenanlage nur Früchte ansetzen, wenn sie über 80 Prozent fürsorgliche Liebe empfangen. Es reicht aus, wenn man mit einem Baum jede Woche liebevoll Kontakt aufnimmt, damit er üppige Blüten und Früchte trägt.

Unsere persönlichen Erfahrungen wurden nun auch von der Forschung bestätigt. Jess Parker, ein Forstökologe am amerikanischen Smithsonian Institute, hat in einer 22-jährigen Studie nachgewiesen, dass Bäume, die regelmäßig von Menschen umarmt werden, um das Doppelte bis Vierfache schneller wachsen. Umarmungen stehen nicht nur beim Menschen für Liebe, sondern auch bei Bäumen. Sie stärken das Immunsystem und die Wachstumskräfte des Baumes, der dadurch besser in der Lage ist, sich gegen Insektenfraß und Infektionen zu schützen.

Auch die Findhorn-Gemeinschaft in Schottland ist dafür bekannt, dass sie in den letzten dreißig Jahren auf kargem Boden gesunde Gemüse und andere Pflanzen angebaut hat, die außergewöhnlich groß wurden, ohne dass Kunstdünger zum Einsatz gekommen wäre. Die Findhorn-Gemeinschaft pflegte ebenfalls die Pflanzenkommunikation und bestärkte ihre Gemüse darin, genau wie die wild wachsenden Bäume und Pflanzen in freier Natur verstärkt Nährstoffe aus der Luft aufzunehmen und auf diese Weise mehr Vitalkräfte zu sammeln.

Liebe Leser, wenn Sie selbst die »grüne Initiative« ergreifen möchten, dann empfehlen wir Ihnen, ein Stück Garten zu bestellen oder jedes Jahr mindestens zehn Bäume für das Wohl der Erde pflanzen zu lassen.

Die Landwirtschaft des Wassermannzeitalters

Moderne Landwirtschaftstechniken arbeiten beim Pflügen vorwiegend mit Geräten aus Stahl. Auf diese Art und Weise werden jedoch der Biomagnetismus und die Bioenergie des Bodens und damit der Rückhaltemechanismus für die Bodenfeuchtigkeit zerstört, was das natürliche Wachstum der Pflanzen einschränkt.

Dieser Nachweis wurde von Viktor Schauberger bereits vor über siebzig Jahren erbracht und seitdem mehrfach wissenschaftlich bestätigt.

Pflüge aus Holz, Kupfer oder Messing, die beim flachen und tiefen Pflügen eingesetzt werden, sind bessere Alternativen zu den kommerziellen Landwirtschaftsmaschinen, denn in einem von ihnen gepflügten Boden wachsen die Pflanzen schneller und brauchen weniger Dünger und Chemikalien. Diese klassischen Pflugformen und -materialien wurden auch schon im alten China und in anderen asiatischen Ländern eingesetzt. Wenn Kupfer- und Messingpflüge zusätzlich mit vitalisierenden Frequenzen durch beispielsweise den Shen-Ion-Harmonizer* (siehe Kontakt im Anhang) imprägniert werden oder wenn aktivierter Sand in den Boden eingebracht wird, kann die Vitalität des Bodens von einer Energie von 80–90 Q.u. auf 150–200 Q.E. gesteigert werden. Dies würde in etwa der Schwingung von Naturkompost entsprechen, der eine große Anzahl von Regenwürmern und aeroben Bakterien aufweist. Durch diese energetische Aufwertung wird weniger Dünger benötigt und die Pflanzen zeigen eine höhere Widerstandskraft. Außerdem empfiehlt sich bei Bewässerungsanlagen die Verwendung von vitalisiertem Wasser. Der Schlüssel für optimales Pflanzenwachstum ist die energetische Aktivierung, Belüftung und Befeuchtung des Mutterbodens.

Die moderne Landwirtschaft

In den Sechzigerjahren des letzten Jahrhunderts wurde noch verkündet, dass zur Jahrtausendwende Millionen von Menschen Hunger leiden würden. Die Bauern müssten genmanipulierte Saaten und die entsprechenden Dünger und Pflanzenschutzmittel kaufen, um diese Hungerkatastrophen zu vermeiden. Dieses Lebensmittelknappheits- und Hungerbewusstsein würde von der FAO (Food and Agriculture Organization) indirekt noch verstärkt. Der Hunger ist aber leider durch genau diese Politik in vielen Ländern gerade gefördert worden.

Die heutigen genmanipulierten Pflanzen benötigen große Mengen von Dünger und Chemikalien und haben viele Länder durch die großen Investitionen in die Armut gestürzt. Bei der Anwendung gehen außerdem 50 bis 70 Prozent des Düngers und der Chemikalien verloren, da sie sehr schnell ausgewaschen werden und dann im Grundwasser landen. Die Pflanzen können das hohe Düngerangebot innerhalb dieses kurzen Zeitraums gar nicht nutzen.

Wir haben beispielsweise genmanipulierte und traditionelle einheimische Kartoffeln auf ihre Bioenergie hin untersucht. Aufgrund ihres höheren Wassergehalts ist die Genkartoffel um ein Vielfaches größer und schwerer, enthält aber weniger Nährstoffe und Bioenergie und ist damit im Verhältnis sogar teurer.

Alte Saatgutbehandlungen

In alten Zeiten bewahrten die Bauern in Europa, Indien und China ihre Saat einige Wochen lang in Kuh- oder Büffelhörnern auf, um sie vor dem Aussäen auf eine Energie von 200 bis 300 Q.E. zu vitalisieren. Die Hörner selbst haben eine hohe Vitalenergie von 300 bis 500 Q.E. Ihrer Erfahrung nach konnte der Ertrag dadurch verdoppelt werden. Diese in Hörnern aktivierte Saat keimt sehr schnell und mit wenig Verlust, dazu bringt sie gesunde Pflanzen hervor. Wenn die Saat eine hohe Vitalenergie hat, besitzt sie auch höhere antibakterielle Eigenschaften. Dadurch können Beizmittel und andere Chemikalien eingespart und Anbauzeiten verkürzt werden.

Eine Vitalisierung durch Kuh- oder Büffelhörner empfiehlt sich außerdem, weil modernes Saatgut einen Großteil seiner ursprünglichen Vitalität verloren hat (früher 120 bis 150 Q.E., heute nur noch 80 bis 100 Q.E.). Manche Bauern vermischen auch aktivierten Quarzsand mit dem Saatgut, um es energetisch zu verbessern. Die Saatgutlagerung in Hörnern ist jedoch wirkungsvoller, aber nur für begrenzte Mengen anwendbar. Aus diesem Grund wäre es ratsam, ähnliche Vitalisierungsmaßnahmen für größere Saatgutmengen zu entwickeln.

Moderne Lösungsansätze

Es ist stets wichtig, sich der ursprünglichen Natur zuzuwenden, denn die Erde ist ein Planet großer Fülle. Deshalb gilt es, sich wieder eingehend mit den Techniken der alten Bauern auseinanderzusetzen und zu versuchen, sie auch auf große Anbaugebiete zu übertragen. Der moderne Landwirt muss lernen, den traditionellen Bauern mehr Respekt zu zollen. Ebenso bedeutsam ist die Weitergabe des bewährten landwirtschaftlichen Wissens an die weniger entwickelten Länder. Hier sollte das Prinzip »Hilfe zur Selbsthilfe« gelten.

Der Trend zur Selbstversorgung

Außerdem wird es in diesem neuen Zeitalter wieder wichtiger, Selbstversorger zu sein. Jeder sollte einen Balkon, einen Garten, Schrebergarten oder ein Stück Land haben, das biologisch mit Kompost bewirtschaftet wird. Auf diese Art und Weise werden Lebensmittel- und Transportkosten gespart. Kräuter, die schnell Vitamine liefern, gedeihen auf jedem Fensterbrett, und Tomaten können selbst auf dem Balkon gezogen werden. Zudem sind diese Pflanzen unsere natürliche Medizin, denn sie wachsen unter den gleichen Umweltbedingungen, denen wir ausgesetzt sind (siehe auch Kapitel 4, S. 118).

Pflanzen vermehren sich auch über das Bewusstsein

Pflanzen sind die zähesten, anpassungsfähigsten und intelligentesten Lebewesen auf Erden. Selbst 10.000 Jahre alte Samen sind immer noch keimfähig. In den trockenen Wüsten, in denen keine Samen vorhanden sind, können Pflanzen allein durch das »Höchste Ahnenbewusstsein des Pflanzenreiches« sprießen. Es sind nur Wasser und Sonne nötig, um die Pflanzenfülle wiederherzustellen.

Pflanzen und Bäume leben von Energie

Die Pflanzen sind Energiekonsumenten und können Nährstoffe über Blätter, Wurzeln und Rinde und sogar über die Luft aufnehmen. Es gibt auch ganze Pflanzenfamilien wie Orchideen oder Banyan-Bäume, die als Schmarotzer andere Bäume als Wirtspflanzen nutzen. Damit das Überleben gesichert ist, können Pflanzen bei Umweltveränderungen die Nährstoffaufnahme über ihr Wurzel-, Rinden- oder Blättersystem ändern. Die modernen Agrarwissenschaftler sollten auch in dieser Richtung verstärkt forschen, um anpassungsfähigere Pflanzen zu finden, die unter schwierigen Klimabedingungen und mit wenig Mutterboden gut gedeihen können. Hierbei würde eine adäquate Pflanzenkommunikation eine wichtige Rolle spielen.

Dazu ein Beispiel:
In einer unserer Wohnungen, in der wir nur einige Monate im Jahr verbringen, standen einige Zimmerpflanzen, mit denen wir uns oft unterhielten. Bevor wir wieder länger verreisten, berührten wir die Pflanzen und teilten ihnen mit, dass wir nun einige Monate lang wegfuhren und dass sie in dieser Zeit Nährstoffe und Wasser über die Luft aufnehmen sollten. Als wir wiederkamen, stellten wir fest, dass die Pflanzen überlebt hatten. Da das Wetter zwischenzeitlich

sehr trocken gewesen war, war die Topferde völlig ausgetrocknet,
aber die Pflanzen waren gesund. Einmal vergaßen wir jedoch, den
Pflanzen vor unserer Abreise Bescheid zu geben, und die Hälfte von
ihnen ging ein. Eigentlich hätten wir ihnen vermitteln müssen,
dass sie sich jederzeit so ernähren sollten und dadurch von unserer
Pflege unabhängig waren.

Der starke Überlebensinstinkt der Pflanzenwelt

Sprechen wir nun vom Gegenteil – einem nassen Untergrund, in dem die meisten Pflanzen erfahrungsgemäß eingehen würden, weil die Wurzeln verrotten. Skeptiker wären jedoch sehr überrascht und würden ihre Meinung ändern, wenn sie die auf dem Binnensee in Myanmar angebauten Tomaten, Auberginen, Papayas, Mangos und anderen tropischen Früchte sehen würden, die dort im Seewasser bestens gedeihen. Diese Pflanzen haben mutiert und schwammartige Wasserwurzeln entwickelt, die dem Wasser Nährstoffe direkt entziehen können. Zusätzliche nährende Frequenzen des Sees werden von diesen Pflanzen über die Blätter aufgenommen.

Bei Experimenten in Ungarn und Rumänien wurde auf einer extrem unfruchtbaren Fläche von einigen Hektar Weizen ausgesät. Im Abstand von einigen Metern wurde roter Traubentrester vergraben, und die Kompostpunkte wurden durch ein mentales Netz miteinander verbunden. Man kommunizierte mit den Weizenpflanzen und wies sie an, ihre Nährstoffe über die mentalen Gitterfrequenzen zu entnehmen. Bei der Ernte stellte man eine Ertragssteigerung von 30 bis 40 Prozent fest, ohne dass Kunstdünger zum Einsatz gekommen wäre.

In Florida beschallte ein Obstplantagenbesitzer seine Bäume mit klassischer und leichter Unterhaltungsmusik. Die tägliche Musikversorgung brachte ihm eine Ertragssteigerung von 30 Prozent.

Vor zehn Jahren besuchten wir im Winter eine amerikanische Familie im Staat Indiana. Nach dem Abendessen wurden wir gefragt, ob wir gern draußen im Schnee zum Nachtisch unsere eigenen Erdbeeren ernten wollten. Wir waren total überrascht, als wir einen Meter Schnee beiseiteschaufelten und herrliche, pflückreife Erdbeeren entdeckten. Wie konnten die Erdbeeren bei eisigem Wetter unter dem Schnee gedeihen?

Die Familie besaß ein spezielles Gerät, das harmonische Frequenzen aussandte und aufgestellt worden war, seit die Erdbeeren gepflanzt worden waren. Die Zellen und Fasern dieser Erdbeerpflanzen wurden so stark, dass sie auch im Schnee überlebten. Normale Erdbeeren haben eine Vitalenergie von 80 bis 100 Q.E., diese Erdbeeren hatten aber eine Energie von über 300 Q.E. Später trafen wir noch einen österreichischen Bauern, der in den Wintermonaten seine Erdbeeren in der Nähe von Felsen nach den Prinzipien der Permakultur anbaut.

Die Vitalitätsfaktoren der Pflanzen

Die höhere Biovitalenergie der Pflanzen ist wichtig, damit sie bei Frost oder Trockenheit überleben können. Der Olivenbaum gehört zu den faszinierenden Spezies und ist eigentlich ein Strauch und kein Baum. Er verliert im Winter seine Blätter nicht und kann starke trockene Hitze und Frost vertragen. Daher hat auch natives Olivenöl eine Biovitalenergie von 300 bis 350 Q.E. Das Öl sorgt dafür, dass der Baum immergrün und widerstandsfähig gegen Frost ist. Ähnlich ist es bei Nadelbäumen, ihre Nadeln enthalten spezielle Wachse und Substanzen, damit sie starken Frost überstehen können. Die Biovitalenergie der Nadelbäume beträgt durchschnittlich 300 bis 450 Q.E.

Das bedeutet, dass die Biovitalenergie von Mensch, Tier und Pflanze ausschlaggebend ist, um extreme Hitze oder Kälte oder andere schwierige Umweltbedingungen zu überleben. Pflanzen, die ein extrem heißes oder kaltes Klima gut vertragen können, haben eine Biovitalität von über 250 bis 300 Q.E. Die Biovitalität von Pflanzen und Bäumen kann wie oben beschrieben durch belebtes Wasser und spezielle rhythmische Harmoniefrequenzen verbessert werden.

Moderne Gewächshäuser

In unserer modernen Zeit wird mehr als die Hälfte des Gemüses in Gewächshäusern oder unter Dächern gezogen. Den Pflanzen, die in dieser Art von geschützter Umgebung wachsen, mangelt es im Allgemeinen an Vitalität. Sie wirken so leblos wie Zombies und haben im Vergleich zu Freilandkulturen weniger starke Fasern ausgebildet. Nach unseren Energiemessungen haben Gewächshauspflanzen eine Bioenergie von 50 bis 60 Q.E. Im Vergleich zu ihnen weisen Freilandgewächse immerhin eine Bioenergie von 80 bis 120 Q.E. auf. Auch hier könnte eine Wasser- und Bodenbelebung die Pflanzenvitalität und die Erträge steigern.

Steigende Nachfrage nach Obst und Gemüse mit größerer Vitalkraft

Heutzutage steigt die weltweite Nachfrage nach biologischem Obst und Gemüse stark an. Wir haben jedoch beobachtet, dass der »biologische Anbau« nicht unbedingt Hand in Hand mit einer hohen Bioenergie geht. Manche Gemüse in den Bioläden sind zu lange gelagert und werden welk, wodurch sie wertvolle Vitalkraft verlieren. Wir sollten uns immer vergegenwärtigen, dass wir lebendige Nahrung zu uns nehmen sollten, die mindestens eine so hohe Vitalkraft hat wie unser eigener Körper, um Energieverluste zu vermeiden. Das Schlüsselwort lautet also »Vitalkraft«. Daher ist die Zeit gekommen, eine »Vitallandwirtschaft« zu betreiben und für lebendige, nährstoffreiche Pflanzen zu sorgen, damit die Menschheit davon profitieren kann. Vitale Gemüse, Früchte und sonstige Lebensmittel haben sicherlich eine große Zukunft. Gerade wenn die Erdmagnetfelder und elektrischen Felder der Erde schwanken oder abnehmen, erleben sämtliche Lebewesen eine eingeschränkte Vitalität und fühlen sich müde und ausgelaugt. Durch zusätzliche energetische Belebungsmaßnahmen könnten sämtliche Lebensmittel – sogar die kommerziell mit chemischem Dünger angebauten Pflanzen – eine höhere Vitalenergie von ca. 200 Q.E. aufweisen.

Selbst bei der Herstellung von gekochten Speisen könnten weitere Vitalenergiefrequenzen zugeführt werden. Unseren Untersuchungen zufolge werden bei belebten Nahrungsmitteln die Negativschwingungen der chemischen Zusätze und weiteren Fremdstoffe harmonisiert, was diese Speisen leichter verdaulich macht.

Die neue Rolle der Pflanzen

Nach unseren Zukunftsvisionen werden wir um das Jahr 2050 eine moderne, saubere Welt erleben, in der über die Hälfte der Energieversorgung über die Bäume und insbesondere über immergrüne Bäume erfolgen wird. Die Blätter und Nadeln von Bäumen sind hervorragende Antennen, um die in der Luft befindliche statische Elektrizität aufzunehmen, sie in Gleich- und Wechselstrom umzuwandeln und damit die Energieversorgung der Häuser zu gewährleisten. Damit hätten wir eine weitere umweltfreundliche Energieform für das Überleben der Menschheit gefunden.

KAPITEL 9

Tao-Visionen für eine neue harmonische Welt

Das Kleinste sehen heißt klar sein.
Die Weisheit wahren heißt stark sein.

LAOZI

Die Lo-Shu-Astrologie

In der taoistischen Disziplin des Fengshui gibt es diverse astrologische Berechnungen, um die Qualität der Zeit zu beschreiben. Dazu gehört die sogenannte Lo-Shu-Astrologie, die auf dem magischen Zahlenquadrat mit den Zahlen Eins bis Neun beruht. Der traditionellen Überlieferung nach begegnete dem mythischen Kaiser Fuxi, der auch als Ingenieur tätig war und bereits in der damaligen Zeit Bewässerungssysteme gebaut hat, eine uralte Schildkröte, die spezielle punktförmige Zeichnungen auf dem Rücken trug. Diese Begegnung fand am Fluss Lo statt, weshalb die »vom Himmel gesandten« Schildkrötenpanzersymbole auch als »Buch des Flusses Lo« bezeichnet werden. Mithilfe der neun Zahlen der Lo-Shu-Astrologie werden unter anderem Zeitqualitäten für größere Zeitabschnitte, die Lebensspanne von Gebäuden oder auch menschlichen Lebenszyklen berechnet. So gibt es Kalkulationen für die Tagesqualität bis hin zu Bewertungen der großen Zeitzyklen von 20 oder auch 180 Jahren.

Alle astrologischen Zyklen müssen aber auch als dynamische, ineinanderfließende Kräfte angesehen werden, die sich langsam ein- und ausblenden. Selbst wenn wir in der Astrologie genaue Stichtage haben, die bis auf die Sekunde genau kalkuliert werden können, müssen wir uns weiterhin das Prinzip von Yin und Yang vor Augen führen: Auch wenn beispielsweise die Yang-Energie sehr dominant und präsent zu sein scheint, enthält sie bereits den Keim des Yin und damit den zukünftigen Wandel in die Gegenrichtung.

Das aktuelle Zeitalter der Acht

Nach den Berechnungen gemäß des Lo-Shu-Gitters befinden wir uns aktuell in der Periode der Zahl Acht (2004–2023). Sie ist die vorletzte Zahl innerhalb des großen Yuan-Zyklus von 180 Jahren, bei dem den neun Zahlen jeweils Zeitabschnitte von 20 Jahren zugeordnet werden. Der 20-Jahres-Zyklus der Acht begann am 4. Februar 2008 und wird am 2. Februar 2024 enden.

Die Acht prophezeit eine harmonische Energie im Tao des Größeren Universums, über die ein jegliches Ungleichgewicht in der Natur, d.h. im Pflanzen-, Tier- und Menschenreich und auf der Erde insgesamt wieder harmonisiert werden soll. Gleichzeitig kann dieses intelligente Harmoniebewusstsein auf seinem Weg zur erneuten Balance auch zuerst zerstörerisch wirken, falls es auf ein extremes Ungleichgewicht trifft.

Ein beträchtliches Wohlstands- und Füllewachstum für die Menschheit im Zyklus der 8er-Periode kann daher aus den Zerstörungen entstehen, die stattgefunden haben, um im Sozial-,

Bildungs- und Wirtschaftsbereich erneut einen Zustand der Normalität herzustellen. Dazu gehören auch Aktivitäten des Wiederaufbaus nach Naturkatastrophen wie Flutwellen oder Erdbeben.

Das vergangene Zeitalter der Sieben

Interessant ist auch das dem Zeitalter der Acht vorangegangene Zeitalter der Sieben. Das Zeitalter der Sieben (1983–2004) war zwar ebenfalls von Wachstum und Wohlstand geprägt, aber die Zahl selbst wird auch mit dem Metallelement sowie den Schlüsselbegriffen Kampf, Feuer, Diebstahl und Konflikten in Verbindung gebracht. Letztendlich hat die Sieben den weiteren Boden für Problematiken bereitet, mit deren Lösungen wir uns heute noch auseinandersetzen müssen.

Das kommende Zeitalter der Neun

Der nächste Zyklus in der Lo-Shu-Astrologie wird der Zahl Neun und dem Element Feuer zugeordnet. Diese Periode beginnt am 3. Januar 2024 (einen Tag früher als die anderen normalen 20-Jahres-Zyklen) und endet 2043. Die Periode der Neun repräsentiert auch das Ende des größeren 180-Yuan-Jahreszyklus auf der Erde.

Der 9er-Zyklus steht für die beiden Seiten der Medaille – für einen positiven und für einen negativen Aspekt. Das der Neun zugeordnete Element Feuer kann nämlich einerseits zerstörerisch wirken und andererseits die schlimme Vergangenheit reinigen, damit positives Neues entstehen kann. Was zu diesem Zeitpunkt geschehen und in welcher Gesellschaftsform wir uns befinden werden, hängt zum Großteil von unseren Aktivitäten der vorangegangenen 20 Jahre seit 2004 ab (dem Zeitalter der

Acht). Was unser Überleben angeht, sind wir globaler denn je miteinander vernetzt. Der Mensch ist allerdings das einzige Lebewesen, das in der Lage ist, seine rationale, kreative und innovative Kraft einzusetzen, um Gutes für alle Lebewesen auf der Erde zu schaffen. Natürlich kann man einige wenige Extremisten dulden, die eher zerstörerisch wirken, aber wir haben letztendlich die Wahl, uns für ein Leben zu entscheiden, das von schöpferischer und harmonischer Kraft geprägt ist. Geben wir den zerstörerischen Kräften nach, dann besteht gerade im Zeitalter der Neun eine größere Wahrscheinlichkeit, dass die Erde in Schutt und Asche gelegt wird.

In der aktuellen Periode der Acht, die bis 2023 dauert, müssen wir daher dafür sorgen, dass die Disharmonien und die fehlende globale Gleichberechtigung ins Gleichgewicht kommen. Auf diese Art und Weise kann das Feuer der kommenden Periode zwar reinigend, aber nicht vollkommen zerstörerisch wirken. Wenn globale Konflikte allerdings nicht ausreichend beigelegt werden, dann könnte sich die Neun beispielsweise auch im verheerenden Feuer zahlreicher Atombombenexplosionen manifestieren.

Das Höchste Menschheitsbewusstsein

Als wir im letzten Herbst mit einer größeren Gruppe eine Meditation zum spirituellen Bewusstsein machten und uns dabei mit dem kollektiven Höchsten Menschheitsbewusstsein verbanden, waren wir erschrocken, als wir spürten und »sahen«, dass die Vitalenergie-Cluster dieses Bewusstseinsfelds grau gefärbt waren und die Energie der Freude auf erschreckende 38 % abgefallen war – ein gefährlich niedriger Wert. Wenn sich die Finanzkrise, die 2008 begonnen hat, bis in die nächsten Jahre hinein ausdehnt und es weiterhin Kriege in Afghanistan, Pakistan, im Irak und in einigen Teilen Afrikas geben wird, dann könnte diese Freudeenergie der Menschheit auf unter 30 Prozent absinken. Dieser Umstand könnte wiederum der Auslöser für globale Katastrophen sein.

Eine ähnliche Katastrophe hat es vor 87 Millionen Jahren zur Zeit der Dinosaurier gegeben, als die Erde innerhalb kurzer Zeit von mehreren großen Asteroiden und Meteoriten getroffen wurde, die im Gebiet des Golfs von Mexiko und in Westindien niedergingen. Damals wurden Lebensformen wie Riesensaurier und ungemein große Bäume, die 150 bis 200 Meter hoch in den Himmel ragten, ausgelöscht.

Eine mögliche moderne Katastrophe ist die Bedrohung durch Atombomben, die von einigen unglücklichen Terroristen gezündet werden und eine zerstörerische atomare Welle unvorstellbaren Ausmaßes erzeugen könnten. Bei dieser Kettenreaktion würden Kernkraftwerke, Städte, Infrastrukturen und zahllose Lebensformen zerstört werden. Gerade die alten Kernkraftwerke könnten dabei eine große Gefahrenquelle darstellen, da sie zusätzliche radioaktive Strahlung freisetzen. Daher ist es sehr wichtig, dass die Menschheit zur Sicherheit ihre Kernkraftwerke nach und nach abbaut und alternative Energien nutzt. Wir begrüßen daher die Wissenschaftler und Erfinder, die derzeit an menschenfreundlichen Energiesystemen arbeiten und sich mit der sicheren Entsorgung von Kernbrennstoffen befassen.

Das Höchste Bewusstsein der Pflanzen

Bereits im letzten Kapitel haben wir uns ausführlich mit der Welt der Pflanzen befasst, die möglicherweise die letzte Rettung der Menschheit darstellen. Als wir uns bei unserer Bewusstseinsmeditation in das Universelle Bewusstsein von Pflanzen und Bäumen einstimmten, stellten wir fest, dass die Freudeenergie der Pflanzen 60 % beträgt. Das sind gute Neuigkeiten, denn wir Menschen können mit den Fülle- und Liebessymbolen von blühenden und Früchte tragenden Pflanzen und Bäumen arbeiten. Blumen und Blüten sind kraftvolle Symbole der Liebe. Daher sollten wir uns noch stärker mit der Pflanzenwelt verbinden und dafür sorgen, dass insgesamt einige Milliarden neuer Bäume gepflanzt werden, die dabei helfen, die Luft zu reinigen, Feuchtigkeit zu binden, den Boden zu befestigen und langfristig das Klima zu stabilisieren.

Wir freuen uns darüber, dass es bereits so viele Menschen gibt, die bereit sind, diese »grüne Revolution« zu unterstützen. Sogar unsere Kinder sind schon aktiv und setzen sich dafür ein, dass in jedem Land Millionen von Bäumen gesetzt werden. Jeder Mensch sollte in einem Jahr mindestens zehn Bäume pflanzen lassen.

Gerade die Bäume tragen noch ein unglaublich großes Potenzial für alternative Energien in sich. Sie können nicht nur die Luft reinigen, sondern auch – unterstützt durch die Kommunikation mit Menschen – verschiedenste Mikrowellenstrahlungen und Funkfrequenzen abschirmen oder neutralisieren. Jedes Gebäude sollte daher an den Seiten und auf der Rückseite von einigen immergrünen Bäumen umgeben sein.

Wir ignorieren die Gesetze der Landschaft

In vielen großen Städten sehen wir Gebäude, die unmittelbar entlang der Wasserläufe ins Tal gebaut werden. Ein Großteil der ärmeren Bevölkerung wohnt auch an Berghängen in nur geringfügig befestigten Häusern. Natürlich finden in diesen Bereichen vermehrt Erdrutsche, Überschwemmungen und andere Zerstörungen statt. Der Mensch hat immer wieder die grundlegenden Regeln der Natur missachtet, weshalb zahlreiche Häuser zerstört werden und Menschen ums Leben kommen. Zumeist sind die Armen betroffen, denn der Mittelstand und die Reichen können sich Häuser an guten Standorten leisten.

Es ist an der Zeit, auch bei der Landschaftsplanung und -nutzung vermehrt die alten Fengshui-Kenntnisse und das traditionelle Wissen über die Natur einzubringen, um größere Schäden in der Natur zu verhindern. Noch immer werden Millionen Hektar ursprünglichen Waldes für die selbstsüchtigen Interessen einiger weniger Menschen gefällt. Dies führt zu großen Überschwemmungen, Erdrutschen und verrückten Wetterbedingungen. Wir begrüßen daher die Initiative von Menschen, die sich in Gruppen zusammentun, große Flächen Urwald kaufen und diesen als Naturschutzgebiet stehen lassen oder mit modernsten Alternativenergien ausgestattete, nachhaltige Siedlungen im Einklang mit der Natur errichten.

Der Mensch in der Krise

Der Mensch ist heute mehr von Angst und Gier getrieben als je zuvor. Natürlich besitzt jeder Mensch einen angeborenen Überlebenstrieb, der immer wieder die Nieren sehr stark stimuliert und dadurch Ängste auslösen kann. Die Angst, nicht genug zum Überleben zu haben, ist in unserer Zeit sehr stark ausgeprägt. Ob es die Existenzangst der Armen oder die Gier der Reichen ist, die mit künstlichen Wertpapieren neues Geld erschaffen – diese Emotion belastet die Nieren und verbrennt wertvolle Lebenskraft. Vor lauter Angst versucht man, sich immer mehr zu schützen, und rüstet weiter auf. Dem muss Einhalt geboten werden, denn die Menschheit mit ihren hochtechnisierten Waffen kann sich eigentlich keinen Krieg auf der technischen Ebene mehr leisten, da dieser eine globale Zerstörung nach sich ziehen würde.

Daher ist es wichtig, nicht ins Extrem zu verfallen, sondern erneut den mittleren Weg einzuschlagen – sich des Füllebewusstseins der Natur bewusst zu werden, andere Menschen nicht mehr als Konkurrenten zu betrachten, sondern die gegenseitige Verbundenheit zu erkennen und zu schätzen sowie weniger Reiz- und Rauschmittel zu sich zu nehmen, um sich zu betäuben, weil sie die Lebensenergie zu schnell auslaugen.

Der Mensch ist die einzige lebende Spezies, die komplex und rational denken und ihre Gedanken sammeln kann, um ein magnetisches und kraftvolles Bewusstsein zu schaffen. Durch dieses Bewusstsein kann sie sich wiederum mit den kollektiven universellen Bewusstseinsebenen verbinden, um Gutes oder Schlechtes zu bewirken. Wenn Wissenschaftler und Forscher mit ihrer Gedankenenergie die Molekularstruktur von Bakterien und Viren verändern können, die sie in einer Petrischale kultiviert haben, dann dürfte es vor allem für diejenigen, die über eine hohe Brainpower und Kundalinikraft verfügen, möglich sein, neue wissenschaftliche und technologische Entdeckungen zu machen.

Der Taoist sagt: »Was du denkst, und worauf du dich konzentrierst, ist das, was du anziehst und empfängst.« Die meisten Menschen mit starker Brainpower können sich daher mit dem Liebe- und Füllebewusstsein der Erde verbinden, um damit ihre Wünsche zu erfüllen, sei es ein Partner, eine Arbeitsstelle, finanzielle Freiheit usw. Dies sind wunderbare Geschenke, die wir alle auf diesem Planeten empfangen können, wenn wir uns selbst lieben, kreativ sind und eine positive Einstellung haben und mit anderen teilen.

Die Einstimmung in das menschliche Tao-Quantenheilungs-Bewusstsein kann eine schnellere Heilung ermöglichen. Menschen, die sich aufgrund ihrer geringeren Mentalkraft nicht so stark auf ihre Ziele konzentrieren können oder sich der Selbstheilungskräfte ihres Körpers nicht so sehr bewusst sind, können sich auch in das normale Tao-Heilungsbewusstsein einstimmen. Dieses ist mit allen Lebewesen der Natur wie Tieren und Bäumen verbunden und unterstützt einen langsameren Heilungsprozess, der weniger fokussiert ist. Hier ist es wichtig, dass der Mensch seiner Selbstheilungskräfte wieder stärker innewird und seine Heilung nicht nur nach außen delegiert, da dies die Fähigkeit zur Selbstheilung schwächen könnte.

Der Medienkonsum

Der Taoist sagt weiterhin: »Was du fürchtest, das ziehst du an.« Das gilt auch für die über die Medien verbreiteten Informationen. So haben die Medien in den letzten Jahren die Angst vor Pandemien wie der Vogel- oder Schweinegrippe geschürt. Letztendlich existieren diese verschiedenen Grippeformen bereits, seit der Mensch mit domestizierten Tieren lebt. Epidemien und Pandemien sind die Art und Weise, wie die Natur aus einem Zustand des Ungleichgewichts heraus wieder eine Balance herstellt. Wenn Umweltbedingungen wie die unhygienische Massenhaltung von Tieren wieder ins Gleichgewicht kommen, werden auch die Epidemien verschwinden.

Blicken wir in der Geschichte zurück, dann sehen wir, dass die Spanische Grippe Millionen von Menschen den Tod gebracht hat. Dieses Ereignis fand zu einer Zeit nach dem Ersten

Weltkrieg statt, in der die Zerstörung domini
schen eine geringe Moral und wenig Willens/
leben hatten. Lebensmittel mit geringem Nähr
ten das Immunsystem nicht ausreichend stä
dem Grippevirus zum Opfer fielen.

Die modernen Pandemien wie Vogel- oder Schweinegrippe
haben sich nicht so weit ausgebreitet, wie von der WHO be-
fürchtet. Weniger als 5000 Menschen weltweit sind an dieser Art
von Grippe gestorben. Im Vergleich dazu kommen allein in
Deutschland über 5000 Menschen ums Leben, die auf ihr
Hausdach steigen, um die Regenrinne zu reinigen. Von der
Grippe am stärksten betroffen waren wie immer Kinder und
ältere Menschen, deren Immunsystem nicht so stark ist wie
beim normalen Erwachsenen.

Auch die Regierungen stehen vor einer schwierigen Situation, denn sie müssen teures Geld für Impfstoffe ausgeben, die
nur eine Haltbarkeit von einem halben Jahr haben, da die Grip-
peviren in der nächsten Saison bereits wieder mutiert haben.

TAO-TIPP

Pflanzliche Hilfe bei Infektionen

*Nehmen Sie einen frischen oder getrockneten Avoca-
dokern (er sollte noch die äußere dunkle Haut haben) und
köcheln Sie ihn mit fünf bis sechs Tassen Wasser, bis Sie eine
rötliche Flüssigkeit erhalten. Nach Belieben können Sie noch
etwas dunklen Waldhonig hinzufügen. Stellen Sie die Flüssigkeit in den Kühlschrank und nehmen Sie stündlich einen
Esslöffel davon ein. Kinder nehmen die Hälfte. Die Essenz
vom Avocadokern wirkt gut gegen verschiedene Infektions-
erreger.*

Fülle und Mangel

Die Welt ist voller Widersprüche, und viele Menschen sind gehetzt oder in Panik. Das freie Finanzsystem ist zusammengebrochen und erfordert eine Neustrukturierung. Das Bildungssystem bereitet die Menschen für neue Trends auf dem Arbeitsmarkt nur wenig vor. 70 % der Menschheit leben in Armut, während 3 % der Weltbevölkerung 80 % der Märkte kontrollieren. Praktisch überall gibt es Wasservorkommen, und doch haben 70 % der Menschheit keinen Zugang zu sauberem Trinkwasser. Eine gigantische Menge an erneuerbarem Süßwasser fließt in die Meere und Ozeane, während riesige Landstriche wegen Wassermangels nicht bewirtschaftet werden können. 90 % der Welt könnten die natürlich verfügbaren Kräfte wie Wind, Wasserkraft oder Sonnenlicht nutzen, aber die Ölkonzerne geben immer noch Milliarden dafür aus, um Ölvorkommen zu suchen, die die Umwelt in gigantischem Ausmaß belasten können.

Da die Politiker noch zu sehr ihre eigenen Interessen wahren möchten und daher keine radikalen Entscheidungen treffen, sollten mehr Bürger die Führung übernehmen, um die dringlichen Probleme der Menschheit zu lösen. Wir brauchen wieder eine Dezentralisierung und damit viele kleine Aktionsgruppen mit revolutionären Denkansätzen, die dabei helfen, die dringlichen Lösungen schnell und effektiv umzusetzen.

Die jungen Millionäre

Ein gutes Zeichen in diesem Zeitalter ist auch das neue Bewusstsein, dass auch immer mehr junge Menschen unter dreißig bereits Millionäre werden können. Hier wurde das konservative Konzept durchbrochen, dass eine gut bezahlte Karriere erst im Alter von Ende dreißig oder Mitte vierzig wirklich möglich ist, nachdem man die Karriereleiter stückweise erklommen und genügend Erfahrung und Weisheit gesammelt hat.

Zum ersten Mal in der Geschichte dieses Jahrtausends ist es vielen IT-Experten gelungen, die hartgesottene Geschäftswelt hinters Licht zu führen und von Unternehmen wie auch vom Staat im Rahmen des scheinbar drohenden »2000 Crashs« Milliardensummen einzustreichen, um einen potenziellen gigantischen Absturz der Computersysteme abzuwenden. Vor dem Jahr 2000 traute man den jungen Menschen einfach nicht zu, dass sie in der Lage waren, ihre Firmen selbst zu managen, und zollte ihnen keinerlei Respekt, geschweige denn gestand man ihnen höhere Gehälter oder Honorare zu. Hier bildeten sich zwei ganz neue Bewusstseinsfelder des »Vertrauens in junge Menschen« sowie »junge Millionäre«, die sich täglich ausweiten und immer stärker werden. Vor allem junge Menschen haben ihre Netzwerke ausgebaut, tauschen zahllose Informationen über das Internet aus und helfen einander. Auf diese Art und Weise hat sich ein neues elektronisches Sozialnetzwerk in nie da gewesener Größe entwickelt, das ganz vom neuen Wassermannzeitalter der Kommunikation geprägt ist. Nun ist auch die Zeit für die jungen Menschen und den »kleinen Mann« gekommen, der solo und kraftvoll mithilfe der neuen Medien die Initiative ergreifen kann.

Großes wird klein

Riesige Konzerne und Unternehmen brechen wie alte Dinosaurier zusammen. Es werden wieder kleinere Unternehmen entstehen, die sich entsprechend spezialisieren. Der kleine Bürger, der nun in der Lage ist, seine Kreativität günstig oder kostenlos über die Medien und vor allem über das Internet zu verbreiten, wird einen kraftvollen Beitrag leisten können. Auch auf dem Finanzmarkt hat sich einiges getan, auch hier sind alte, künstliche Strukturen zusammengebrochen. Das neue Konzept der Mikrokredite wird sich immer weiter entwickeln und zusätzliche neue Finanzmodelle entstehen lassen.

Die neuen Arbeitsplätze

Ein weiteres neues Bewusstseinsfeld hat sich in Bezug auf die Arbeitsplätze entwickelt. Der Trend geht in Richtung Freiberuflichkeit und Teilzeitberatung. Freiberufliche Experten werden nicht mehr fest eingestellt, sondern projektbezogen engagiert. Auf diese Weise können kleinere Unternehmen auch schneller expandieren, da sie durch weniger Festanstellungen Kosten sparen. Danach wird sich sicherlich ein neues globales Bildungssystem entwickeln, denn in diesem Bereich existieren noch viele alte Strukturen, die den heutigen Anforderungen nicht mehr entsprechen.

Umweltschutzbewegung

Heutzutage ist es nicht nur Trend, sondern auch vor allem schon für die Jugend selbstverständlich, »grün« zu sein. Wir begrüßen vor allem die mutigen und klaren Aktivitäten der Jugend. Junge Menschen halten Vorträge zum Umweltschutz vor den Vereinten Nationen und engagieren sich über das Internet. In Malaysia gibt es beispielsweise zwei Jugendliche, die sich dafür einsetzen, dass in ihrem Heimatland weniger Plastiktüten zum Einsatz kommen. Dieses energische Engagement der jungen Menschen ist nicht zu unterschätzen und trägt entscheidend zu einem positiven Sinneswandel bei.

Die jungen Kriegsdiener

Die Mehrheit der weltweit rekrutierten Soldaten kommt aus den Schichten der armen Arbeitslosen, die bereit sind, für ein Gehalt von 50 bis 100 Dollar in den Kampf zu ziehen, um ihre Familien ernähren zu können. Hier handelt es sich nicht um einen philosophischen Krieg der Ideologien, sondern eher um eine soziale und finanzielle Ungerechtigkeit, die in den armen Ländern auftritt.

Es wäre wichtig, eine neue Gesellschaftsstruktur zu schaffen, damit diese Menschen nicht wie Hunde ums Futter kämpfen müssen. Welche Familie wollte ihre Söhne für fünfzig Euro sterben sehen, wenn es Möglichkeiten gäbe, einen Arbeitsplatz zu bekommen? Würde man ihnen Unterkunft, Nahrungsmittel und ein Startkapital für einen Berufsweg zur Verfügung stellen, würde sicherlich bald mehr Frieden einkehren, sobald diese Grundbedürfnisse der Menschen gedeckt wären.

Präventive Gesundheitspolitik

Immer wieder fragen intelligente Bürger, warum ihre Regierung oder die WHO nicht mehr Nachdruck auf eine präventive Gesundheitsvorsorge legt, anstatt sich auf die Krankheitsbehandlung zu konzentrieren. In Deutschland hat dieses Bewusstsein bereits begonnen – es tauchen nicht nur Namensbezeichnungen wie »Gesundheitskasse« auf, sondern die Krankenkassen zeigen auch immer mehr Bereitschaft, naturheilkundliche Behandlungen wie Rückenschulen-, Taijiquan- und Yogakurse zu finanzieren. Man sagte uns auch, dass es in der Schweiz eine Krankenkasse gäbe, die einen Pauschalbetrag für die geopathologische Untersuchung des Schlafplatzes zur Verfügung stellt. All das sind Hinweise auf ein Umdenken.

In China ist es beispielsweise gang und gäbe, mithilfe der Traditionellen Chinesischen Medizin (Massagen, Akupunktur und Kräuter) die individuelle Konstitution eines Menschen so zu harmonisieren, dass gesundheitliche Beschwerden erst gar nicht auftreten. Aus diesem Grund sind bei dieser Milliardenbevölkerung die jährlichen Kosten der medizinischen Aufwendung vergleichsweise niedrig. Das gleiche Prinzip verfolgt die indische Bevölkerung mit ihrem reichen Erfahrungsschatz des Ayurveda. In Asien gehen vor allem die älteren Menschen noch zum Naturheilkundler oder Dorfarzt und vermeiden wenn möglich einen Aufenthalt im Krankenhaus.

Bei den reichen Industrieländern ist ein weiteres Umdenken erforderlich. Die auf Angst und Krankheit basierende medizinische Versorgung sollte auf eine präventive Gesundheitsvorsorge umgestellt werden. Es geht darum, verstärkt ein Bewusstsein der medizinischen Selbstversorgung zu entwickeln, bei dem die Stärkung der individuellen Konstitution und des Immunsystems im Vordergrund steht. Auch sollte jeder bereits in der Schule diese Grundkenntnisse zur Gesundheitsvorsorge erwerben können. Leichte Massagen, Körper- und Atemübungen, eine ausgeglichene Ernährung sowie vitales Wasser, wie wir es in Kapitel 4 beschreiben, bilden damit den Grundstein für ein neues Wellness- und Vorsorgebewusstsein, damit wir natürliche sowie von Menschenhand erschaffene Erkrankungen und Epidemien gut überleben können.

Massenheilung durch Bioenergie

»Ein Tropfen Wasser, der auf eine Wasseroberfläche fällt, lässt Hunderte von Kräuselwellen entstehen«, sagt der Taoist. Aus unserer Sicht ist die Heilung mit Bioenergie ein bedeutender und kostengünstiger Faktor, der vor allem die Armen sehr gut unterstützen könnte. Wir Menschen sind von Natur aus gute, natürliche Heiler. Innerhalb von wenigen Stunden könnte man mithilfe von speziellen Kundaliniaktivierungen und Übertragungen von Meisterheilern Hunderte und Tausende von Menschen einweihen, die dann in der Lage wären, diese natürliche, heilende Bioenergie weiterzugeben. Dies gehört in unseren Augen zur Volksmedizin der Zukunft, die auch auf Tiere und Pflanzen anwendbar ist.

Wir begrüßen es, dass es in Deutschland inzwischen einen Verband für geistiges Heilen gibt. Sogar schamanische Praktiken sind inzwischen offiziell als Heilmaßnahmen anerkannt. In England sind solche Heiler seit Jahrzehnten in Krankenhäusern zugelassen. In diesem Zeitalter geht es darum, dass Naturheilkunde und Schulmedizin sowie Spiritualität und Wissenschaft weiter zusammenwachsen und einen Synergieeffekt zum Wohle der Weltbevölkerung bilden.

Liebes- und Friedensbewusstsein

Ein altes taoistisches Sprichwort lautet: »Soldaten werden ernährt, um für den Frieden zu sorgen. Sollte bei einer Schlacht nur ein einziger Soldat ums Leben kommen, dann gilt der Krieg bereits als verloren.« In den alten esoterischen und religiösen Kreisen ist seit Jahrtausenden bekannt, dass das Singen von positiven Mantras in einem harmonischen Rhythmus in sehr negativen, aggressiven und scheinbar hoffnungslosen Situationen eine friedvolle Umgebung schaffen kann. Während des Kalten Krieges in den Siebziger- und Achtzigerjahren versammelten sich viele friedliebende spirituelle Menschen weltweit in Heilungs- und Meditationszentren, beteten für den Frieden und sandten den politischen Führern in Ost und West liebevolle und friedvolle Botschaften und baten darum, das Leben zu respektieren und die Menschheit zu lieben.

Als wir damals diese Zeit erlebten, wurde es bei unserer täglichen Meditation zum Ritual, den politischen Führern der Sowjetunion und dem Westen liebevolle Energie und Umarmungen zu schicken. Wir stellten uns vor unserem geistigen Auge vor, wie sie Freunde wurden und sich umarmten. Insbesondere dem früheren Präsidenten Michail Gorbatschow sollte millionenfach gedankt werden, dass er den Fall der Berliner Mauer ohne Militäreinsätze ermöglichte und die Welt rettete, indem er einen Atomkrieg zwischen dem Westen und den Vereinigten Staaten verhinderte. Auch in diesem Fall wirkten wieder einmal die taoistischen Kräfte von Yin und Yang. Das Tao-Universum ist auf einem natürlichen, liebevollen, glücklichen, friedvollen und heilenden Bewusstsein gegründet, das den Kern des Schutzbewusstseins und der positiven Werte bildet. Dieses Bewusstsein durchdringt alle Lebewesen und wirkt auch auf der körperlichen Ebene, um die Funktionen aller Zellen, Gewebe und Organe zu schützen. Deshalb streben alle Lebewesen im Grunde ihres Seins danach, gesund und glücklich zu sein. Daher ist es wichtig, dass dieses Grundprinzip noch weitreichender respektiert und angewandt wird, um den menschlichen Konflikten und Aggressionen entgegenzuwirken.

Das Zeitalter der Frauen

Im neuen Zeitalter geht es auch um die weibliche Kraft, die bis ins Jahr 2019 immer weiter zunehmen wird. Diese Bewegung hat schon seit Langem begonnen, und wir sehen heute eine wachsende Gleichberechtigung der Frauen, die zunehmend führende Schlüsselpositionen in Wirtschaft und Politik einnehmen. In den Zwanzigerjahren dieses Jahrtausends werden die Frauen die Macht übernehmen und das »Macho-Zeitalter« der Männer wird nach und nach verblassen.

Frauen sind weniger aggressiv und egoistisch. Sie besitzen von Natur aus mehr Mitgefühl und mütterliche Fürsorgequalitäten und lassen sich daher weniger auf blutige Konflikte und Zerstörung ein. Solange die Frauen nicht beschließen, sich an den Männern zu rächen oder es ihnen gleichzutun, sehen wir sicherlich friedlicheren Zeiten entgegen, in denen das weibliche Geschlecht die nationalen und internationalen Angelegenheiten gefühlvoll regeln wird.

Gemeinschaftsprojekte zur Rettung des Planeten

Die Menschheit und der Einzelne haben vielerlei Wahlmöglichkeiten. Entweder tun wir nichts und lassen es zu, dass die Erde, die Menschheit, Tiere, Bäume und alle Lebewesen von einer kleinen Gruppe gieriger, selbstsüchtiger Menschen zerstört werden oder wir leisten unseren kleinen Beitrag, um die Erde zu retten. Wir können die helle, friedvolle und harmonische Seite der Menschheit unterstützen, um damit die dunkle und zerstörerische Seite der Menschheit zu eliminieren. Je mehr Menschen sich daran beteiligen, desto mehr können wir dafür sorgen, dass die helle Seite stärker wird als die dunkle Seite. In unserer Freizeit können wir sicherlich einen sinnvollen Beitrag leisten, um unsere Gemeinschaft und Regierungen zu unterstützen.

Hier einige Tipps:

1. Unterstützen Sie Friedensbewegungen, damit Waffen abgebaut und menschliche Konflikte gelöst werden.
2. Bilden Sie Gruppeninitiativen unter dem Motto »Fülle des Wassers«, die in armen Ländern nach unterirdischen Wasserläufen suchen und zehn Brunnen für jedes Dorf orten.

3. Gehen Sie das Thema Armut an und unterstützen Sie diejenigen, die nicht genügend Essen, sauberes Wasser oder gute Unterkünfte haben, mit Ideen, persönlicher Hilfestellung oder finanziellen Mitteln.

4. Unterstützen Sie Hilfsorganisationen, die das Geld auch wirklich weitergeben (und nicht in dicke Autos und teure Büros investieren), um Krankheiten, Hunger und Armut in armen Ländern zu bekämpfen und die Menschen in ihrer Selbstständigkeit zu unterstützen. Die Philosophie sollte lauten: Gebt den Menschen nicht täglich einen Fisch, sondern lehrt sie, wie man selber Fische fängt.

5. Unterstützen Sie die globale Gesundheitsvorsorge und fördern Sie die einheimische Kräuterheilkunde und das Heilwissen, damit jeder Mensch, ob arm oder reich, sich eine medizinische Versorgung leisten kann und über Grundkenntnisse zur Selbstheilung verfügt.

6. Helfen Sie bei der Harmonisierung menschlicher Konflikte, indem Sie jeweils um 6.00 Uhr morgens und um 22.00 Uhr abends (Lokalzeit) einzeln oder in der Gruppe meditieren, um allen Menschen Liebe, Harmonie und Freude zu schicken, die unter Armut, Dürre, Hungersnöten und Naturkatastrophen leiden, damit diese Menschen die Kraft haben, ihre Probleme zu überwinden und wieder selbstständig zu werden.

7. Schließen Sie sich den Anti-Atomkraft- und Alternativenergiebewegungen an, damit die Atomkraftwerke weltweit abgebaut werden und sich saubere und umweltfreundliche erneuerbare Energiegewinnungssysteme immer weiter verbreiten.

8. Setzen Sie sich dafür ein, dass die Produktion und der Einsatz von giftigen Chemikalien gestoppt werden.

9. Schließen Sie sich in Gruppen zusammen, die weltweit unberührte Wälder und Urwälder kaufen, damit das Ökosystem der Erde geschützt wird.

10. Pflanzen Sie für jeden gefällten Baum zehn neue Bäume oder unterstützen Sie die weltweiten Initiativen für die »Grüne Revolution«, bei der Tausende von Bäumen gepflanzt werden.
11. Nehmen Sie sich als Familie oder Gemeinde täglich zehn Minuten Zeit, um über diese Themen zu diskutieren, einen engagierten Brief zu schreiben oder über das Internet zu kommunizieren, um die Vision einer gesunden und sauberen Umwelt mit mehr Gleichberechtigung und Frieden zu unterstützen.

Visionen für 2025–2050

Viele von uns werden um das Jahr 2050 auf dem Planeten Erde wieder in einer neuen Inkarnation erscheinen. Nur einige erleuchtete Seelen kehren möglicherweise nicht auf die Erde zurück.

Wir sollten täglich einzeln oder in Gruppen einige Minuten lang einige Bilder visualisieren, um das Höchste Tao-Bewusstsein bei der Manifestation von wenigstens einer der nachfolgenden sechs globalen Visionen bis 2050 zu unterstützen und damit die Lebensqualität der Menschheit und aller Lebewesen zu verbessern.

1. Aktivieren Sie die folgende Vision:
   Gute Gesundheit und ein langes Leben für Sie und Ihre Familie.
   Im Jahr 2025 werden 80 Prozent der Weltbevölkerung präventive Gesundheitsvorsorge praktizieren und über ein fundiertes Fengshui- und Geopathie-Wissen verfügen. Es gibt 80 Prozent weniger degenerative und Krebserkrankungen. Die meisten Häuser werden nach Fengshui-Prinzipien gebaut.

2. Aktivieren Sie die folgende Vision:
   Ein sauberes und gesundes Umweltbewusstsein und viele Bäume.
   Bis zum Jahr 2025 werden 80 Prozent der Menschheit zu Selbstversorgern. 80 Prozent aller Abfälle können umweltfreundlich recycelt werden.

3. Aktivieren Sie die folgende Vision:
   Das Bewusstsein für eine Technologie des schnellen Lernens. Die Schulen haben neue Lehrpläne. Alle Grundschulkinder der Welt sind in der Lage, zu lesen und zu schreiben und sind damit für die neue Hightech-Welt ausgerüstet.

4. Aktivieren Sie die folgende Vision:
   Ein »grünes Baum- und Pflanzenbewusstsein«, das sich überall ausbreitet. Die Wüsten sind grün.
   Das üppige Pflanzenreich lebt nun auch von Meerwasser oder entsalztem Wasser.

5. Aktivieren Sie die folgende Vision:
   Neue Arten von Energieversorgung: Bäume liefern Strom. Visualisieren Sie, dass die Bäume mit den Häusern über Kabel verbunden sind, um diese mit Strom zu versorgen.

6. Aktivieren Sie die folgende Vision:
   Die Revolution »Pflanzt 1000 Bäume« ist verwirklicht.
   Ende 2050 haben über 80 Prozent der Weltbevölkerung diese Grüne Revolution umgesetzt. Damit ist die Energie- und Nahrungsmittelversorgung gesichert.

Schlusswort

Wir hoffen, dass Ihnen, liebe Leser, dieses Buch einige Einblicke in unsere taoistische Praxis gewähren konnte. Aus der Sicht des Taoismus ist alles Energie, die den Naturgesetzen folgt und sich ununterbrochen im Wandel befindet. Daher ist nichts von Dauer!

Als Bewohner dieses Planeten teilen wir uns alle eine spannende Zeit voller Herausforderungen und damit ein gemeinsames Schicksal. Es liegt an uns, eine saubere, harmonische und sichere Umwelt zu erschaffen, um ein liebevolles und glückliches Leben mit unserer Familie, unseren Mitmenschen und allen anderen Lebewesen zu führen.

Schon die alten Taoisten sagten: »Die Natur des Tao besitzt alle Antworten auf unsere Bedürfnisse und Probleme im Leben. Suche die Antworten in der Natur, denn es ist nie zu spät. Jeder beliebige Zeitpunkt ist ein guter Zeitpunkt.«

Wir müssen daher zur Natur zurückkehren – zu den Seen, Flüssen, Ozeanen und Wäldern, um die natürliche Ordnung wiederherzustellen und die Fülle und den Reichtum der Natur zu nutzen, damit wir der Armut und dem Hunger Einhalt gebieten können. Letztendlich sind alle Lösungen unserer Alltags- und Umweltprobleme in der Natur zu finden.

Nun ist es auch an der Zeit, dass sich die Wissenschafter an den Universitäten und in der Wirtschaft mit den Forschern auf den Gebieten der Naturheilkunde und der esoterischen Wissenschaften engagiert zusammenschließen, um sich gemeinsam für einen gesunden Lebensraum für die zukünftigen Generationen einzusetzen.

Jeder Mensch kann hierzu seinen Beitrag leisten, vor allem in diesem neuen Zeitalter des »kleinen Mannes«, in dem jeder die Chance hat, sich über die neuen Medien Gehör zu verschaffen und sich in Gruppen zu organisieren, die ein grünes Ökosystem und eine nachhaltige Lebensweise unterstützen.

Wir wünschen Ihnen ein Leben voller Liebe, Harmonie, Freude und Mitgefühl!

Dr. Jes T. Y. Lim und Julie A. Lim

Bibliografie

Deutschsprachige Literatur

Lim, Dr. Jes T.Y.: *Feng Shui und Gesundheit*, Joy Verlag, 1995
Lim, Dr. Jes T.Y.: *Feng Shui für Büro und Business*, Integral Verlag, 2000
Lim, Dr. Jes T.Y.: *Tao-, Zen- und Feng Shui-Gartendesign*, Integral Verlag 2003
Mayer-Tasch, Peter C. und Malunat, Bernd M.: *Strom des Lebens, Strom des Todes*, Fischer Verlag, 1995
Müller, Karen und Lim, Dr. Jes T.Y.: »Feng Shui – Die fernöstliche Philosophie vom Einrichten«, Magazin *Wienerin*, Wien, September 1994
Pohl, Gustav Freiherr von: *Erdstrahlen als Krankheits- und Krebserreger*, Lebenskunde Verlag, 1985
Wolverton, B.C.: *Gesünder leben mit Zimmerpflanzen*, Vgs Verlag, 1997

Englischsprachige Literatur

De Barry, Chan Wing Tsit, Watson, B: *Sources of Chinese Tradition*, London, 1960
Engel, David H.: *A Thousand Mountains – A Million Hills*, Shutunotomo, Tokyo 1995

Heselton, Philip: *The Elements of Earth Mysteries*, Element Books Ltd., U.K., 1991

Lim, Dr. Jes T.Y.: *Bad Feng Shui – Results in Cancer & Degenerative Diseases*, Auckland, New Zealand. o.J.

Lim, Dr. Jes T.Y: *Company's Success – Commercial Knowledge of Feng Shui*, Sydney 1993

Lim, Dr. Jes T.Y: *Feng Shui and Negative Earth Rays – Cause Cancer & Terminal Diseases*, Second World Healers Conference, Hamilton, New Zealand 1990

Lim, Dr. Jes T.Y: *Feng Shui Remedies for Abundance*, Auckland University 1991

Lip, Evelyn: *Chinese Geomancy*, Times Books International, Singapore, 1979

Lonegren, Sig: *Spiritual Dowsing*, Gothic Image, Glastonbury, U.K.

Nash, Helen & Hughes Eamona: *Waterfalls, Fountains, Pools and Streams*, Sterling Publishing, New York, 1999

Needham, Joseph: *Science and Civilisation in China*, London, 1943

Too, Lillian: *Applied Pak-ua and Lo Shu Feng Shui*, Konsep Lagenda Sdn Bhd, Kuala Lumpur, 1993

Too, Lillian: *Chinese Numerology in Feng Shui – The Time Dimension*, Konsep Lagenda Sdn Bhd, Kuala Lumpur, 1994

Victorio Hua Wong Seng Tian: *Authentic Feng Shui – Practical Geomantic Analysis for Modern Living*, Eastern Dragon Books, Kuala Lumpur, 1994

Chinesische Literatur

Bao Li Ming: *Chinese Feng Shui Study,* Taipei, 1995

Chan Shih Shu: *Ten Books of Yang Dwelling Classic*, China

Chao Ying (Ching Dynasty Monk), Ti Li Zhi Zi Yuan Zhen: *Truth for Landscape Feng Shui*

Chen Zian Li: *Nine Stars and 24 Mountains* (2 vol.), Zin Yuan, Taipei

Chien Lung (Ching Dynasty Imperial Palace), Wan Bao Qian Shu: *Manuals for Daily Life and Feng Shui* (6 books)

Gao Chiu-feng: Ti-li Wu Chieh, *Five Explanations of Geomancy*, China

Gu Jing Tu Shu Ji Cheng: *Collection of Ancient and Current Books on Feng Shui* Ching Dynasty Imperial Palace

Hor Chan Kuang: *5 Feng Shui books*, Juxian Guan Ltd, Hong Kong

Hsiao Zhi: *Wu Hsin Tu Yi*, China, 600 AD

Huang Wei De (Ching Dynasty), Pu Shi Zhen Zong: *Eight Trigrams for Houses and Life* (6 books)

Huang Zhong Xiu (Ming Dynasty), ed., *Landscape, Land, Humans and Heaven Classic* (12 books)

Jiang Ping Jie: *Di Li Zheng Shu*, Taiwan, 1980

Jing Sa Dao (Song Dynasty monk), Lu Di Yan Qian Shu: *Complete Classics for Grave Sites*

Ku Chin Tu Shu Chi Ch'eng Encyclopaedia, British Museum

Kuo P'o: *The Burial Classic*, Imperial Encyclopaedia, 4th Century China, British Museum

Liu Pei Zin: *Feng Shui, Chinese Views to Environment*, Son Tian Bookshop, Shanghai, China

Art and Divination section (18 writings on Geomancy) 1726 edition, Section XVII

Lu Bing Zhong Ping Sha Yu Chi Jing Cheng Ji: *Classic on Moulds* (3 books), Yuan Dynasty

Pai Hoh Ming: *21 Feng Shui books*, Juxian Guan Ltd, Hong Kong

Shui-lung Ching: *Water Dragon Classic*, China

Si Mah Qian: *The Records*, China 1916

Taoist Luo Guan (Ching Dynasty), Ba Zai Ming Jing: *Explicit Explanations on Eight Trigram Houses*

The Dwellings Manual, Imperial Encyclopaedia, British Museum

Wang Wie: *The Yellow Emperor's Dwellings Manual,* Imperial Encyclopaedia, 5th Century, British Museum

Wu Yi Jian, Ti Li Bu Qiu Ren: *Landscape of Land Determines Fate* (compilation from 88 books from Yuan to Ching Dynasties)

Yang Yun-sung: *Manual of the Moving Dragon and Method of the Twelve Staves,* 9th Century, China

Yang-chai Shih Shu: *10 writings on Yang Dwellings,* China

Zhang Zi Nan, *San Yen Di Li Tu Wen Jian Gie,* Taipei, 1965

Zhang Zi Wei (Song Dynasty), Ti li Yu Sui Jing: *Best Landscape and Land Classics*

Zhao Jou Feng (Ching Dynasty): *Three Factors for Yang Dwellings*

Die Autoren

Julie A. Lim studierte am Institute of Management (Neuseeland), ist British Business Executive (UK) und hat ein Diplom in Akupunktur (Singapur). Als Tochter einer alten chinesischen Mandarinfamilie hat sie sich seit ihrer Kindheit mit Kalligrafie, Dichtung und den Kampfkünsten befasst. Bekannt ist sie für ihre kraftvollen Tao-Kalligrafien und Talismane. Ihre Werke schmücken Firmengebäude, Galerien und diverse Fengshui-Accessoires.

Prof. Dr. Jes T. Y. Lim wurde in den 1960er-Jahren in Großbritannien und Malaysia als Unternehmensberater ausgebildet. Seine Erfahrungen sammelte er hauptsächlich im Bereich Turnaround und Neustrukturierung unrentabler Firmen und setzte dabei in großem Maßstab Fengshui ein. Er hat Fengshui, Geomantie, Geobiologie und Naturheilkunde bei Lehrern in China, Hongkong, Singapur, Malaysia, Sri Lanka und Australien studiert. Als Energieexperte ist er in der Lage, über 350 verschiedene Energiearten zu identifizieren. Dr. Lim hat ein Diplom in Psychologie und Hypnotherapie (Neuseeland) und einen Abschluss in Naturheilkunde (Australien) sowie einen Master's Degree in International Business Administration (USA). Dr. Lim ist außerdem Doktor der Akupunktur (Sri Lanka und China).

Dr. Lim ist Gründer, Vorsitzender und Dekan des *Qi-Mag International Fengshui & Geobiology Institute*, welches in 15 Ländern Kurse bis zum Meistergrad anbietet.

Kurzer Überblick
über das Kursangebot des Qi-Mag International Fengshui & Geobiology Institute:

Qi-Mag Fengshui I

Praktisches »Erste-Hilfe-Fengshui« für Haus und Wohnung. Identifikation verbreiteter Fengshui-Probleme sowie entsprechende Maßnahmen und Hilfsmittel, mit denen Sie sofort arbeiten können.

Qi-Mag Fengshui II

Bestimmung von günstigen Bereichen in Raum und Gebäude, die für eine einzelne Person harmonisch sind. Trigrammbereiche zum Arbeiten und Schlafen für mehr Vitalität, Erfolg und Wohlstand. Vertiefung der Prinzipien der Fünf Elemente, die Harmonie von Yin und Yang, die Acht Trigramme und das Astrologiesystem des Fengshui. Lernen Sie drei fortgeschrittene Fengshui-Systeme in einem Kurs.

Qi-Mag Business Fengshui

Der erste umfassende und praktische Business Fengshui-Kurs zur Erfolgssteigerung am Arbeitsplatz und im Geschäftsgebäude. Entwerfen günstiger Logos und Symbole. Das Studium sehr alter, subtiler Techniken für Spitzenleistungen.

Qi-Mag Beraterkurse I & II

Intensivunterricht, der unter anderem die folgenden Themen behandelt: Landschafts-Fengshui, günstiges Design von Häusern und Wohnungen, das Ost-West-System der Acht Trigramme und Arbeiten mit dem Lo'pan, astrologische Aspekte und

Interpretationen, unter anderem das Lo'Shu-System der Fliegenden Sterne.

Das internationale Diplom – International Fengshui Consultant Diploma (FSC) zum weltweiten Praktizieren wird nach Abschluss der Beraterkurse I & II verliehen.

Qi-Mag Fengshui-Beraterkurse III-VIII
Fortgeschrittenen- und Praxiskurse für Berater. Nach Abschluss aller Kurse erhalten die Teilnehmer das Fengshui-Meister-Diplom. Zu diesen Kursen gehören u. a.:

Wasserdrachen- und Landschafts-Fengshui
Arten von Wasser, Bergtypen und ihre Wirkung auf Menschen und Städte. Erklärung und Design von Springbrunnen, Wasserfällen und anderen Fengshui-Maßnahmen, die mit Wasser arbeiten, um den Geschäftserfolg zu steigern und Kunden anzuziehen.

Tao- und Zengarten-Design
Fengshui-Prinzipien für die Gartengestaltung, Aktivierung von Steinen, Bonsai- und Penzing-Pflege, Pflanzenkommunikation und spezielle Düngungsmethoden, Miniaturgärten, praktische Übungen zur Gartenplanung

Meisterkurse – Fortgeschrittene Fengshui-Mastertechniken
Qi-Mag Geomantie und Geobiologie I, II & III
Studium schädlicher Erd- und Umweltenergien und Sensibilisierungsübungen zur Energiewahrnehmung. Anwendung und Lenken positiver Energien im Gebäude, fortgeschrittene Maßnahmen zur Gebäudegestaltung und -stabilisierung. Fortge-

schrittene Kommunikationstechniken mit den Energien der Umgebung.

Weitere Informationen zum Institut sowie zu den von Dr. Lim entwickelten Shen-Ion-HarmoNIK®-Geräten zur Wasserbelebung und Körpervitalisierung finden Sie im Internet unter:

www.qi-mag.com und www.feng-shui.com

Dank

Ein millionenfaches Dankeschön und viel Liebe geht an alle taoistischen Meister für ihr niedergeschriebenes Wissen und ihre Weisheit sowie an die Aufgestiegenen Meister, jene spirituellen Weisen, die zurzeit nicht auf der Erde verkörpert sind und die uns in der Meditation spezielle Übertragungen gegeben haben, die wir mit der Menschheit in diesen turbulenten Zeiten teilen möchten.

Des Weiteren möchten wir unserer langjährigen Übersetzerin und Dolmetscherin Daniela Schenker herzlich danken, dass Sie unser Manuskript getippt und unsere Texte ins Deutsche übertragen hat.

Unser Dank geht auch an unseren Verleger und sein Team, der uns die Veröffentlichung dieses Buches ermöglicht hat.

Schließlich möchten wir auch unseren Lesern dafür danken, dass sie dieses Buch gekauft haben. Ein Teil des Erlöses wird für wohltätige Zwecke gespendet. Als besonderer Dank an Sie ist auf S. 289 eine Aufnahme meiner Hand abgebildet, die das Tao-Harmonie- und Heilungsbewusstsein von mir und meiner Frau Julie repräsentiert.

Diese Hand repräsentiert unser gemeinsames Tao-Bewusstsein für Harmonie und Heilung.

Vorschläge für Anwendungsmöglichkeiten:

Wenn Sie Ihre rechte und linke Hand nacheinander je drei Minuten lang auf diese Hand legen, erhalten Sie eine spirituelle Aktivierung für eine verstärkte Sensibilität auf den geistigen Ebenen. In einem Notfall können Sie auch beide Hände zusammen auf das Bild legen und Lösungen für die Schwierigkeit suchen.

Außerdem können Sie Ihre selbst geschriebenen Fu-Talismane, die Ihnen Julie Lim in diesem Buch zeigt, zusätzlich aufladen, indem Sie diese einige Minuten lang auf die Hand legen.

Oder Sie stellen ein Glas Wasser einige Minuten lang auf die abgebildete Hand, um das Wasser zu harmonisieren.